目　次

【論　説】

〈共通論題〉

WTO成立20周年——ルール・メイキングと紛争解決の観点から

座長コメント……………………………………………松　下　満　雄… 1

WTOのルール・メイキング…………………………間宮　勇・荒木一郎… 11
　　——過去20年間の活動を振り返って——

WTO交渉機能の現状…………………………………股　野　元　貞… 23
　　——現場からの視点——

WTO紛争解決手続における国家責任法の意義………佐古田　　　彰… 42
　　——米中補助金相殺関税事件（DS379）における帰属の規則の扱いを手掛かりとして——

日本のWTO紛争解決手続の活用……………………田　辺　有　紀… 74

民事救済の国際的執行

座長コメント……………………………………………多　田　　　望… 88

競争請求に関する外国判決の承認および執行………西　岡　和　晃… 94

外国競争法違反に基づく内国消費者訴訟……………宗　田　貴　行…111
　　——民事訴訟における外国競争法の適用——

特許権の国際的なEnforcementに関する近時の諸問題…紋　谷　崇　俊…131

〈自由論題〉

EU競争法と加盟国競争法の衝突と調整規定…………長　尾　愛　女…160
　　——理事会規則1/2003号3条2項をめぐって——

国際通商体制における規範の多層化…………………内　記　香　子…186
　　——プライベート・スタンダードの拡大とガバナンスのあり方——

【文献紹介】

Andrea Hamann,
 Le contentieux de la mise en conformité dans le règlement
 des différends de l'O. M. C ························佐 藤 弥 恵···211

Sungjoon Cho,
 The Social Foundations of World Trade: Norms,
 Community, and Constitution ···················松 隈　　潤···215

Malebakeng Agnes Forere,
 The Relationship of WTO Law and Regional Trade
 Agreements in Dispute Settlement: from Fragmentation
 to Coherence ···梅 島　　修···219

Ilaria Espa,
 Export Restrictions on Critical Minerals and Metals:
 Testing the Adequacy of WTO Disciplines ··········張　　博 一····223

Emily Reid,
 Balancing Human Rights, Environmental Protection
 and International Trade:
 Lessons from the EU Experience ······················伊 藤 一 頼···227

Muthucumaraswamy Sornarajah,
 Resistance and Change in the International Law
 on Foreign Investment ··猪 瀬 貴 道···231

Claus D. Zimmermann,
 A Contemporary Concept of Monetary
 Sovereignty ···川 名　　剛···236

Stuart H. Deming,
 Anti-Bribery Laws in Common Law Jurisdictions ····荒 木 一 郎···240

Arnaud Nuyts/Nikitas E. Hatzimihail (eds.),
 Cross-Border Class Actions: The European Way ······横 溝　　大···243

浅野有紀・原田大樹・藤谷武史・横溝大（編）
　『グローバル化と公法・私法関係の再編』……………森　田　章　夫…247

編 集 後 記 ……………………………………………………………………… 253

論　説　WTO成立20周年——ルール・メイキングと紛争解決の観点から

座長コメント

松　下　満　雄

1　はじめに

　2015年（平成27年）にWTOは生誕20周年を迎えたが，本大会においては，この機会にWTOのこの20年の実績を振り返り，その問題点を探り，将来を展望することとした。WTOの発足当時はこれで世界貿易秩序の基本的枠組みができたとして，将来はこのWTOを中心として世界貿易は展開して行くものと考えられた。その後20年に及ぶWTOの実績をみると，明らかに2つの傾向が見られる。1つには，最近のドーハラウンドの停滞に示されるように，この20年間WTOは包括的な新協定（例えば，国際投資，競争政策等に関する協定）を策定，実施することには成功していない。したがって，立法機能（新協定策定）の面において，WTOの成果は不十分であったといわざるを得ない。

　その反面，この20年の間に，WTO加盟国がWTO協定を巡る紛争解決の付託をWTOに対して行い，これらの紛争は有効に解決された。その件数は，ついに2015年の11月に500件目を記録した。また，このWTO協定を巡る紛争の解決において，パネル及び上級委員会は数多くの報告書を発出し，これらにおいて示されたWTO協定の解釈原理はWTO法のみならず，他の法域にも影響を与えるものとなった。このようにWTOの紛争解決機関の役割にはめざましいものがあった。この機能を「司法機能」と呼ぶとすると，WTOは司法機能の面においては，絶大な成功を収めたということができる。

　以上の状況を背景として，本シンポジウムにおいては，4人のスピーカーに

ご登壇いただき，各方面からWTOの成果と限界について論じていただいた。スピーカーは以下の通りである。すなわち，間宮勇会員（明治大学教授，協力者荒木一郎会員（横浜国立大学教授）），2．股野元貞氏（内閣副広報官兼官邸国際広報室長（前外務省経済局国際貿易課長）），3．佐古田彰会員（西南学院大学教授），4．田辺有紀氏（経済産業省広報室長補佐（前経済産業省通商機構部国際経済紛争対策室長補佐））である。筆者はこのシンポジウムの座長を務めた。

テーマは4つあるが，それらは①WTOのルール・メイキング—過去20年間の活動を振り返って（間宮会員），②WTOにおける交渉—現場からの視点（股野室長），③WTO紛争解決手続における国家責任法の意義—米中補助金相殺関税事件（DS379）における帰属の規則の取り扱いを手がかりとして（佐古田会員），及び，④日本のWTO紛争解決手続の活用（田辺室長補佐），である。①及び②は，WTOにおける国際交渉，すなわち，WTOにおける協定策定（立法機能）の試みの歴史，現状，成果についてのものである。そして，③及び④はWTOにおける紛争解決（司法機能）に関するものである。以下において，これらのスピーチの主要論点と問題等について述べる。

2　WTOにおける国際交渉について

(1)　間宮会員の報告

ここにおいては，間宮会員が，総論的，歴史的観点から主としてWTOにおける交渉の経過を振り返り，その成果について評価を行った。その要旨は以下の通り。

WTO成立以来の実績は2つの面から検討することができる。1つには新協定の成立を目指す国際交渉の面，2つには紛争解決機関を通じての紛争処理の面，である。国際交渉の面においては，WTOはここ20年の間にめざましい実績を挙げたとはいえない。これはWTO成立の時代とは異なって，最近においては先進国（米，EU，カナダ，日本等）のみならず，新興工業国（BRICS等）

が台頭してWTO内における勢力関係が変わり，先進国のみならず，新興工業国も強い発言権と交渉力を有するに至り，先進国のリーダーシップで基本政策を決めこれを実施することが困難になったためである。このようになると，WTOの大原則であるコンセンサスによる意思決定は機能しにくくなる。このため，WTOは設立以来，包括的な多角的協定を締結することには成功していない。

しかし，間宮会員によれば，これだけによってWTOが新ルール策定に全く失敗したということはできないとされる。第1に，紛争解決機能が有効に働いた結果，パネル及び上級委員会によって多くのルールが形成された。このような紛争解決機関の決定は既存のWTO協定の解釈適用であり，これ自体はいわゆるWTOの立法機能の発現ではないが，この解釈適用を通じて多くの新しいルールが形成された。[1] WTO紛争解決機関が，新ルール策定において果たした役割には大きなものがあり，この機能はルール・メイキングの1つであるということができる。

WTOの場における国際交渉の成果はどうであろうか。たしかに，WTOは発足以来包括的な新協定を策定することには成功していない。しかし，いくつかの新しいルールの策定や改正は行われている。例えば，1996年シンガポール閣僚会議におけるITA（情報技術製品の貿易に関する閣僚宣言）がその1つである。これに基づいて特定の情報技術製品の関税撤廃が一部の国の関税譲許表の改正という形で行われた。これは全ての加盟国ではなく一部の国による譲許であるが，それにせよ重要な新ルールの策定である。さらに，2015年にはITAの範囲を拡大する合意もなされている。基本電気通信分野と金融分野については，1997年に約束表の改定が行われた。これは一部の国だけが参加する議定書の改定という形で行われた。さらに，環境機材の関税引き下げ，撤廃を目指す複数国間協定の交渉も行われている。2013年のバリ閣僚会議においては，貿易円滑化協定について実質合意がなされ，2014年には貿易円滑化協定を組み込む

ためにWTO協定改正合意がなされた．さらに，発展途上国の重大関心事である医薬品とTRIPS協定の関係に関して，2005年にTRIPS協定第31条の2という新たな規定を付加する改正が合意された．これはすでに2003年に合意されていた義務免除の内容を明確化するものである²⁾。

　間宮報告においては，以上のような従来の実績を概観して，WTOにおけるルール・メイキングすなわち立法機能は，巷間いわれているほど機能不全とはいえず，部分的にせよ機能しているとの結論が報告された．

(2) 股野室長の報告

　股野報告は，WTOにおける協定締結交渉に当たった経験を踏まえて，現在におけるWTOの協定締結交渉のあり方を検討し，将来の方向を探るという趣旨のものである．

　まずドーハラウンドの停滞に関して，股野報告は先進国と新興国との対立により交渉が膠着状態に陥ったことが原因であると分析する．すなわち，ウルグアイラウンドまでの交渉において機能していた「一括合意方式」はドーハラウンドにおいては機能しなくなっているとする．ウルグアイラウンドにおいては，先進国は非農業産品の関税引き下げに加えて，他の分野における自由化及び規律策定を受け入れ，発展途上国は知的財産，サービスの分野において譲歩して双方の利害調整が行われ，双方が折り合う余地があった．

　しかし，ドーハラウンドにおいては，先進国側に関税引き下げの余地はもはや少なく，農業分野においても譲歩の余地が少なくなっており，分野を超えた横断的交渉の可能性が乏しくなってきている．さらに中国，印度等いわゆるBRICS諸国を中心とする新興国は先進国と少なくとも同等の影響力を有するようになっており，先進国による説得には限界が出てきていることも事実であろう．

　しかし，股野報告によると，このような事態であるにもかかわらず，成果が上がりつつあるという．すなわち，2011年の第8回閣僚会議において部分合意

など可能なところから成果を上げて積み重ねる「新たなアプローチ」をとることが合意され，交渉の重点が一括合意から部分合意に移行することとなった。2013年の12月に行われたバリ閣僚会議においては，部分合意として，①貿易円滑化，②農業，及び，③開発，の3分野からなる「バリ合意」が採択された。これは，WTO発足以来初めて，全加盟国を拘束する多数国協定となる貿易の円滑化に関する協定締結という画期的な内容を含むものであり，大きな成果を上げたと評価できる。

また，第8回閣僚会議以降においては，一部の分野に関して有志国・地域による交渉が行われるようになったことも新しい動きである。これは複数国間協定（いわゆるプルリの協定）締結を目指すものであり，情報技術協定（ITA）の品目拡大交渉，環境機材協定（EGA）交渉，さらにはサービス貿易に関する新たな協定（TiSA）交渉が開始され，または本格化している。今後はこれらの交渉において，活発な議論の展開が予想される。

そして，股野報告においては，今後のWTOにおける交渉の行方に関して2つの展望を示している。1つは，再び交渉の中心が一括交渉に帰ってくるとのシナリオである。もう1つは，最近の傾向のように，部分合意を積み重ねているというシナリオである。そして，今後の展望として，WTOの交渉機能を最大限に活性化させ，多角的貿易体制をいっそう強化するために，どのような構想をもって交渉に臨むのかが喫緊の課題であると結んでいる。

3　WTO紛争解決手続

この部分においては，WTOのもう1つの機能である紛争解決手続の諸問題について2つの報告があった。その1は，佐古田会員による紛争解決手続において国際法の一般原則である国家責任法に関する規則の適用範囲に関するものであり，WTO法と一般国際法の接点を探るものである。その2は，田辺室長補佐による日本のWTO紛争解決手続の活用に関するもので，紛争解決の現

場からの現状報告と紛争解決のトレンド分析，評価からなる．

(1)　佐古田会員の報告

佐古田報告の取り扱う問題は，一般国際法上の国家責任法，具体的には国連国際法委員会（ILC）の2001年国家責任条文に示される原則がWTOにおける補助金に関する紛争解決において，どのように適用できるか，またはできないか，に関するものである．これは国家責任の成立要件としての「帰属」(attribution)に係る問題である．すなわち，国家責任法の分野において，いずれの者の行為が国家に帰属せしめられるか，の問題である．

国家責任法の国際法規則，すなわち，ILC条文4条，5条及び8条は帰属問題について規定するが，これは国家の不法行為責任の成立要件に関するものである．この帰属原則によれば，国家機関の行為が国家の行為とみなされるというのが原則であるが，例外として，国家の法令により公権力を行使する権限が与えられた者の行為や国の指示に基づいて行われた行為も国の行為とみなされる．すなわち，国の行為に帰属せしめられる．

そこで問題となるWTOにおける紛争案件は，米中補助金相殺関税事件（DS379）である[3]．この事件において，中国の国有企業と国有商業銀行が資金支出を行ったが，これを中国政府（公的機関）の行為に帰属せしめられるか，すなわち，この出捐が補助金協定（SCM協定）1.1条(a)(1)にいう公的機関の付与する「貢献」(contribution)として中国政府に帰属せしめられるか，が問題となった．この事件を解決するに当たりWTOのパネル及び上級委員会は，ILCの国家責任帰属の規則に言及し，ここで示されている法理は補助金相殺措置に関する紛争処理において活用することができるとして，これに依拠して判断を行った．すなわち，上級委員会は，SCM協定1.1条(a)(1)とILC条文4条，5条及び8条は，いずれも行為の国への帰属の問題に関する規則を定めているので，この両規定は同一事項を取り扱っており，後者に関する紛争の解決において前者のルールを適用することは妥当であるとした．

佐古田報告によると，WTOのパネル及び上級委員会のこの解釈は誤りであるとされる。すなわち，国家責任法上の帰属原則は不法行為責任の文脈において適用される規則であるのに対して，SCM協定の当該規定は補助金の定義を定めるものである。しかも，SCM協定は補助金の出捐をそれ自体として違法とするものではなく，そして，この案件は中国の協定違反が問題とされた事案ではない，という[4]。そこで，国家責任法上の帰属の規則は，このようにSCM協定1.1条(a)(1)の解釈に当然に参照できるものではないとする。

　WTO協定は国際法の一部であり，これの解釈において一般国際法で発達した解釈原則をどのように適用できるか，また広くWTO協定に規定されていない一般国際法の原則をどの程度までWTO法の分野において適用できるかは，一般国際法の立場からみても，またWTO法の立場からみても重要な問題である。しかし，この面はいまだに十分に解明されているとはいえない。本報告はこの面について言及するユニークな研究ということができる。

(2)　田辺室長補佐の報告

　田辺報告は主として日本の立場から，WTO発足以来現在に至るまでのWTOにおける紛争解決手続の活用について述べるものである。WTOが設立されて以来20年が経過し，この間においてWTO加盟国による500件に及ぶWTO提訴があった。田辺報告によると，日本はこれらのうち21件の通商案件の解決を目指してWTOに付託している。

　日本のWTO提訴には年代的に2つの傾向がある。1つは2012年以前の案件で，これらにおいては主として米国の措置に対するWTO紛争解決の付託が中心であり，全13件中8件が対米提訴である。第2に，2012年以降においては，提訴対象となる国が多様化し，中国，アルゼンチン，ロシア，ウクライナ，韓国，ブラジル等を相手とするWTO案件が続いている。

　田辺報告の分析によると，このような傾向の変化は，日本の貿易の構造変化に対応するという。WTOが設立された1995年当時の日本の最大の貿易相手国

は米国であり，輸出入総額で日本の全輸出入の25％を占めていたが，当時中国は第2位を占めていたものの，輸出入総額の7％を占めるにすぎなかった。2008年にこの順位が逆転したが，それ以前は第二次大戦後ながらく米国が日本の最大の貿易相手国であり，日本の通商問題といえば，対米通商問題であった。しかし，この関係は変化し，貿易の構造からみても，中国ほか米国以外の国との貿易も相対的に重要となり，WTO提訴の相手国もこれに応じて変化していったということである。

　もう1つ田辺報告には重要な指摘がある。それは最近の日本によるWTO提訴目的は，単にせまい意味での国益防御だけでなく，国際公共財としてのWTOの役割を増進する目的があるということである。換言すると，これは国際貿易における保護主義の波及を防止し，国際貿易秩序の健全性を維持するというシステミックな観点からのWTO紛争解決手続の活用ということである。例えば，最近のウクライナ自動車セーフガード事件においては，ウクライナによるセーフガード発動による損害額は19億円で，これは米鉄鋼セーフガード事件における損害額の149億円に比較すると些細であるが，この案件で敢えて日本がWTO提訴に踏み切ったのは，近年新興国においてセーフガード発動が増加傾向にあるなかにあって，WTOルールの明確化を通じて恣意的または不透明なセーフガード措置の発動抑制につながることを目的としたため，という。さらに，最近は新興国を含め多くの紛争当事国であるWTO加盟国がWTO勧告を真面目に履行しており，例えば中国に対していくつものWTO提訴がなされているが，中国はWTO紛争解決手続において違反とされた案件については，履行期間内において問題とされた措置を撤廃している。

　ここから示されるように，通商問題を政治問題化せずに冷静に解決できることにWTO紛争解決手続の大きなメリットがあり，この観点から日本としてもこの手続を活用する方針であるという。

4 まとめ

このシンポジウムは意義深いものであった。その意義は，国際貿易秩序におけるWTOの重要性を再確認することができた点にある。近年ドーハラウンドの停滞などもあって，WTO衰退論が散見される。これに替わってFTA，特にTPPのようなメガFTA待望論が盛んである。事実，WTOの機能が若干衰えてきており，これにはそれなりの理由もあるので，この事実を直視する必要はある。また，メガFTAへの動向があることもまぎれもない事実である。しかし，我々はこれらの事象に不必要に幻惑されて，WTOの有する現実の，及び，潜在的重要性を見失ってはならない。

WTOは依然として国際貿易の基本的秩序を形成する基本法であり，多くのFTAはこのWTOの基本原則を基盤として，これに修正や改善を加え，またWTOがいまだに果たせないでいる原則を貿易に導入することを目的とする。また，WTOは160か国以上の国の参加する唯一の包括的貿易専門の国際機関であり，これだけ大規模なFTAは存在せず，またFTAの本質から見てFTAの拡大には限界がある。この意味において，現在において，また将来において，WTOが国際貿易を支える基本的公共財であることには変わりがなく，我々はこの事実を認識する必要がある。

しかし，WTOの役割は変わりつつあり，また時代の変化に即応して変化することこそWTOの存続条件でもある。本シンポジウムにおいて示されたWTOにおける交渉の最近動向，例えば，部分合意，複数国間協定への動向等は，WTOが世界貿易の新しい状況に対応しようとする試みととらえるべきである。本シンポジウムにおいては，このような最近のWTOにおける新たな国際交渉，国際協定締結の動向が紹介され，それなりの評価を与えられたことは有益であったと思われる。

また，WTOによる紛争解決の面において，日本政府のこの手続活用は単に国益追求のためだけではなく，世界貿易秩序の健全性の維持に向けた試みであ

るとの見解も示されたが，これもまた大変に新鮮な見方である。WTO 解決手続において樹立された協定解釈の諸原則は，WTO の枠内にとどまらず，広く TPP 等の場における紛争解決にも重要な示唆を与えるものと信ずる。また，WTO 法と一般国際法の解釈原理との関係は未開拓の分野であり，これは今後増加すると予想される FTA における紛争解決においても重要となる問題であると考えられる。

　なお，各報告の後で，参加者から報告者に対して多くの質問及びコメントが寄せられ，活発な討論が展開された。これは，これらの問題に対する関係者の関心の深さを窺わせるものであった。

1) 例えば，同種産品の定義，アンチダンピング法の適用におけるゼロイングの禁止等。特に紛争処理に関するものとして，アミカス・ブリーフ，挙証責任，ネガティブ・インファレンス等多くの原則がパネル及び上級委員会によって確立された。
2) この内容は，エイズ等に関する先進国の薬品メーカーが特許を有する特効薬をある加盟国（例えば，インド）などのジェネリック薬品メーカーが強制実施権によって製造し，これをアフリカ諸国等エイズの疾病問題を抱える国に並行輸出できるようにするもので，アフリカの疾病対策には有効なものである。
3) United States - Definitive Anti-Dumping and Countervailing Duties on Certain Products from China，WT/DS379/R（Panel Report）; WT/DS379/AB/R（Appellate Body Report）。この両報告とも，2011 年 3 月 25 日に WTO 紛争解決機関によって採択されている。
4) しかし，この案件においては，米国が中国銀行の行った支出は中国政府に帰属できるものとして，これによって利益を受けた中国の対米輸出に対して相殺関税を賦課したが，これに対して中国が WTO に対米提訴を行った。パネル及び上級委員会が取り扱った問題は，中国銀行の支出は中国政府の支出に帰属せしめられるかであり，帰属せしめられるとすると，この支出は SCM 協定に違反する補助金であるかが問題となる。

（東京大学名誉教授）

論　説　WTO成立20周年──ルール・メイキングと紛争解決の観点から

WTOのルール・メイキング
──過去20年間の活動を振り返って──

間　宮　　　勇
荒　木　一　郎

Ⅰ　はじめに
Ⅱ　紛争解決手続における判例法の形成
Ⅲ　分野別交渉
Ⅳ　TRIPSと公衆衛生
Ⅴ　多角的貿易交渉
Ⅵ　むすび

Ⅰ　はじめに

　世界貿易機関（WTO）において，紛争解決手続が有効に機能してきたことは周知のとおりである。成功の理由について，Hughesは，手続の「自働性」・二審制・各国の信頼が重要と論じている[1]。他方で，2001年に開始されたドーハ開発アジェンダ（ドーハ・ラウンド）はいまだ終結を見ていない（詳細は股野報告参照）。その理由は，一括受諾方式（single undertaking）の採用と意思決定方式の違いに求められることが多く，紛争解決手続がネガティヴ・コンセンサス方式の導入によってその「自働性」を高め，効率的に進められるようになったのに対し，ドーハ・ラウンド交渉を含むその他の意思決定は依然としてコンセンサス方式で行われることから，少数国の反対により決定が妨げられることが多いとされる。Lowほか改革の提案も数多くなされているが実現を見ていない[2]。現実問題としては，先進国，開発途上国とも，事実上の拒否権が使えるコンセ

ンサス方式から離れることには消極的で，当面改革提案が認められる可能性は低い。

　こうした状況の下で，加盟国間の自由貿易協定（FTA）が拡大している。初期のFTAは，二国間あるいは限定的な構成国による地域的なFTAが主であったが，欧州連合（EU）の拡大を含め，近年では環太平洋戦略的経済連携協定（TPP）や環大西洋貿易投資パートナーシップ（TTIP）など，広範囲で多数の構成国によるFTAが締結されるようになっている。また，これらFTAの規律の対象は，貿易のみならず，サービス，知的財産権，投資，環境，労働基準などを含む広範囲なものであり，さらに，規律の水準もWTO協定と比較して高水準のものが多く，「WTOプラス」と言われている。このような状況は，一般にWTOにおけるルール・メイキングの機能不全ととらえられ，その結果，WTOの枠外でのルール・メイキングが拡大していると理解されている。しかし，過去20年にわたってWTOがルール・メイキングにおいて一定の役割を果たして来なかったということを意味するものではない。

　本稿では，過去20年間のWTOにおけるルール・メイキングがどのようなものであったかを明らかにし，今後のWTOの機能について検討したい。

Ⅱ　紛争解決手続における判例法の形成

　紛争解決手続は，DSU 3条2項が「紛争解決機関の勧告及び裁定は，対象協定に定める権利及び義務に新たな権利及び義務を追加し，又は対象協定に定める権利及び義務を減ずることはできない」と定めているにもかかわらず，それを通じて判例法を形成し，新たな権利義務関係の確立という厳密な意味でのルール・メイキングと言い難いところはあるが，事実上は重要なルール・メイキングの機能を果たしている。特に，手続規定に関しては，抽象的な文言（例えばDSU11条の「客観的な評価」）から具体的な基準を導き出す場合，新たなルール・メイキングと言うこともできよう。[3]

具体的には,まず条文解釈について,ウィーン条約法条約31条に従い,「文脈によりかつその趣旨及び目的に照らして与えられる用語の通常の意味に従」って解釈するという手法が確立され,辞書を参照するケースもあるほど厳格な文言解釈がなされている。また,DSU11条の解釈という形ではあるが,事実審としてのパネルの機能を支える法理として,立証責任と審査基準[4](standard of review)[5]についての考え方が明確になった。

さらに,文言解釈を重視する一方で,法の一般原則によって常識的な解釈を導く手法も採用される。上級委員会報告書では,信義則(good faith)や適正手続(due process)への言及がしばしばなされる。上級委員会によるこれらの一般条項への言及は,上級委員会事務局がまとめているWTO Appellate Body Repertory of Reports and Awards 1995-2013に整理されている[6]。

また,GATT以来の先例の蓄積の上に,WTO協定の実体規定の解釈が明確になったことも過去20年の大きな成果である。Hughesは,上記で参照した論文[7]で最恵国待遇,内国民待遇,一般的例外,補助金協定,アンチダンピング協定,農業協定及びGATSについて,それぞれ解釈が明確化された事例を説明しているが,同論文刊行後の10年間で注目すべきひとつの展開としては,TBT協定に関し米国を被申立国として争われた一連の事件[8]によって,その解釈の明確化が図られたことも指摘できよう。

TBT協定にはGATT20条に相当する規定がないので,パネルや上級委員会は各号該当性と柱書という2段構えの法的構成ができず,非貿易的理由による規制の問題に正面から取り組まざるを得ない。そこで,COOL事件で上級委員会が次のように述べたように,文言解釈からかなり離れて,大胆な目的論的解釈に踏み込んでいる。

> ある強制規格が輸入品に対し事実上の悪影響を与えるものであっても,その悪影響が正当な規制上の区別のみに由来する場合は,2.1条違反とはならないかもしれない。これに対し,規制による区別が公平なやり方で設計されず,適用されていない場合には(たとえば,そ

れが恣意的または不当な差別の手段となるような態様で設計され，適用されているというような場合），その区別は「正当」とは考えられず，当該悪影響は2.1条で禁止されている差別を反映していることになる。公平性を判断するに当たり，パネルは当該事案の個別の事情（すなわち，問題とされる強制規格の設計，構成，顕著な構造，運用及び適用）を注意深く精査しなければならない。

Some technical regulations that have a *de facto* detrimental impact on imports may not be inconsistent with Article 2.1 when such impact stems exclusively from a legitimate regulatory distinction. In contrast, where a regulatory distinction is not designed and applied in an even handed manner — because, for example, it is designed or applied in a manner that constitutes a means of arbitrary or unjustifiable discrimination — that distinction cannot be considered "legitimate", and thus the detrimental impact will reflect discrimination prohibited under Article 2.1. In assessing even handedness, a panel must carefully scrutinize the particular circumstances of the case, that is, the design, architecture, revealing structure, operation, and application of the technical regulation at issue. (para. 271)

ここでは，正当（legitimate），公平（even-handedness）といった，条文にはない一般的な概念がTBT協定2.1条の解釈の決め手となっており，まさに判例法によるルール・メイキングと呼ぶのが適当な事態になっている。

Ⅲ　分野別交渉

分野別交渉の場においても，1995年にWTOが発足して以来，いくつかの重要なルールの創設や改正がなされている。

まず，1996年のシンガポール閣僚会合において，情報技術製品（IT製品）の貿易に関する閣僚宣言が採択された。そこで合意された内容が情報技術製品協定（ITA）と呼ばれており，その付属書に基づいて特定のIT製品の関税撤廃が一部の国の譲許表の修正という形式で実施されている。

さらに，ITA成立後15年が経過した2012年5月，協定でカバーされていない新たなIT製品の増加を踏まえ，対象品目を拡大すべきことが合意された。翌6月から33の加盟国によって非公式の交渉が開始され，その後，交渉参加国

は54に増加した。交渉は，WTOのITA委員会の枠外に非公式の作業部会を設置して行われ，17回の交渉ラウンドを経て2015年7月にITAの対象品目を拡大する合意が成立した（ITA II）[9]。この合意は，ナイロビで開催された閣僚会議で採択された閣僚宣言に含まれている。IT製品の関税は，2016年から2019年の4年間で均等に撤廃される。1997年当時，ITA参加国は29か国であったが，現在では82か国に拡大し，IT製品貿易の97％，世界全体の貿易の約7％をカバーしている[10]。

ITAは，ラウンドの外での関税引下げ合意の手法を定めたとともに，比較的短期間で関税撤廃及び対象品目の拡大に合意したという点で画期的である。これは，IT製品という限定された対象についての交渉であり，一部の意欲ある加盟国による交渉であったことによるものであろう。また，90年代半ば以降のFTAが高水準のものとなり，関税撤廃も品目ベースで95％を超えるものも現れた時期であり，加盟国の一部に関税撤廃に対する許容性が増したことによるものと考えることもできる。

また，ウルグアイ・ラウンドの積み残し案件として，1997年に基本電気通信分野と金融分野のサービス貿易についての約束表の改定が行われた。これはGATT時代の譲許表改正の前例にならい，一部の国だけが参加する「議定書」の採択という形式で行われた。とりわけ基本電気通信については，合意に参加した複数国だけに適用される共通ルールを参照文書（reference paper）という形で明文化し，それを約束表に取り込むことで，実質的にルールを変更することができた。

実際に参照文書の解釈が問題となった紛争事案としてTelmex事件（DS204）がある。本件は，米国がメキシコに対して申し立てた事件で，国際電気通信の接続料金の決定方法，最大手事業者による反競争的行為の規制の有無などが争われた。特に，参照文書に規定された「主要なサービス提供者」，「反競争的行為」そして「原価に照らして（cost-oriented）」などの基本概念の解釈について

争われ，その明確化が図られている。これらの規定は，参照文書を約束表に取り込んだ加盟国についてのみ適用されるものではあるが，ラウンド交渉の枠組みの外で分野ごとに複数国間で交渉し，国内規制の緩和という実体的な義務を定めた共通のルールの下で自由化の道筋をつけるという新たな手法を見出したとも言えよう。

Ⅳ　TRIPS と公衆衛生

開発途上国の重大な関心事項であった TRIPS 協定と公衆衛生の問題に関しても，重要な修正が加えられている。この問題に関しては，2001年のドーハ閣僚会議において，「TRIPS と公衆衛生に関する宣言」が採択され，具体的な検討が開始された。これは，TRIPS 協定によって物質特許の保護も義務付けられたため（TRIPS 協定27条1項），途上国における結核，マラリア，HIV などの感染症治療薬が高額となり，途上国における医薬品に対するアクセスが十分ではなくなったという状況に対応しようとするものであった。感染症が拡大した場合，国家緊急事態として TRIPS 協定31条に基づいて特許権者の許諾を得ずに特許を使用することが可能であるが，国内市場への供給に限定する31条(f)の規定がネックとなっていた。多くの途上国は医薬品製造能力がないため，31条が許容する「許諾を得ない他の利用」が事実上できなかったからである。

ドーハ閣僚宣言を受けた交渉の結果，2003年に，TRIPS 理事会への通報や再輸出を防止するための方策（特別なパッケージや色の使用など）を定めたうえで，医薬品製造能力のある加盟国から輸入する枠組みが合意され[11]，2005年に TRIPS 協定に31条(f)の適用除外を規定する31条の2という新たな条文を追加する改正が合意された[12]。この改正は2003年に合意された義務免除の内容を TRIPS 協定に取り込み明確化するものであって，協定改正が未発効ではあっても，2003年の決定に基づいて義務免除が認められており，ルールの改定は実現している。TRIPS と公衆衛生は，ウルグアイ・ラウンド当時にはあまり意

識されていなかった問題であったが，開発途上国がTRIPS協定の交渉に反対した大きな理由の1つであった。しかし，HIV感染が世界的に拡大していた中でHIV治療薬が開発されると，その価格の高さゆえにNGOを中心として医薬品メーカーに対する批判が広がったのである。こうした背景の中で，特許の制限による低価格での供給に消極的であった医薬品メーカーは，低価格もしくは無償での医薬品提供を申し出るなどしたが，流れを変えることはできなかった。HIV感染の拡大は，まさに世界的な緊急事態であり，NGOや開発途上国の意見を反映する形で新たなルールが作られたことは画期的なことと言えよう[13]。

V　多角的貿易交渉

はじめに述べたように，2001年に開始されたドーハ・ラウンドは，現在に至るまで合意・終結に至っていない。ウルグアイ・ラウンドにおいて，FTAの拡大がラウンド交渉の妥結を促した，つまり地域統合が自由化へ向けたビルディングブロックとしての機能を果たしたという評価があったが，1990年代後半以降，高水準のFTAが拡大しているにもかかわらず，現在までのところ，地域統合がWTO体制を支えるビルディングブロックとして機能していない。これは，WTO加盟国の増加，特に発展途上加盟国の増加により，多角的貿易交渉の枠組みにおいて先進国と途上国の間の対立が表面化していることによる。

そうした中でも，2013年のバリ閣僚会合において，貿易円滑化協定について実質的合意がなされた[14]。その後，2014年にバリ合意に基づいた最終の貿易円滑化協定が採択され[15]，この協定をWTO協定付属書1Aに組み込むためのWTO協定改正議定書[16]が合意されている[17]。貿易円滑化協定は，GATT5条，8条，10条の明確化と改善を図り，手続の簡素化を通じて通関の迅速化を図るとともに，途上国に対する技術援助を規定している。

貿易円滑化は，1996年のシンガポール閣僚会議において，投資，競争，政府

調達と合わせて，今後 WTO が検討すべき4分野（シンガポール・イシュー）のうちの1分野として提起された課題である[18]。ドーハ閣僚宣言で，これらシンガポール・イシューの交渉は，次のカンクンで開催される閣僚会議に委ねることとされた[19]。結局，カンクン閣僚会議において結論が出ず，翌2004年に貿易円滑化のみがドーハ・ラウンドの交渉項目として残ったのである[20]。他の3分野の課題とは異なり，手続的・技術的な課題であり，さらに途上国への技術援助を強く打ち出したものでもあったため，合意の達成が比較的容易であったのであろう。

VI むすび

このように，数は多くないものの，ドーハ・ラウンドの「一括受諾」の枠組みの外で協定の内容を実質的に変更する決定がなされてきており，コンセンサス方式の呪縛によって WTO におけるルール・メイキングが妨げられているとする見方が必ずしも正しくないことが分かる。

また，ウルグアイ・ラウンドで合意された WTO 協定自体が画期的であったことも十分に認識しておくことが必要であろう。物品貿易の分野においては，関税引き下げのみならず，非関税障壁に関する協定が整備され一括受諾によって全加盟国がその遵守を義務付けられている。さらに紛争解決手続が強化され，遵守確保の体制も格段に改善された。こうした中で，紛争解決手続に対する加盟国の信頼を基礎に，2016年5月時点で507件の紛争がこの手続で処理されており，IIで述べたように「判例法」の形成について議論することができる状況になっている[21]。

確かに，成立後20年が経過して様々な課題が提起されているのにもかかわらず，ラウンド交渉も停滞し，十分に対応できないという状況にある。しかし，この状況を悲観的に考えなければならないのか，慎重に検討する必要があるのではなかろうか。

前述のとおり，ウルグアイ・ラウンド合意は画期的なものであった。しかもこの合意は，反グローバリゼイション運動が高まる中で達成されたものであり，WTO設立後は，さらに反グローバリゼイション運動が高まり，WTOも市民社会の声に耳を傾けるようになっている。また，シアトルの閣僚会議において，多数の発展途上加盟国が，一部の加盟国によるグリーンルーム会合の不透明性を批判して紛糾したことは，合意形成のあり方に大きな疑問が提示されたことを示した。FTAの高水準化も伴って，先進加盟国の国内においてもさらなる自由化に対する懐疑論が広がっている。

　こうした中で，多くはないもののルール・メイキングについて加盟国間の合意が達成されたこと自体は，評価に値するように思われる。これらの合意された分野を大別すると3つに分けることができよう。①GATT時代の手法を踏襲して，特定国の間だけで市場アクセス約束の内容を実質的に改善することを認めるルール（ITA, 基本電気通信，金融），②WTOに対するNGO等の批判を取り込む形でルールを微修正するもの（TRIPSと公衆衛生），③新時代の要請を受けて既存のルールを明確化するとともに途上国への支援強化を打ち出すもの（貿易円滑化）。②と③はコンセンサスを必要とするので時間もかかったが，政治的意思があれば実現は可能であることが示された。②については，NGOの活発な活動と世界的な世論の高まりによって流れが作られたこと，③については，技術的・手続的問題であるのと同時に途上国支援を打ち出していること，が加盟国間で実現へ向けた政治的意思の共有を可能としたのではないだろうか。

　今後の展望がどのようなものであるか，若干の検討を試みむすびとしたい。

　現在交渉中のサービス貿易協定（Trade in Service Agreement: TiSA）のように①の延長線上で交渉が進む分野もあるが，この手法が適用できる分野は多くない[22]。②と③に相当するような政治的課題は今のところ見つかっていない。やはりルール・メイキングの王道はラウンドであるが，近い将来にラウンドが妥結する見通しは小さい（股野報告参照）。

他方，いわゆるメガ FTA では，TPP の環境章における漁業補助金規制のように，ドーハ・ラウンドで交渉されながら実現できてないルール・メイキングを地域限定で実現した例がある。また，環大西洋貿易投資パートナーシップ（TTIP）交渉では，2003年のカンクン閣僚会議で棚上げが決まった WTO の投資交渉ではまったく扱われてこなかった仲裁に対する常設上訴機関の設置が検討されているとのことである[23]。WTO のルール・メイキングが停滞する中で，その機能が将来的にメガ FTA に代替されることになるのか，あるいは Pauwelyn が言うようにメガ FTA と WTO との間で棲み分けができるようになるのか[24]，また，そのことの政策的意味について，現状は予断を許さない。

　TPP をめぐる最近の国内議論を見ると，FTA 交渉の今後についても若干の懸念材料が現れている。米国大統領予備選挙の議論では，TPP 支持の立場であったクリントン候補が，サンダース候補の予想外の大健闘に対応する形で支持の修正を表明している。日本においても甘利担当相のスキャンダルや，交渉経過を示す資料提出に関連して，西川衆院特別委員会委員長の著書問題などがあり，国会審議の先行きが不透明な状況になっている。

　日本の状況は，TPP の合意内容に対する直接の批判によるものではないものの，与党支持層にも根強い反対があることを考えると，TPP の承認が得られたとしても，今後の FTA 交渉に大きな抵抗が生じる可能性がある。米国ですら格差の拡大に対する批判が強まっていることを考えると，今後の FTA 交渉によって，さらに広範で高度な規律を確保することは，あまり期待できないだろう。

　今後の動向は，合意された高水準の FTA 実施が大きな問題を引き起こさず，期待された成果がある程度達成されれば，その内容が徐々に WTO 体制に取り込まれていくのだろう[25]。もし，大きな問題が引き起こされれば，その問題解決に向けた修正に合意されない限り，FTA 交渉においても停滞が続くように思われる。大幅な自由化を受け入れた直後は，当然に経済的な問題が発生する

が，国際的にも国内的にも適切な経済政策を実施し，一定の調整期間を経て安定すれば，経済発展に向かう可能性がある[26]。多角的交渉であれ，地域・二国間交渉であれ，そのような経験を積み重ねることによって，自由化・規制緩和を進めていくことが必要なのではなかろうか。

1) Hughes, Valerie, "Accomplishments of the WTO dispute settlement mechanism" in Taniguchi, Yasuhei, Alan Yanovich and Jan Bohanes, eds. *The WTO in the Twenty-first Century*, Cambridge University Press 2007.
   著者はWTO事務局法務部長。当該論文執筆当時は上級委員会事務局長。
2) Low, Patrick, "WTO Decision-Making for the Future", WTO Staff Working Paper ERSD-2011-05.
3) 主として上級委員会についてHughes, *supra* note 1，パネルについて福永有夏「事実審としてのWTOパネルの機能」（村瀬信也編集代表『国際経済法講座Ⅰ』（法律文化社，2012年）参照。
4) リーディングケースとして毛織シャツ・ブラウス事件（WT/DS33）
5) もともと米国の行政事件訴訟で使われていた言葉なので，この訳語でよいか議論がある。福永「前掲論文」（注3）は「検討基準」という用語を提唱し，Hughes, *supra* note 1 はこの言葉を避けて objective assessment by panels と称している。WTO ではアンチダンピング調査結果の審査と SPS 措置の合理性の審査について議論されることが多いが，いずれにせよ，各国の措置をパネル・上級委員会が審査するときの基準について，ここまで詳細な議論が展開されているのは WTO においてのみであり，最近ではこれが WTO の領域を超えて国際司法裁判所の判断にまで影響を及ぼしているとの指摘もある（捕鯨事件判決における小和田反対意見参照）。
6) https://www.wto.org/english/tratop_e/dispu_e/repertory_e/p3_e.htm#P.3.7
7) Hughes, *supra* note 1.
8) マグロ製品事件（DS381），原産国表示（COOL）事件（WT/DS386），クローブ入り紙巻きタバコ事件（WT/DS406）
9) 詳細は，股野論文を参照のこと。
10) https://www.wto.org/english/tratop_e/inftec_e/inftec_e.htm
    https://www.wto.org/english/tratop_e/inftec_e/itaintro_e.htm
    なお，ITA Ⅱ の参加国は，2016年4月時点で52か国となっている。
    https://www.wto.org/english/tratop_e/inftec_e/itscheds_e.htm
11) Implementation of paragraph 6 of the Doha Declaration on the TRIPS Agreement and public health, Decision of the General Council of 30 August 2003, WT/L/540 and Corr. 1, 1 September 2003.
12) 3分の2の加盟国の批准により発効するが，2016年5月現在の批准国は，74か国であり，まだ発効していない。

13) この間の経緯をまとめたものとして M Mitchel, Andrew and Tanya Voon, "The WTO Waiver as a recognition of public health concerns in the WTO" in Pogge, Thomas, Matthew Rimmer and Kim Rubenstein eds. *Incentives for Global Public Health: Patent Law and Access to Essential Medicines*, Cambridge University Press, 2010. 参照。
14) バリ・パッケージの一部として合意された（WT/MIN(13)/36, WT/L/911）。
15) WT/931, 15 July 2014.
16) WT/L/940, 28 November 2014.
17) 詳細は，股野論文を参照のこと。
18) para. 21, SINGAPORE WTO MINISTERIAL 1996: MINISTERIAL DECLARATION WT/MIN(96)/DEC, 18 December 1996.
19) paras. 20-27, WT/MIN (01) /DEC/1.
20) para. g. WT/L/579, 2 August 2004.
21) https://www.wto.org/english/tratop_e/dispu_e/dispu_status_e.htm
22) すでに2005年の報告書『WTOの将来』（WTO, *The Future of the WTO*, 2005. で，一括受諾方式を改めて可変形態（variable geometry）の概念を導入することが提唱されており，①の手法は可変形態の一種と評価できるが，現状ではそれほど広まっていない。
23) "Commissioner Malmström consulted the European Parliament on reforms of investment dispute resolution in TTIP and beyond" (6 May 2015, http://trade.ec.europa.eu/doclib/press/index. cfm?id=1303).
24) Pauwelyn, Joost,"The Transatlantic Trade and Investment Partnership Will Be Good for Both World Trade and the World Trade Organization"Cato Online Forum, October 2015.
25) 中川淳司「TPP の背景と意義」日本国際経済法学会年報23号（2014年）参照。
26) 筆者（間宮）が，市場経済移行国の政府職員に対する通商法セミナーの講義を行った際，1998年に先進国並みの自由化約束を受け入れて WTO に加盟したキルギスの政府職員の発言が印象的であった。その発言は，大要，WTO 加盟直後は国内産業に大きな損害が発生し混乱したが，現在（2005年）は，順調に経済が発展している，というものであった。

（明治大学法学部教授）
（横浜国立大学大学院国際社会科学研究院教授）

論　説　WTO 成立20周年——ルール・メイキングと紛争解決の観点から

WTO 交渉機能の現状
——現場からの視点——

股　野　元　貞

Ⅰ　はじめに
Ⅱ　WTO の 3 機能
　1　協定履行監視
　2　紛争解決制度
　3　交渉機能
Ⅲ　ドーハ・ラウンドの経緯
　1　ドーハ・ラウンドの特徴
　2　DDA 交渉構図の推移
Ⅳ　ポスト・ナイロビ——WTO はどこへ向かうのか——
　1　新たな課題
　2　新たなアプローチ
　3　閣僚会議の意義
　4　南北問題と南南問題
　5　RTA と WTO
　6　既存の委員会の活用
　7　DDA で残された課題
Ⅴ　結　語

Ⅰ　はじめに

　2015年は世界貿易機関（WTO）が設立されて丁度20周年にあたる節目の年であった。同年11月に環太平洋パートナーシップ協定（TPP）が合意に至ったことにみられるとおり，時代は二国間や地域的な自由貿易・経済連携協定（以下，「RTA」と総称）が主流であり，WTO にはもはや期待できないといわれて

久しい。本当にそうなのか。本稿では，WTOの交渉機能の現状がどのようになっているか，ドーハ・ラウンドの経緯及び構図を「大局的・鳥瞰図的」に振り返りつつ，WTOは今後どの方向に向かうのかを論じることとする。[1]

II　WTOの3機能

ドーハ・ラウンドの停滞からWTO自体が停滞していると思われがちであるが，WTOには交渉機能を含めて3つの重要な機能がある。

1　協定履行監視

1つ目は，すでに成立したWTO協定と各加盟メンバーの現行貿易政策が整合しているかを監視する機能である。定期的に各メンバーの諸措置を集中的に精査する貿易政策検討制度をはじめ，各分野別委員会においても特定のメンバーによって問題のある措置が導入された場合，相互に説明を求めている。強制性は存在しないが，相互に透明性を確保し，問題点を指摘し合うことで「ピア・プレッシャー」がかかる仕組みである。WTOにおける平素の最も重要な活動の1つとなっている。

2　紛争解決制度

もう1つは，貿易紛争を解決するための「準司法的機能」としての，紛争解決制度である。WTO設立以来，500件を超える協議要請がなされ，先進国のみならず，途上国にも対等に活用されている。

上記の「履行監視」，「紛争解決」については，多数あるRTAにも同様の規定が導入されているが，WTO体制との最大の違いは，前者ではほとんど使用実績がないことである。我が国がこれまで結んできた経済連携協定や二国間の投資協定において，各協定で個別に定められた紛争解決制度が使われた例は皆無である。その意味では，WTO協定は世界で「最も活用されている」，「活き

た」協定であるといえ，むしろ WTO 紛争解決制度においては，係争案件の増加により制度に過重な負担がかかっていることが問題となっている状況である。

3 交渉機能

では，なぜ「WTOは機能していない」とみられているのか。それはひとえに，3つ目の柱である，さらなる貿易自由化を進め，新たなルールを導入していくという「交渉機能」が停滞しているためである。

Ⅲ　ドーハ・ラウンドの経緯

最新の WTO 交渉ラウンドであるドーハ・ラウンドは15年近くもの長い年月を経てもなお妥結に至っておらず，「停滞している」，あるいは「機能していない」と評されても仕方がない面はある。以下，交渉機能の中核であるドーハ・ラウンドの経緯を振り返り，どのように発展してきたのかを，特に「停滞」していると評される，最近の動きに焦点を当てて論じる。

WTO ドーハ・ラウンドは2001年に交渉が開始された。WTO が設立されたのは1995年であり，新たなラウンドが開始されるまですでに6年の歳月を要している。現在160か国・地域を超える参加メンバーがいる WTO は，多角的貿易体制の中核である一方，この参加メンバーが多数であること自体が，WTO における合意の難しさを示している。したがって，ドーハ・ラウンドが立ち上がったこと自体が，1つの「成果」とみなされているのである。

1　ドーハ・ラウンドの特徴

(1)　限定された8つの交渉分野

ドーハ・ラウンドにはいくつかの特徴がある。まず，交渉対象となる分野が限定されていることである。具体的には，①農業，②鉱工業品等非農産物

（NAMA と称される），③サービス，④ルール（アンチダンピング措置や漁業補助金などの規律強化），⑤貿易円滑化（税関・検疫手続等），⑥環境，⑦開発，⑧知的財産権の 8 分野のみが対象とされた（以下，「DDA 8 分野」とする）。TPP で関心を集めた ISDS（投資家対国家紛争解決）が関係する投資や電子商取引などは対象外とされているうえ，知的財産権については地理的表示等，部分的な内容に限られるなど，あらゆる分野を広く交渉対象としていたわけではない。

（2）ドーハ・ラウンドの正式名称：ドーハ開発アジェンダ（DDA）

もう 1 つの大きな特徴は，その名称にある。「ドーハ・ラウンド」というのは，ウルグアイ・ラウンドなど前例からくる通称であり，正式にはドーハ開発アジェンダ（DDA）と称する。なぜ「開発」と入っているのか。それは，DDA の前身である「関税及び貿易に関する一般協定（GATT）」ウルグアイ・ラウンドが一部の主要国主導で決定されたため，多くの途上国が実施段階に入ってみると合意内容が厳しすぎたことに気づき，その「是正」が重要な課題となっていたことに起因する（いわゆる「実施問題」）。すなわち，途上国に対して，既存の合意，さらには DDA で新たに合意する内容について，協定義務の免除・緩和を含む特別な配慮がなされ（特別かつ差別化された待遇：S & D），技術支援も確保されること等を「開発」と総称したのである。なお，後でみるように，途上国が「DDA の枠組み」維持に強くこだわったのは，8 分野限定の枠が崩れると，この「開発」部分がないがしろにされかねないとの強い懸念があったためである。

2　DDA 交渉構図の推移

こうした前提で進んだ DDA の推移をみるにあたり，「参加メンバー」と「交渉分野」を各々「全体（DDA 8 分野）」と「部分」にわけた四分類表で把握してみる。[2]

分野 加盟国・地域	全体 （DDA 8分野）	部分
全体 （全WTO参加メンバー）	① DDA 全体（一括合意）	② 貿易円滑化協定（TFA）
部分 （有志国・地域）	③ （WTO 交渉の中では考えにくい）	④ 拡大 ITA，EGA，(TiSA)

(1) 交渉開始から2011年まで

DDA が2001年に開始された当初は，DDA 8分野全体につき，全参加メンバーで合意することが目指されていた。これは WTO 交渉の特徴であり，8分野において，特定分野の「つまみ食い」を認めず，全体のバランスの中で合意が得られるよう，「一括合意」（シングル・アンダーテイキング）が条件とされた。また，国際連合等の他の国際機関と異なり，全参加メンバーが対等に「一票」を持つ WTO では，（協定上は多数決が認められているものの）全メンバーの同意に基づく「コンセンサス」方式が前提となった経緯がある。

また，WTO の交渉には 2 つの大きな柱があり，1 つは各メンバーが従うべき義務を定める「規律・ルールの策定」と，もう 1 つは，関税削減やサービスの自由化を約束する分野の拡大といった「市場アクセス交渉」である。こうした前提の下，四分類表では左上の欄①から交渉が始まった。

上述のとおり様々な前提の下で始まった交渉であり，当然合意は困難を極めた。各メンバーとも貿易交渉の「本丸」として精力的に交渉を進めたものの，進展はなく，交渉開始後 7 年経った2008年には，ついに事実上の「交渉凍結」宣言が出されるに至った。

(2) 2012年以降：部分アプローチの開始

上記「凍結」に伴い，多角的貿易体制に対する各メンバーの危機感が強まる中，DDA は2011年の第 8 回 WTO 閣僚会議（MC 8）において大きな転換点を迎えた。それまでの「全メンバー」による「全 8 分野一括合意」という，合意

形成が困難なアプローチを見直し，停滞を打破するため，「部分合意」等の可能な成果を積み上げる「新たなアプローチ」を追求することとなった。この時点で DDA 開始後10年を経ていたため，一般的にはすでに WTO 交渉に対する注目度は下がっていたが，WTO の世界では大きく事態が進展したのである。

ポイントは「部分」を追求することとなったことである。これによりまず，特定の分野において，一部の「有志メンバー」による交渉が動き出したのである。上記四分類表では，右下④欄の交渉が，いくつかのアプローチの下始動した。

1つ目は NAMA における部分的な関税撤廃・引き下げ交渉である。まずは情報技術協定（ITA）である。同協定は1996年末に合意されて以降，すでに15年近い年月を経ており，対象品目を時代に合わせるべきとの要請が強まっていた。これを受け，一部有志メンバーによる品目拡大交渉が2012年5月に開始された。さらに環境問題の深刻化に伴い，地球環境保護に資する物品の関税を引き下げるための環境物品協定交渉（EGA）も2014年7月に正式に開始した。これらは，NAMA 交渉の一部を「ストーリー」をつけて分離し，早期の合意を目指したものである。

上記は一般的に複数国間協定（以下，「プルリ」と称する）と呼ばれるものであるが，特定分野において，合計でその世界的なシェアのほぼすべてを占めるメンバーが集まり関税を撤廃する一方で，その撤廃はプルリ参加メンバー以外の全 WTO メンバーに最恵国待遇で利益が均霑（以下，「MFN 均霑」とする）されるものであり，事実上の多角的（以下，「マルチ」とする）協定を効率的に実現する手法である。

さらには，同様に「時代遅れ」の感が強まっていたサービス貿易協定の分野でも動きがみられた。「サービス貿易に関する新たな協定（TiSA）」交渉である。2012年から準備が本格化し，2013年春には正式に交渉が開始された。TiSA は ITA や EGA と異なり，交渉開始時点では MFN 均霑するか否かの扱いは決

まっていないものの，いずれはWTOにおける「サービスの貿易に関する一般協定（GATS）」を「差し替え」，WTOに「還元」されることが目指されており，広義の意味ではWTO交渉の一環といえよう。

(3) 2013年末：「バリ合意」（貿易円滑化協定の合意等）

このように2012年以降，部分的なWTO交渉が動き出し，2013年12月にインドネシア・バリで開催された第9回閣僚会議（MC 9）においてWTOは，さらなる大きな前進をみた。DDA 8分野の1つの分野である貿易円滑化において，WTO設立以来初めて全メンバーが合意した「貿易円滑化協定（TFA）」が採択されたのである。上記四分類表において，右上欄②に流れが動いたことは，プルリに比べもう一段の進歩であり，同採択は，WTOが「まだ合意ができる機関」であることを証明できた，画期的な出来事であった。

(4) 2014年秋：WTO交渉機能「最大の危機」

しかし，その後WTOは予期せぬ形で大きな壁にぶつかることとなる。MC 9ではTFAを含め，大小様々な合意がなされた（「バリ・パッケージ」）。バリ・パッケージの中で，TFAに関しては，同協定をWTO協定の一部として組み込むための議定書を2014年7月に採択し，その後各国が批准手続へ移行するとの日程が明確に定められていた。一方，同パッケージでは同時に，途上国が食糧安全保障のために公的に備蓄（PSH）する食糧備蓄に対する補助と，WTO協定上問題となる国内支持との関係につき，2017年に開催予定の第11回閣僚会議までに結論を出す，としており，TFAとPSHに関して別々の日程が定められていた。もともと貿易円滑化はDDA 8分野の中で「一括合意」されることとなっていた1分野を先行して合意してしまうものであったため，インドをはじめとする一部途上国は，TFAを「先進国が欲する内容の先取り」と解し，TFAのみが先行するとPSHの議論が放置されると危惧していた。バリ・パッケージ合意に至る段階でも議論されたこの問題が，いざTFAの実施を前に進めようとする段階で再燃したため，予定どおりに議定書を採択することができ

なかったのである。

　実はこのことは，WTO関係者の間では，「WTO史上最大の危機」とも評されたのである。すなわち，従来から長きにわたり，WTO交渉では「合意に至ることができない」ということが問題であったが，ここではいったん合意したものを，実施に入る前の段階で「守ることができない」状況となってしまった。WTO協定上「最高の意思決定機関」である閣僚会議で合意した事項を，後から閣僚未満のレベルで覆すことが簡単に認められれば，今後いかなる合意も意味を持たないことになりえたことから，交渉機能が完全に麻痺しうることを意味した。そのため，真の「危機」と評されたのである。

　その後，いったんは「絶望的な雰囲気」が生じたものの，関係国の努力により対立が緩和され，米印間の首脳レベルでの合意を経て，最終的に同年11月のWTO一般理事会において議定書が採択された。筆者も，ジュネーブに駐在する各国大使が参加する同理事会に参加したが，議定書が採択された瞬間は方々で握手や抱擁がみられ，記念撮影をする者もいるなど，さながらラウンド全体が妥結したかの高揚感であった。

(5) 2015年：野心を再調整しDDA妥結を目指す

　しかし冷静になれば，本来あるべき姿に数ヶ月を浪費して戻っただけのことであり，その「劇的な」展開とは裏腹に，改めてWTO交渉の難しさを指摘する向きもあった。

　近年DDAが停滞した大きな要因として，DDA開始後十数年の年月が経ち2つの「古い」が問題となっていたことがある。1つは，交渉がDDA8分野に限定され，デジタル経済の進展やグローバル・バリュー・チェーン（GVC）の深化といった世界経済の実情がほとんど反映できておらず，交渉対象が「古い」ことであった。一方で，ウルグアイ・ラウンドからの巻き返し，あるいは是正を主目的とする途上国にとっては，「開発」が大きな柱となっていたDDAの枠組みを崩すと，「開発」がないがしろにされるという懸念があった。

そのため途上国側にはDDAの枠組みを何としてでも維持したいという考えがあった。しかし，問題はその「途上国」の扱いがDDA開始時点，場合によってはウルグアイ・ラウンド妥結時点で止まっていたことであった。すなわち途上国のとらえ方が「古い」という問題があったのである。経済成長著しい中国やインド等の「新興経済国」を最後発途上国（LDC）と同等に扱ったままで交渉を進めることは，様々な困難を生み始めていた。

したがって，こうした点を問題視した先進国を中心として，DDAを「時代に即した」ものと変えていくことが強く求められていたのである。しかし，WTO交渉において電子商取引といったDDA 8分野にはない「新たな課題」を扱うべきであると正面から主張することは，一方で「DDAを壊す張本人」として非難されることにつながったため，先進各国とも極めて抑制的な対応を強いられてきた。こうした状況は，G20やアジア太平洋経済協力（APEC）などの国際的枠組みで近年発出された貿易に関する文書にも色濃く反映されていた。こうした文書では，前段でデジタル経済やGVCなど最先端の課題を論じる一方で，WTOを核とする多角的貿易体制を扱う部分では，そうした最先端の要素が一切反映されず，「DDAをどのようにまとめるか」という1点につき，細かい文言調整が繰り広げられていたのである。

このように本来的に困難な背景の中で，上記の2014年11月に見られた「高揚感」は，WTO交渉の前進は可能であるという推進力を与え，前向きに作用することになる。プルリ交渉の開始，さらにはTFAの合意と，「部分合意をめざすアプローチ」は成果を生んできたため，多くの関係者は，WTO交渉は引き続き実現可能な「部分」を模索していくことになると考えていた。しかし，2014年の「バリ合意」には，翌2015年夏までに今後のDDAに関する作業計画を策定すると定められており，こうした具体的な作業目標があったことと，この高揚感が相まって，2015年に入ると，「部分」の追求ではなく，「一気にDDA全体をまとめてしまおう」という機運が生まれたのである。「新たな課

題」に取り組みたい先進国及び，早期に特別かつ差別化された待遇（S＆D）の導入を求める途上国の双方にとって，DDAを終わらせることには利益があったため，議論は加速した。

　従来どおりの手法，従来の立場の繰り返しでは結論が出ないことは明らかであったため，「実現可能（doable）」及び「野心の再調整」をキーワードとして取り組むこととなった。15年近くの年月をかけてまとまらなかったDDA交渉であり，各国ともDDAを「完結させる」ことを最優先とし，相互に過大な要求をすることをやめ，お互いが満足できる最低線まで野心を下げることにより，妥結を図ろうとしたのである。特に2015年12月には第10回閣僚会議（MC10）が予定されていたため，ここでの妥結を目指し，一気に議論が加速していった。

　2015年当初は，DDA 8分野における様々なルール作りの議論に加え，農業，NAMA，サービスにおける市場アクセスの議論においても，詳細な計算式を含むモダリティ提案がなされるなど，WTO，特にジュネーブでは久しぶりに原理原則論や「入り口論」を超えた，詳細かつ具体的な技術的議論が展開されるようになった。

　しかしこれは，いくら「野心を下げる」といっても容易な作業ではなかった。各国ともDDA開始当初の狙いを，「全体のバランスを見ながら大幅に縮小する」ことが困難であったのみならず，15年近くの交渉の中で積み上げられた議論の成果をどこまで踏まえるかという問題も解決困難であった。特に後者は交渉開始当初から大幅に経済成長を遂げた国々もいる一方で，どこまで「新しくなった」側面を交渉に追加するかは困難を極めた。そのため，結局，2015年夏までに策定することが合意されていたポスト・バリ作業計画はまとめることができなかった。

　一方で，議論は続く中，2015年夏以降は「2015年中にDDAをまとめなければ，翌年以降のDDA交渉継続は一切ない」との強い立場を示していた一部先進国も，徐々に農業はじめDDA 8分野の各分野における「個別論点」は，翌

年以降も交渉しうるとして立場を軟化させていった。そのため，2015年後半は，DDAをどのようにまとめるか，よりも「ナイロビの成果」として，年末のMC10で具体的に何を合意するか，という個別議論に焦点が移っていったのである。「8分野全体でのディール」という構図が崩れたため，同年秋以降は，農業やNAMAの市場アクセスといった最も難易度が高い課題は徐々にテーブルから落ちはじめたほか，合意が可能そうな分野の絞り込みでも議論が紛糾した。15年間何度となく繰り返された原則論や入り口論も再度浮上し，MC10が迫っても交渉のたたき台すら用意できない状況となった。そのため，大方の見方は，WTOはナイロビでは「何も合意できない」であろうとして，極めて混沌とした，暗い見通しのまま，MC10本番を迎えるという状況になったのである。

(6) 2015年末：「ナイロビ合意」

2015年12月15日から19日までケニア・ナイロビにて開催されたMC10では，大方の予想に反し，WTO交渉上は大きな意味のある合意（「ナイロビ・パッケージ」）がなされた。大小種々の成果があり，中でも特に重要なのは農業の輸出競争にかかる，特に輸出補助金を原則禁止とする合意と，DDAがMC10以降も続くのか否かにつき「両論併記」となったこと，及びプルリではあるがITA品目拡大交渉が妥結したことの3点である。

(a) 農業輸出補助金

農業輸出補助金は，直接輸出を補助するものであり，極めて貿易歪曲性が高いとされてきたが，WTO設立以降も長きにわたり何ら合意ができなかった困難な事項であった。その難題について，一定の弾力性・猶予の下，農産品の輸出を支援するために輸出補助金は原則として撤廃となった。これは，アゼベドWTO事務局長をはじめ各方面からWTOの20年間の歴史の中で「農業に関する最も重要な成果」であるとして高く評価された。その合意方法についても，先進国を含め多くの利害関係国が特段他の分野との「ディール」や「見返り」

を求めることなく，多角的貿易体制の推進という高い視点で合意したものである。これは，「単体型」あるいは「一方的自由化型」の，合意に至る新たなアプローチとして注目されている。

(b) DDA 継続にかかる「両論併記」

ナイロビ閣僚宣言において，MC10 後の DDA の方向性につき「多くのメンバーは DDA を従来どおりの枠組みで継続することの，全メンバーによる再確認を要求。他のメンバーは，多角的交渉から意義ある成果を得るためには新しいアプローチが必要として，ドーハ・ラウンド交渉の継続を再確認せず。」と記載され，「両論併記」となった。これは後述のとおり，WTO 交渉機能の観点からは大きな意味を持った。

(c) ITA 品目拡大交渉の妥結

1997 年に合意された ITA の品目拡大交渉が合意したことも，ナイロビでの大きな成果であった。同合意は，WTO 設立以来，最大級の関税削減交渉がまとまったこと，急速な発展を遂げる IT 分野においてようやく時代に追いつく合意が得られたことに加えて，プルリが結果を出せることを示し，WTO 交渉には多様な可能性があることを打ち出せたという効果もあった。

Ⅳ　ポスト・ナイロビ——WTO はどこへ向かうのか——

これまでみたように一定の進展をみせている WTO 交渉であるが，今後の方向性はいまだ不透明である。本稿執筆時点では，まだ各国とも MC10 を中心にこれまでの WTO 交渉の経緯の分析をするとともに，将来についても「熟慮」している段階であり，プルリである EGA や TiSA などの継続交渉を除き，まだ具体的な交渉は動き始めていない。したがって，何ら結論めいたことを論ずる段階にはないが，MC10 を経て浮上してきた論点を含め，現時点で有識者など各方面から指摘されている主要な論点を紹介したい。これらは，ルール作りの将来を考えるにあたり大いに参考となると考えられる。

1 新たな課題

　上記のとおり，WTO メンバーは MC10 での DDA に関する「両論併記」により，「ドーハのくびき」から解放されることとなった。MC10 までは，DDA 8 分野以外に交渉対象を広げることを正面から「示唆」するだけで，「DDA を壊す犯人」として非難される可能性があり，「新たな課題」につき論ずることは「タブー視」されている面があった。しかし，この「両論併記」により，「新たな課題」を堂々と議論することが可能となり，途上国を含め多数の国が，少なくとも「非公式かつ結果を予断しない形」で，どのような課題がありうるかにつき活発な議論に参加している状況である。

　具体的には過去に交渉対象の候補として検討されたものの，DDA 本格化以降は WTO では十分に対処することができなかった分野（いわゆる「シンガポール・イシュー」）や最新の RTA で規定され前例ができてきている分野である。電子商取引・デジタル経済，投資，グローバル・バリュー・チェーン（GVC），競争・国有企業，中小企業等が候補として挙がっている。

　本稿執筆時点で，MC10 以降に開催された OECD，APEC，G20 関連会合や各種国際シンポジウム等 WTO 以外の場では議論が始まっており，今後とも一層の活発化が予想されるが，課題はこうした活発化している「議論」をいかに WTO での「交渉」に結び付けていくかである。ただし，拙速に「交渉」にかかる議論を始めてしまうと，結果的に DDA 残存課題さらには，手続論を含む「入り口論」と絡められ，「ドーハの議論の再燃」により停滞しうることから，慎重な声もある。プルリかマルチか，あるいは既存の委員会を活用するか等具体的な方法論も徐々に検討され始めているが，WTO 内で議論，さらには交渉が本格化するには，まだ一定の時間はかかる見込みである。

2 新たなアプローチ

　MC 9 における TFA の妥結，MC10 における ITA 品目拡大，農業輸出補助

金合意等，最近の実績は，WTOにおいて様々な交渉手法があることを示した。今後DDA残存課題，新たな課題を問わず，交渉を進めていくにあたっては，次の選択肢のいずれかを指向していくことになると想定されている。①マルチ型，②プルリ1型（ITA, EGA型：交渉成果はすべてのWTOメンバーに均霑される），③プルリ2型（政府調達協定（GPA）型：WTO協定の中にあるが成果はGPA参加メンバーのみで共有される），④プルリ3型（TiSA型：最終的にWTOへの「還元」を目指すものの，交渉途中では成果の均霑方法は未定），さらには，MC10の農業輸出補助金合意でみられた⑤一方的自由化型等，である。

交渉対象の扱いについては，マルチ，プルリ双方とも，多分野をひとまとめとしてその一括合意を目指す「ラウンド型」，近年のMCでみられた「部分」を一定数組み合わせる「パッケージ型」，MC10でみられた，「単独の分野」で「一方的」に譲歩するもの等が考えられる。

合意される「成果」としても，法的拘束力のある協定（ハード・ロー）が実現できなくても，過去のGATT東京ラウンド時にみられたように，まずはガイドラインやコードなど，より緩やかな成果（ソフト・ロー）を実現し，段階的に協定化を目指す方がよいとする意見も出ている。

なお，「新たなアプローチ」はすでにMC9以降WTOにて採用されている考え方であるが，ポスト・ナイロビにおける「新たなアプローチ」との違いは，交渉対象がDDA8分野に限定されているか否かである。最新の「新たなアプローチ」においては「新たな課題」も対象となるため，「課題」と「アプローチ」の組み合わせはより多様になってきている。

3　閣僚会議の意義

その後の交渉に機運を与えたMC8，部分的ではあれ大きな意義のある具体的成果を出したMC9及びMC10と，閣僚会議が成果を出してきたことをふまえ，改めて閣僚会議自体の意義に対する種々の分析がみられてきている。

ここでは肯定論のみならず，WTO 交渉全体に対する影響を問題視する意見もある。特に論じられている論点は次の 3 点である。

(1) 首都の関与

　MC10終了後は，近年の閣僚会合の節目ごとに成果が出てきた一方で，ジュネーブにおける各国代表部大使を筆頭とする「専門家」による議論では成果を出せなかったとして，政治レベルを含め「首都」の関与が不可欠とする意見が多数みられた。特にジュネーブでの議論は DDA の経緯が長く，複雑であるため，些細な技術的事項においても意見が対立し，交渉の前提となる共通テキストの策定すら困難であり，議論を前に進めることすら困難となっていた。そうした中，MC10でナイロビ・パッケージに合意ができたのは，閣僚により政治的な決断が可能であったうえ，細かい議論がすべて捨象されたためであるとした分析もみられた。他方で，貿易協定はその性質上本来的に専門的かつ技術的な内容が多いため，「閣僚会議依存」には限界があるとする意見も強い。両者のバランスをどのようにとっていくかが課題である。

(2) 交渉のペース

　同様に，「閣僚会議がある 2 年ごとに成果が出る」という，最近の交渉の「ペース」も議論の対象となり始めている。本来 WTO の閣僚会議とは，交渉の進捗状況を定点観測する象徴的な会議に過ぎなかったはずであり，WTO はジュネーブにおいて「永遠に交渉を続ける機械」として設計されていたはずであるという意見も強い。こうした立場からは，2 年に 1 度の合意では，時代の要請についていくことは困難であり，遅すぎるとの懸念が示され，成果は合意の都度出していけばよいとの意見が出ている。一方で，DDA が15年経っても妥結しなかったことに鑑みれば，2 年であっても十分に「加速」されており，むしろ閣僚会議の頻度を上げて次々と成果を出していくべきという意見もある。

(3) 合意方法

　また，MC10で合意ができたのは，「最後の瞬間（eleventh hour）」に，一部の

対立している諸国間で一気にまとめ，これを残りの国が了承（黙認）するという手法が成功したから，とする見解もある。当然これに対しては，交渉経緯を軽視した排他的な方法であり，「健全」なものではなく，たまたま合意内容と合意方法がうまく組み合わさった例外的なものとして，むしろ反省点であるとする意見も多い。

なお，DDA が停滞していた際には，「コンセンサス方式」を問題視する意見も多くみられた。しかし，160か国以上によるコンセンサス方式の下でも，近年一定の成果を出してきていることから，最近は多数決方式の導入や票数の調整といった論点はあまり問題視されず，むしろコンセンサス方式であるからこそ合意が重みを持つとの意見が多くみられる。

4　南北問題と南南問題

これまでの DDA 停滞の大きな原因の1つとして，いわゆる「南北問題」がある。特に「途上国の連帯」が重視され，中国やインド等の「新興国」が主導する形で一体となった「途上国」が，先進国と対立したため議論が進まないとされてきた。一方で，ナイロビにおいて合意が成立した理由の1つとして，MC10が初めてアフリカ大陸で開催された閣僚会議であったため，とする見方もある。MC10では交渉最終盤で「成果」を重視した議長国のケニアが合意を阻もうとするインドに対して強い態度に出て，ケニアをアフリカ諸国が支持したエピソードや，LDC が認められた特別待遇をすべての「途上国」にも均霑されることに抵抗を示したエピソードなどが報道でもみられるようになった。

長年 WTO 交渉をフォローしているジュネーブの識者には，ナイロビでは WTO 史上初めて「南南対立」が露呈した，と評する者もいた。これは新しい現象であり，今後の WTO 交渉においては従来のように「南北対立」という単純な構図は成立せず，手当が必要な「途上国」をより精緻に分類した丁寧な対応が求められるとする見方が増えている。世界的にみれば，たとえば TPP

において，より一層厳しいルールに身を置き，自由化を積極的にすすめようとするベトナムやマレーシアのような国も出てきており，途上国の「古い」扱い方に対する手当はより一層重要になるだろう。

5 RTAとWTO

　DDAの停滞もその一因とされるRTAの進展に伴い，その問題点として，異なったルールが多数乱立することによって「スパゲッティ・ボウル」現象が生じてしまうと指摘されてきた。確かにRTAの実効性を確保するための原産地規則や地域的な慣例に従った標準などではそうした面はありうる。一方で，これは多くの交渉当局者の印象とはやや異なる。どの国にも我が国の内閣法制局プロセスと同様の仕組みが存在することもあり，各国交渉官には使える「前例」は極力そのまま使う，という基本方針がある。WTO協定や自国がすでに締結したRTAを，極力文言をいじらずに引用し，必要な修正のみを加えることを目指す交渉手法が主流であり，これは交渉を早期に妥結するための最も効率的な方法でもある。

　たとえば，サービス貿易分野において新規のRTAを交渉する際，同分野にはGATSという，確固たる基盤があるため，各国ともGATSを常に意識しながら交渉するのが実態である。そのため，多くの新しいRTAを比較してみると，特にルールの面ではほとんど文面が同じで，そこに若干の新規追加があるのみということが多い。したがって，最近では巷間いわれる「スパゲッティ・ボウル」を防ぐためにWTOで単一のルールをつくるべき，というよりは，WTOはむしろこのRTAの「共通性」を活用すべきであり，「新たな課題」を検討するにあたっては，まずは既存のRTAから共通項を抽出してみる作業をすべきという意見も多くみられるようになってきている。

6　既存の委員会の活用

　新たな課題と新たなアプローチというと，WTOに新規の枠組みを付加することと考えられがちであるが，一方で既存の各種委員会や作業部会等を活用すれば，相当のことができるとする意見もある。既存の委員会の活用は，新たな「枠組み」の構築に伴う「入り口論」を捨象できる長所がある一方で，DDAで積み残しとなった「既存」の課題との連関が出てきやすく，DDAにおける議論の蒸し返しを生みかねないとする見方もある。

7　DDAで残された課題

　MC10においては，先進国，途上国を問わず，農業，NAMA，サービスをはじめ，DDAで未解決の課題を「個別」に交渉していくことには合意があった。また，RTAに規律の前例があり，MC10でも交渉された漁業補助金等，DDA諸課題の中で先進国，途上国双方から前向きな関心を示されている分野もある。したがって，DDAの諸残存課題は引き続き交渉対象となるが，いかんせん15年近くの年月をかけた歴史があるため，議論を「再開」するとしても，過去の交渉経緯を活用するのか，2015年交渉時の「野心の再調整」は生きているのか等，「どこまで時計の針を戻すのか」といった困難な論点が直ちに浮上する可能性がある。一括合意というDDAの枠組みから離れるとしても，避けられない論点ではある。

V　結　語

　農業の国内支持を含む補助金削減等，世界的に規律しなければ意味をなさない分野もある。さらに，先にみたとおり，GVCは，物品，サービス，投資，知的財産権等多岐にわたる要素が絡み合っており，その名称のとおり，活動範囲がグローバルとなってきているのが特徴である。また，電子商取引の進展も貿易が地理的制約を超えることがその強みである。

加えて，WTO協定は履行監視機能，紛争解決機能を中心に，「最も活用」されている協定である。これはWTOの権威に対する信認が依然強いことの証左である。特に紛争解決機能は，今後とも先進国，途上国を問わず積極的に活用されていくことになるだろう。各国交渉官が協定交渉において新規の条文の受け入れを検討する際，最も気を使うのが「紛争解決に勝てるか」という視点である。常に紛争解決が意識されていること，さらにはWTOの紛争解決制度が最も活用されていることに鑑みれば，WTOのルール自体がより時代に即したものとなる必要性は自ずと高まってくるといえる。

　こうした点に鑑みると，いずれ世界貿易・経済の実態が多角的貿易体制による取り組みを強く要請するときがくる可能性は高い。時代の要請，WTOの求心力，共通した要素が多いRTAの内容，主要なRTA交渉がおおよそ軌道に乗っていること等をあわせてみると，WTOの衰退がいわれる中，むしろ多角的貿易体制の中核であるWTOの重要性は一層高まってくると考えられる。WTOに未来はあると確信している。

1) 紙幅の関係で各事項の詳細については，WTOウェブサイト（www.wto.org）や外務省をはじめとする政府機関のウェブサイトを参照願いたい。
2) 同四分類表はWTO交渉の中を分類したものであり，左下欄③は，一部の国でWTOでのラウンド全体を完結させようとするものであるため，「考えにくい」ものとなる。ただし，ここにWTO「以外」の交渉を含めると，DDAの停滞により加速された各種二国間・地域的自由貿易協定等はこの欄③に含まれると考えられる。

（内閣副広報官兼官邸国際広報室長（前外務省経済局国際貿易課長））

論　説　WTO成立20周年——ルール・メイキングと紛争解決の観点から

WTO紛争解決手続における国家責任法の意義
——米中補助金相殺関税事件（DS379）における
帰属の規則の扱いを手掛かりとして——

佐古田　　彰

Ⅰ　問題の所在
　1　米中補助金相殺関税事件の概要と争点
　2　本件米中事件と帰属規則の接点
　3　帰属の語の用法と帰属規則の射程
Ⅱ　国家責任法の概観と補助金協定の概観
　1　国家責任法の概観とその背景
　2　補助金協定の概要
Ⅲ　「公的機関」の解釈に関する上級委員会の見解
　1　上級委員会報告の概要
　2　上級委員会報告における上記3つのポイント
　3　小　括
Ⅳ　補助金協定の「公的機関」の解釈における帰属規則の意義
　1　補助金協定1.1条(a)(1)の解釈における一般的帰属規則の役割
　2　両規則に共通する本質の解明
Ⅴ　結　び
　1　本稿の結論
　2　WTO紛争解決手続における国家責任法の意義

Ⅰ　問題の所在

1　米中補助金相殺関税事件の概要と争点

　本稿は，米中補助金相殺関税事件（正式には「米国—中国からの製品に対するアンチダンピング税及び相殺関税事件」）（DS379）（以下，「米中事件」とする）に関する

2011年のWTO上級委員会報告を手掛かりとして，WTO紛争解決手続における国家責任法特に帰属規則の意義を探るものである。

　この米中事件は，2008年に米国商務省が，中国の国有企業と国有商業銀行から補助金を受けているとして中国からの輸入品4品目に対し相殺関税を賦課したところ，中国が，この相殺関税賦課がWTOの補助金協定に違反するとして，米国を相手にWTO紛争解決手続に付託したものである。この米中事件の争点の1つは，中国のこれら国有企業・国有商業銀行が補助金協定1.1条(a)(1)の「公的機関（public body）」に該当するかどうかであった。補助金協定1.1条(a)(1)は次の規定である。

> 「第1条　補助金の定義
> 1.1　この協定の適用上，次の(a)の(1)又は(2)のいずれか及び(b)の条件が満たされる場合には，補助金は，存在するものとみなす。
> 　(a)　(1)　加盟国の領域における政府又は公的機関（この協定において「政府」という。）が資金面で貢献していること。（中略）
> 　(b)　(a)の(1)又は(2)の措置によって利益がもたらされること。」

　この規定が定めるように，補助金協定が規律する補助金は「政府又は公的機関」が交付するものである。本件事件において，当該中国国有企業・国有商業銀行はこの規定のいう狭義の「政府」でないことを前提として，これらが「公的機関」に該当するかどうかが争われた。この争点に関して，パネルは米国の主張を支持して公的機関を資本基準で理解し「政府により支配されているすべての団体」（パネル報告8.94項）と解釈したのに対し，上級委員会（以下，「上級委」とする）はパネルの見解を否定し中国の主張を容れて権力性基準を採用し，次のように述べた。

> 「公的機関は，governmental authorityを有し，これを行使しまたはこれが与えられた団体でなくてはならない。」（上級委報告317項，以下，「317項言説」とする）

この争点を論じるにあたり，上級委は，国連国際法委員会（ILC）が2001年に採択した国家責任条文（以下，「ILC条文」とする）の帰属規則，特にその5条に言及した。本稿がこの事件に注目したのは，WTO紛争解決手続がこの帰属規則を様々な角度から詳しく検討した点にある。[5]

2 本件米中事件と帰属規則の接点

この帰属（attribution）は，国の国際違法行為責任の成立要件の1つとして位置づけられるものであり（ILC条文2条(a)），帰属の規則は，国家責任法においていずれの者の行動が国の行為とみなされるか（いずれの者の行動が国に帰属するか）という事項を規律する。国家は法人つまり抽象的実体であって自らの肉体を備えないため物理的行為を行うことができない，したがって，いかなる者の行動が国家の行為とみなされるのかを決定する必要がある，というのがこの要件の存在理由とされる。[6]

本件米中事件で上級委が言及したILC条文5条は，正規の国家機関ではないが国内法に基づき governmental authority の要素を行使する権限を有する者の行動が国家の行為とみなされる旨を定める。[7] その規定は以下である。

> 「第5条 governmental authority の要素を行使する人又は団体の行動
> 前条が定める国家機関ではないが，国の法律により governmental authority の要素を行使する権限が与えられた人又は団体の行動は，特定の事案において当該人又は団体がその資格で行動していた場合には，国際法上その国の行為とみなされる。」

WTO紛争解決手続における適用法は，対象協定と条約解釈に関する慣習国際法規則（具体的には1969年条約法条約31条及び32条）であることは紛争解決了解3条2項の規定から確認できまた先例上も確立しているとされる。[8] しかし，これら以外の国際法規則がWTO紛争解決手続において適用法となりうるかどうかは，はっきりしない。[9]

国家責任法上の帰属規則についていうと，これがWTO法において適用可

能かどうかについてWTO発足の比較的早い時期において詳しく論じる者もいた[10]。実際の紛争事例においては，パネル・上級委は，ILC条文の帰属規則を，適用法としてではないが繰り返し引用しており，一定の積極的な意義を認めてきた[11]。

本件米中事件は，WTO紛争解決手続においてこの帰属規則について本格的に詳しく論じられた初めてのケースといってよいが，この事件において，上級委は，帰属規則を，同じくWTO紛争解決手続における適用法としてではないが，条約法条約31条3項(c)の「国際法の関連規則」かどうかという観点から論じた。その上で，上級委は，ILC条文の帰属規則に関する規定を検討し，次のような理解を示した。

「[補助金協定] 1.1条(a)(1)と，ILC条文4条，5条及び8条は，いずれも，行動の国への帰属の問題に関する規則を定めている。」(309項)

このように上級委は，両規則がいずれも帰属の規則を定めているという理解を示した上で，上述のように，「公的機関」をgovernmental authorityの語を用いて性格づけたのである（317項言説）。上級委がこの結論に至った理屈は後に詳しく見るが，一見したところ上級委がILC条文5条から強い影響を受けていることが窺え[12]，またいずれにせよ上級委は，補助金協定1.1条(a)(1)の規定がILC条文と同様国家責任法上の帰属の規則を定めているという理解をはっきりと示している。

しかし，帰属規則が，WTO紛争解決手続における適用法であるかどうか，「関連規則」であるかどうかの上級委の理解が何であれ，本件争点は補助金の定義規定の解釈問題であって，中国側の違法行為責任・協定違反が問題とされた事案ではない。そうである以上，本件においては，違法行為責任の成立要件である帰属規則は明らかに無関係である[13]。その限りで，上級委のこの点の理解は間違っている，といわなくてはならない。

しかし，本件事件は，単に上級委の理解の誤りのみで片づけられないより深い論点が含まれるように思われる。国家責任法特にその帰属規則は，違法行為責任ないし義務違反の文脈から離れていかなる意義を有するのであろうか。本稿はそのような問題意識を背景にして，本件米中事件を分析するものである。[14]

3　帰属の語の用法と帰属規則の射程

ここで，帰属の語の用法と帰属規則の射程について明確にしておきたい。本稿において，帰属の語ないし規則は国家の違法行為責任・義務違反の文脈においてのみ用いる。

国家は法人である以上，いずれの者の行動が国家の行為として国際法上の一定の法効果を発生させるかという問題は，国家責任法分野に限らずすべての国際法規則に関わりうる。一見してこの一般的な観点からの問題も帰属の規則の射程に含まれるようにも見えるが，しかしこの問題は，国の違法行為責任以外の文脈においては，帰属の規則とは別の個別の規則により規律されるべきものである。例えば，条約の採択等に関していずれの者が国を代表する権限を有するか（1969年条約法条約7条ほか），いずれの者のいかなる行動について外交特権免除・国家の裁判権免除が認められるか（1961年外交関係条約・1963年領事関係条約の関連規定，2004年裁判権免除条約10条はか），いずれの者の行動が国の領域主権の行使とみなされるか（1928年パルマス島事件常設仲裁裁判所判決参照）[15]，などがそうである。これらの問題は，個々の国際法規則において規律されるのであり，その基準は国家の違法行為責任の帰属の基準と，当然には同一でないというよりも明らかに異なる。[16] そしてまた，帰属の語は，伝統的に，違法行為責任の文脈でのみ用いられてきたのであり，これらそれぞれの規則との関係で帰属の語が用いられることはなかった。違法行為責任以外の文脈で帰属の語と規則を用いるのは，本来の帰属の語の誤用であると共に，本来適用されるべき法規則に代えて国家責任法の帰属規則を適用するという二重の誤りを犯している，とい

うべきである。

　もう1つ付言すると，帰属の規則は違法行為責任の文脈においてのみ適用されるのであって，いわゆる国の非違法行為責任（適法行為責任・合法行為責任）[17]の文脈には意味を持たない。帰属規則は法人である国家の行為が違法であるかどうかの評価を行うために存在する規則であって[18]，その違法性評価を行う必要がない場合には，帰属規則が適用される基盤がないためである[19]。

　以上の理由で，本稿は，帰属の語ないし規則を国の違法行為責任・義務違反の文脈でのみ用いる。

　最後に，帰属規則が国家責任法上のものであることを前提として，ILC条文に反映されているとされる一般国際法上の帰属規則を一般的帰属規則，個別の分野や条約における個々の帰属規則を特別帰属規則と呼ぶこととする。特別帰属規則が一般的帰属規則と同じ内容であることもあるし異なることもあるが，両規則は，国家責任法上の帰属規則である限りにおいて，特別帰属規則が優先的に適用されるという関係にある（ILC条文55条参照）。

II　国家責任法の概観と補助金協定の概要

　本件米中事件上級委報告の分析に入るに先立って，この分析に関わる2つの法規則すなわち国家責任法・帰属規則と補助金協定の基本的枠組みについて，整理しておきたい。

1　国家責任法の概観とその背景

(1)　国家責任法と帰属規則の基本的枠組み

　ILC条文は，国が国際違法行為を行うとその国に責任が生じる（1条）とし，その国際違法行為の成立要件として，国家への行動（conduct）の帰属と((a)号)，国際義務の違反((b)号)の2つを挙げた。責任の成立要件とその相互の関係に関しては様々な考えがある[20]が，差し当たり本稿との関係ではどの立場に

立っても違いはない。ここでは、ILCの採用したこの基本的枠組みを基礎として論を進める。

ILCは、帰属の規則について、まず国の行為とみなされるのはその国の国家機関の行動であるという原則を定式化した（4条）。その上で、それ以外の者の行動が国に帰属する場合について5条以下で規定した。本件米中事件で特に言及があったのは5条と8条で、いずれも私人（正規の国家機関の地位にない者）の行動が国の行為とみなされる場合を定める。5条はその国の法令においてgovernmental authorityの要素を行使する権限が与えられている者の行動が、8条は法令に基づくのではなく国の指示・指揮・命令により行われた私人の行動が、国の行為とみなされると規定する[21]。8条はgovernmental authorityの語を用いていないが、ILCの注釈によると、帰属しうるのはgovernmental authorityの要素を行使する行動に限られる[22]。他方、ILCは、過去の先例や学説から、その者・団体に資本や資金などの金銭を提供しているという関係での帰属（資本基準）については明確に否定した[23]。

私人の行動であっても、その者が国家と一定の関係にあり、それが権力的な性質を有する場合には国家責任法上国の行為とみなされる（国に帰属する）という考えは、学説上も古くから支持されていた[24]。その権力的な性質を示す語については、ILC条文が作成される以前は論者により様々で一致しておらず[25]、ILCでの審議においても当初は様々な文言が用いられていたが、最終的にはgovernmental authorityの語で定式化された[26]。

(2) 国家責任法をめぐる歴史的背景と法典化作業

ところで、歴史的に、国家責任が問題となった事例の多くが自国領域内の外国人の保護の問題であったことから、国家責任法は自国領域内の外国人の保護の問題と結びつけて論じられることが多かった。ILCも、当初は国家責任の名の下でのこの外国人保護義務の法典化を試みたが、方針を大きく転換し、国家責任の法典化作業から自国領域内外国人保護の問題を切り離した。すなわち、

国家責任は国家の義務の違反により生じるのであり，それは自国領域内外国人保護義務に限らず国家が負うすべての義務に関係するという認識から，国家責任の規則をすべての義務の違反に共通する規則として法典化を行うこととし，その作業から義務の内容に関わる事項を除外したのである。その方針において作成されたのが，1996年の第一読草案（旧 ILC 条文）であり，現在の2001年 ILC 条文である[27]。その方針に基づき，ILC は前述のように違法行為責任の成立要件を2つとして定式化した。そして，損害の発生と故意過失の要件性をめぐる議論については，これは義務の内容の問題であるとし否定的な立場をとった[28]。上述の2つのみが，すべての違法行為責任に共通する要件であるという趣旨である。

ところで，すべての義務違反に共通するとして法典化された規則であるが，これは，実証することは不可能である。これを実証するためには，すべての義務あるいは少なくとも国際法全般を適切に代表するいくつかの義務について検討を加えなくてはならないはずである。しかし ILC は，そのような証明の仕方を行っていない。

帰属の要件性それ自体も，ILC が依拠する先例は，単に帰属の語を用いただけのものでしかなく，帰属が責任の要件であることを証明していないばかりか，その帰属が国家の行為の問題を扱う規則であるかどうかについても何ら述べていない[29]。ILC が法典化した国家責任法は，およそ何も証明していないものをもって論拠の1つとせざるをえないのであって，それはすべての国際義務の違反に共通する規則という実証不能な前提を置いたため，というべきであろう。この点については後に改めて取り上げることとしたい。

いずれにせよこの前提から，国家責任法は WTO の諸規則についても理論上当然に関係しうる一般規則ということになる。帰属の規則についても同様であり[30]，実際にも，上述したように，WTO 紛争解決手続においていくつかの事件について国家責任法上の帰属規則への言及がなされている。

2 補助金協定の概要

次に，補助金協定の基本的な仕組みについて，帰属規則との関係を念頭に置きつつ確認しておきたい。

(1) 補助金協定の基本的枠組み

補助金協定は，補助金が社会的に有用であることもある一方で自由貿易に悪影響を与えることもあるという認識から，補助金とそれに対する相殺措置の両方を規制するための複雑な仕組みを設けた。まず，補助金の定義を置き（1.1条），その補助金が特定性を有する場合に第2部，第3部または第5部の適用を受けるとして（1.2条），この場合の補助金を補助金協定の規律の対象とした。特定性の基準は，2条に明記されている。

第2部は，「禁止される補助金」について定める。これに該当する補助金の交付・維持は協定違反となる（3.2条）。第3部は，「相殺措置の対象となる補助金」について定める。他国利益への悪影響（他国国内産業への損害，利益の無効化・侵害，または他国利益への著しい損害のいずれかに該当するもの）がある補助金が，これにあたる（5条）。この場合の補助金は禁止されないけれども，第3部表題が示すように相殺措置の対象となる。そして，第5部は，「相殺措置」について規定する。ここでは，相殺措置を課す場合の詳細な国内手続などが定められている。

なお，補助金協定は，農業協定が定める場合については適用されない（3.1条，5条ほか）。

これらの規定から，協定違反となる行為は，1.1条に該当する補助金であってかつ2条の定める特定性を有するものであって，かつ，第2部の3.2条に該当するものを交付・維持することである。したがって，逆にいうと，これ以外の補助金の交付・維持は，補助金協定違反ではない。

(2) 補助金協定1.1条の構造

補助金の定義を定める1.1条は，補助金は，加盟国の領域における政府また

は公的機関が資金面で貢献しており（1.1条(a)(1)）かつその措置により利益がもたらされる場合（1.1条(b)）に存在する，と定める。その資金面での貢献として，4つの態様が明記されている（1.1条(a)(1)(i)～(iv)）。この(iv)は政府が民間団体に対し(i)～(iii)に該当する一定の任務・措置の遂行を委託・指示する場合を定めており，この場合も資金面での貢献に含まれる。

このように，補助金が存在するための要件は，①政府または公的機関が，②資金面で貢献し，③その措置により利益がもたらされること，の3つである。本稿が取り上げるのは，この①の要件についてである。

Ⅲ 「公的機関」の解釈に関する上級委員会の見解

以上を踏まえて，本件米中事件における上級委の見解を確認する。ここで特に留意すべき点は，上級委が権力性基準を採用した論拠，governmental authority の語の由来，及び，ILC条文・帰属規則の扱いの3点である。

1 上級委員会報告の概要

上級委は，「公的機関」の語を検討するにあたり，比較的早い段階で「（補助金協定1.1条(a)(1)は）一定の団体を同定し及びその団体の行動が当該WTO加盟国の行為とみなされるつまり帰属するという状況を同定」していると述べ（284項），補助金協定1.1条(a)(1)が「帰属」の事項を定めているという認識を示している。そして，以降の部分で，条約法条約の解釈規則（31条及び32条）に従って補助金協定のこの規定の解釈を行った。

(1) 用語の通常の意味（285～290項）

用語の通常の意味に関して，まず，上級委は英英辞書を用いる。すなわち，「公的（public）」の語と「機関（body）」の語のそれぞれの意味について辞書の記述を再録して，「辞書の定義の示すところでは，『公的機関』の語……は，governmental authority が与えられまたはこれを行使する団体と社会または国

に属する団体の両方を含む」(285項)と指摘する。ただし，ここで再録された「公的」「機関」のいずれの語の辞書の記述にも権力的要素も governmental authority の語も含まれていない。

次に，この条文の「政府又は公的機関（この協定において「政府」という。）」という規定の仕方から狭義の政府と公的機関に共通する本質的な性格があるとして，「政府」の語の意味について辞書を再録しまた上級委の先例[31]に言及して，「governmental functions の遂行，またはかかる functions を遂行する authority が与えられこれを行使するということが，政府と公的機関の間の中核的な共通性である。」(290項)と述べる。ただし，この引用箇所の内容は，辞書からもその先例からも見出すことができない。

(2) 文脈（291〜297項）

次に上級委は，文脈の検討にあたり，補助金協定1.1条(a)(1)の(iv)の規定に着目して検討を行った。この規定は，上述のように，政府・公的機関が民間団体（private body）に対して一定の任務・措置をとるよう委託・指示する場合について定める。上級委は，ここでも辞書を引用して，「(『公的』と『民間』の語の）定義の違いは，特に，authority または control を行使する主体についてである」(292項)とする。ただし，上級委が再録する辞書の記述からはこの違いを見出すことはできず，また両語とも辞書の記述には control の語が用いられていない。

続いて，上級委は，「委託」「指示」の語の意味について辞書と上級委の先例から探り，「民間団体に委託しまたは指示しうるに必要なこの属性，つまり指示の場合は authority，委託の場合は responsibility，が狭義の政府と公的団体の両方に共通する性格である」(294項)とする。その上で，委託・指示しうる任務・措置が1.1条(a)(1)の(i)〜(iii)に明記されていることを踏まえ，結論として，「1.1条(a)(1)の『公的機関』は，一定の governmental responsibilities が与えられまたは一定の governmental authority を行使する団体を意味する」(296項)

とした。ただし，294項と異なり296項で governmental の語が付加された理由の説明はない。

(3) 趣旨及び目的（298〜303項）

上級委は，補助金協定の趣旨及び目的について，上級委の先例が，「補助金と相殺措置の両方の利用に関する GATT 規制を増大向上させること」(301項)，「補助金の利用に対して更に規制をかけたいと考える加盟国と，相殺措置の適用に対して更に規制をかけたいと考える加盟国との間の，微妙なバランスを反映している」（同項）と述べていることを，指摘する。

そして，本件事件においてパネルが，政府支配団体を加盟国政府の直接責任から免除することは補助金協定の趣旨目的と調和しないとして公的機関を広く捉えるべきとした（パネル報告8.79項）ことに対して，上級委は，政府により委託・指示された場合（補助金協定1.1条(a)(1)(vi)）は公的機関とみなされない団体であっても補助金協定の対象から直ちに排除されることはないからそのパネルの指摘は当たらないとして批判しつつ，結論として，補助金協定の趣旨及び目的は，公的機関の語について広い解釈も狭い解釈も支持しない，とした（302-303項）。

(4) 国際法の関連規則：ILC 条文（304〜316項）

上級委は，「国際法の関連規則」（条約法条約31条3項(c)）は，国際法の法源（慣習国際法と法の一般原則を含む）であること，解釈される条約規定の文言と同じ主題（subject matter）に関係しなくてはならないこと，など3つの要件を示した上で，「ILC 条文4条，5条及び8条が補助金協定1.1条(a)(1)と同じ主題に関係する限度で，これらの ILC 条文規定は条約法条約31条3項(c)の意味における『関連』するものであろう。」(308項）と述べる。

そのように述べつつ，上級委は，ILC 条文に反映されている帰属規則が慣習国際法・法の一般原則を構成するかどうかの検討に先立ち，これらの規則がどの程度補助金協定1.1条(a)(1)の解釈の指針を提供するかを検討するとした上で，

本稿の冒頭で述べたように，補助金協定1.1条(a)(1)と上記 ILC 条文の３つの規定はいずれも帰属規則を定めていると明言する（309項）。そして，ILC 条文の帰属規則と補助金協定の帰属規則との違い[32]にもかかわらず，「『公的機関』の語についての上述の我々の解釈は［ILC 条文］５条の本質と合致する」とし，続けて，「governmental functions を遂行する authority が与えられこれを行使することが，1.1条(a)(1)の意味における『公的機関』の中核的特徴である。」，「(ILC 条文の注釈によると) ５条は，この規定が適用される団体の真に共通する特徴に言及している，つまり，これらの団体は，……governmental authority の特定の要素を行使する権限が与えられている，ということである。この注釈はまた，その団体の資本または資産の所有への国家の参加の程度は，その団体の行動の国家への帰属のための決定的な規準ではない，とも述べる。このことは，『公的機関』の語の上述の我々の解釈に対応する。上述したように，governmental authority を与えられることは，公的機関の鍵となる特徴である。」（310項）と述べ，権力性を繰り返し強調する。そして，結論として，「我々の分析の結果は［ILC 条文］５条に依るのでないから，我々が ILC 条文がどの程度慣習国際法を反映しているかの問題を決定的に解決する必要はない。」（311項）として，結局，ILC 条文の帰属規則が「国際法の関連規則」であるかどうかを検討しなかった。

ところが，それに続いて，上級委は，ILC 条文を国際法の関連規則ではないとしたパネルの見解を批判し（313項），「適用される条約は補助金協定であり，ILC 条文の帰属規則はその条約の文言の意味を解釈する際に考慮されるべきものである。」（316項，強調は原文ママ）と結論づけて，ここで ILC 条文・帰属規則の扱いの検討を終えている。

(5) 結論（317〜322項）

最後に上級委は，条約法条約31条の定める解釈要素の分析を終えたとして，「我々は，『公的機関』の概念を，『政府』の概念と同じ属性を共有するものと

して理解する。」(317頁)の記述に続いて，前述の317項言説を述べて，公的機関の解釈について結論を示した。[33]

2 上級委員会報告における上記3つのポイント

以上の上級委の見解を踏まえ，上級委が上述の3つのポイントについてどのような判断を示したのか，整理しよう。

(1) 権力性基準の論拠

まず公的機関について権力性基準を支持した論拠であるが，上級委は，最初に辞書の定義から権力性基準を導き出している (285項)。しかし，その辞書の記述は，権力性を含意するような内容になっていない。上級委は，他の語についても辞書に依拠して説明しているが，いずれも権力性の要素が含まれていない。ILC条文との関連で結果的に権力性という共通性を見出しているが，上級委自身が述べているように，これはILC条文それ自体に由来していない。

したがって，結局のところ，なぜ「公的機関」の語が権力性基準で判断されるのか，論拠が分からない。

(2) governmental authority の語の由来

governmental authority の語が初めて現れるのは，285項である。上記(1)でも述べたように，上級委は辞書の意味から「公的機関」の語を governmental authority の語を用いて説明するが，その辞書の記述にはこの語は含まれていない。

次に，文脈との関連で，296項にもこの語が現れている。ただ，294項で「指示」の語の意味を authority の語を用いて記述するが，説明がないまま296項でこれが governmental authority と変わっていて，ここもこの語の由来がはっきりしない。

最後に結論部分の317項言説でこの語が用いられているが，これもまた由来が示されていない。

結局のところ，この語は，上級委自身は辞書の意味から由来するという認識のようであるが，辞書にはこの語はなく，その由来は不明である。学説上は，この語は実質的に ILC 条文に起源を有するとの指摘もある[34]。すでに述べたようにこの語は ILC が帰属規則との関係で作った造語であることを考慮すると，そう考える以外にこの語が用いられた理由が説明できない。ただ，上級委報告の記述からそのことを見出すことは難しく，特に報告の仏語版からはほとんど不可能である[35]。

(3) ILC 条文・帰属規則の扱い

上級委は，ILC 条文の帰属規則について，解釈にあたり考慮されるべき国際法の関連規則であるかどうかという問題設定をして関連規則であるための3つの要件を示しつつ，いずれの要件も検討しなかった。しかし他方で，国際法の関連規則でないとしたパネルの見解を批判して，「考慮されるべきもの」という結論を示している。結局，この点について，上級委は肯定したのか否定したのかよく分からない[36]。

また，「考慮されるべきもの」としながら，実際にどう考慮したのかも不明である。上級委の「ILC 条文5条についての我々の考察は，1.1条(a)(1)についての上述の我々の分析と矛盾しない。むしろ，その分析を一層支持するものである。」(311項)とする記述から考えると，上級委は，ILC 条文を，結論を導くための何らかの論拠としたのではなく，自身の見解を補強するものとして扱っているように思われる。いずれにせよ，上級委は ILC 条文の地位についてその見解を明らかにしなかった[37]。

なお，上級委は，補助金協定1.1条(a)(1)が帰属の規則を定めていると明言しているが，なぜそう判断したのかの理由は示されていない。

3 小 括

上級委の結論は，補助金協定1.1条(a)(1)の「公的機関」の本質は governmental authority という権力性であり，その本質は ILC 条文 5 条と同じである，ということである。結局のところ，辞書的定義を前提に，条約の解釈方法でこれを補強しまたは反証されていないという形で，これを支持したように思われる。しかし，どういう論拠で上級委がそのように判断したのか，よく分からない[38]。また，その共通する本質が権力性であるとした方法も実際のところ循環論法に陥っていることに注意が必要である[39]。

　ただ，WTO 紛争解決手続では，後の別の事件でも，本件事件で示した「公的機関」の概念（317項言説）を繰り返し再録しており[40]，その理屈や論拠はともかく，317項言説は，WTO の判例法としてもはや確立したようである。

Ⅳ　補助金協定の「公的機関」の解釈における帰属規則の意義

　Ⅲで検討したように，「公的機関」の語についての上級委の解釈に至る論理は，判然としない。そのため，上級委のこの解釈に基づいて，国家責任法上の帰属規則との関連性について何らかの有意な結論を得ることは困難である。ここでは，上級委の論理をこれ以上追究することはひとまず措いて，この規定の解釈において帰属の規則は意味を持ちうるのか，意味を持つ場合どのような前提の下でいかなる論理においてなのかを，考察してみたい。本稿の関心から特に注目されるのは，上級委が公的機関の解釈にあたり権力性基準を採用したというその 1 点である。

1　補助金協定1.1条(a)(1)の解釈における一般的帰属規則の役割

(1)　帰属規則としての補助金協定1.1条(a)(1)の是非

　上級委は，補助金協定1.1条(a)(1)が帰属の規則（特別帰属規則）を定めていることを明言している（309項）。上級委は，ILC 条文が条約法条約31条 3 項(c)の「関連規則」であるためには解釈される条約規定の文言と同じ主題であることが必要であるとしており（308項）[41]，その上でのこの309項の言説であるから，

前後の文脈も考慮すると，上級委は国家責任法上の帰属を同じ主題として捉えたといってよい。しかし，本稿で指摘するように，補助金協定1.1条(a)(1)は，当然には帰属規則を定めたものとはいえない。

　この点については，第三参加国も指摘している。例えば，パネルでの審議にあたりメキシコは補助金は違法行為ではないからILC条文は「公的機関」の語の解釈と無関係であると述べている（パネル報告8.49項）し，上級委での審議においても，オーストラリアは補助金協定1.1条は帰属の規則でない（236項），日本はILC条文5条は「公的機関」の語を定義していないし用いてもいないから関連規則ではない（257項），トルコはILC条文と補助金協定は全く異なる問題を対象としている（268項），として，この問題を取り上げたすべての第三参加国が補助金協定1.1条(a)(1)の規定は帰属の問題を扱っていないという見方を示している。

　この点について，次のように考えるなら補助金協定1.1条(a)(1)が帰属の規則を定めたと解する余地がある。本件米中事件では禁止される補助金の事案ではないことが帰属規則でないことの理由であるが，禁止される補助金（3.2条）の事案なら帰属規則として理解することができる。したがって，補助金が禁止されるか否かにかかわらず公的機関は同一の基準でありかつその基準は禁止される補助金の場合に従うとするなら，1.1条(a)(1)の公的機関に関する規定を国家責任法上の帰属規則として捉えることができる。

　この理屈は，おそらく充分に成り立つと思われる。ただ，上級委はこの考え方を示すことなく，当然のように補助金協定の当該規定を帰属の規則として理解した。

　(2)　補助金協定の公的機関の基準と一般的帰属規則の基準の同一性の問題

　(1)で示した考えに基づき補助金協定1.1条(a)(1)の規定が帰属規則を定めているとしても，補助金協定の「公的機関」の基準が慣習法上の帰属規則（一般的帰属規則）と同じかどうかは，別途検討しなくてはならない。

この点について，パネルは，補助金協定1.1条が帰属の規則であることを明示しつつも，ILC条文55条に言及して，補助金協定1.1条の規定はILC条文に対する特別法であるとして（パネル報告8.90項），冒頭で述べたようにILC条文とは別の基準を採用した（パネル報告8.94項）。第三参加国のうちトルコは，補助金協定は特別法であるから一般法であるILC条文に優位するとしている（268項）[42]。上級委は，一方で補助金協定が帰属規則（特別帰属規則）であるとしながら，関連規則であるかどうかを検討せず，しかし補助金協定は結果的に慣習法規則と同じ基準を採用したという立場である。

　ここで考えるべきは，1.1条(a)(1)が公的機関を含めた理由であろう。この点について，パネルは政府支配団体を政府の直接責任から免除させないため（パネル報告8.79項（上級委報告298項で再録））とし，また，第三参加国であるアルゼンチンは協定上の義務を回避する手段を与えないため（上級委報告234項），カナダは補助金協定の迂回（circumvention）を許さないため（243項）として，いずれもパネルの考えを支持した。こういった考えは，まさにILC条文5条と8条の規定の理由と同じものである[43]。しかし，上級委はパネルのこの考えをはっきりと否定し，前記（注11）米韓DRAMS事件（DS296）上級委報告を引用して，民間団体を利用して補助金協定上の義務を回避することは補助金協定1.1条(a)(1)(iv)の規定により防止されているとして，この考えを1.1条(a)(1)が公的機関を含めた理由としては認めなかった（327項）[44]。上級委のこの見解は，公的機関を含めた理由を明らかにしていないにせよ，義務の回避・迂回をいずれの規定で対処するかについての1つの見方を示したものである。この点については，後にも触れる。

　(3)　詳細に設計された条約制度への慣習法規則の適用の是非

　(1)で述べたように，補助金協定1.1条(a)(1)は，これを違法行為責任・義務違反の文脈に位置づける限りにおいて，帰属の規則として捉えることができる。このことは，帰属の規則がすべての義務違反に適用される一般規則である以上，

理論的に当然の帰結でもある。しかし，理論的に可能であるとして，そのことがWTO協定の解釈にどれほどの意味を持ちうるのかは，別途考えるべきであろう。

　補助金協定は，すでに見たように詳細で複雑な制度設計の下で条文ごとの役割分担がなされ（定義規定，措置の有効要件規定，救済規定，紛争解決手続，適用除外規定など），全体としては必ずしも国家に対する禁止規範を中核として作られている制度ではない。その点では，上級委が補助金協定の趣旨目的を利害関係国の間のバランスであるとしたこと（301項）が想起される。そのような条約制度を，他の規定と無関係に違法行為責任・義務違反という部分だけを切り取って，国家責任法の個別の規則の適用やその異同を論じることに実際上の意味はほとんどないように思われる。[45]

　また，制度の一部のみを取り上げて，他の規定との関係を含めた制度全体による評価という観点が欠けるような考察方法にも，疑問がある。例えば，本件において，パネルは公的機関の基準を緩やかにした上で別の要件（資金面での貢献（1.1条(a)(1)），利益（同条(b)），特定性（1.2条），他国利益への悪影響（5条）など）で絞るという方法を採用した（パネル報告8.71-8.72項・8.78-8.79項）のに対し，上級委は上述したように，公的機関の基準を厳しくして，1.1条(a)(1)(iv)の民間団体への委託・指示の部分で適用対象を広げるという方法を用いており，したがって公的機関を狭く解しても1.1条(a)(1)(iv)の規定による規律は引き続き残るという理解である。[46] 個々の規定での解釈が異なっても最終的に同じ結論が導かれるなら制度全体としては目的を達成することができるのであるから，個々の規定の基準の設定は，制度全体の中で考えるべきことである。したがって，やはりここでも，個々の規定のみを取り上げて国家責任法規則との異同を論じることに実際的な意味はない，というべきである。

　以上のように，補助金協定の解釈にあたり，これをわざわざ帰属の規則であるとした上で国家責任法の一般的帰属規則との関係や異同を論じるべき実際上

の意義はない。その意味では、上級委が、ILC 条文について様々に分析しつつも、結局のところ適用されるのは補助金協定である (316項) とした点は、注目すべきであろう。

2　両規則に共通する本質の解明

さらに考察を深めたい。上級委は、本件米中事件において公的機関を権力性基準で判断した。この点の理解が、WTO 法における帰属規則の意義を考える上での重要な手掛かりを提供するように思われる。

(1) ILC 条文における帰属規則の権力性要素の実証性

一般的帰属規則において、なぜ権力的要素が本質であるといいうるのであろうか。実のところ、ILC は本当の意味ではこの点を実証していない。ILC は、先例と学説を詳細に分析した上で、権力的要素を見出しており、これは通常の実証方法であることは確かである。しかし、ILC が起草にあたっての方針とした、すべての義務違反を対象とする法典化ということを前提とすると、これは本当の意味では実証したことにはならない。なぜなら、ILC が検討した先例は、結局はいずれかの特定の義務（自国領域内外国人の保護義務を含む）の違反の例でしかないからである。つまり、この方法では、すべての義務に共通する帰属の基準を証明したことにはならない。

限られた特定の義務の違反に関する先例から導き出したに過ぎない基準がすべての義務に共通する原則的な基準であるとするためには、帰属規則・国家責任法規則の外部に存在する考えに依拠するしかない。つまり、国家は権力団体であり国際法は原則として国家の権力行使を規律する規範であるという前提を置いている、ということであろう。

もとよりこれは原則としてであって、国家の非権力的行為を規律する国際法規範が存在したとしても、それは特別法として処理すれば足りる (ILC 条文55条参照)。このように優位する特別法が存在する可能性を認めることで、すべ

ての義務に共通する原則的な基準の実証はそれほど重要ではなくなることになろう。

(2) 一般的帰属規則の存在意義

帰属規則それ自体についていうと，慣習法上の帰属規則とされる規則は，個々の国際義務に含まれるそれぞれの特別帰属規則から原則的に共通する性質を見出し，それを一般的帰属規則として扱っているものである。しかし，実際に違法行為責任が問題となる場面においては，国の行為とみなされるべき者の行動は，その義務の違反との関係でのみ考察すれば足りるはずである。

例えば，立法の義務については，立法機関の行動の帰属のみ考えればよいし，裁判に関する義務なら裁判所の行動の帰属のみを考えれば済む。つまり，帰属の問題は個々の義務の違反においてその義務との関係で考えることができる。ここにおいては，すべての義務の違反に共通する帰属の規則を論じる必要はないはずである。言い換えると，帰属は，違法行為責任の独立の要件でなくてはならない理由はない，ということである。

帰属の可否が実際に問題になるのは，行政機関の行動に関する義務（特に自国領域内外国人保護の義務）の場合が多い。そういう歴史的な背景から帰属の規則が国家責任の問題として現実的な重要性を有することになるが，それは単にそのような特定の義務が帰属の規則の精緻化を求めるような性質を有していたからに過ぎないのである。

つまり，帰属の問題は，故意・過失や損害の発生についてと同じく，個々の義務の内容に属する事項であって，特段，義務の内容と区別して独立の要件として位置づける必要はない，といえよう。[47]

問題はここからである。帰属が違法行為責任のための独立の要件であるというのは，個々の義務における帰属規則（特別帰属規則）に共通する性質があるという理論的前提を置いているからに他ならない。とするとき，その共通する性質は，ILC条文の5条と8条から考える限り，国家の行為の権力性，という

ことになる。国家は権力団体であって国際法は原則として国家の権力行使を規律する規範であるという点ですべての義務に原則的に共通する性質がある，という認識に基づく，ということである。[48]

ここにおいては，もはや違法行為責任・義務違反という文脈から離れ，国際法における国家の行為の本質は何か，国際法が規律する国家の行為の本質的要素は何か，という視点が意味を有する。その本質が，国家責任法においては帰属の規則における権力性基準として現れていることになる。

そのような一般的帰属規則の実際上の意義は，次の２点に求められると思われる。１つは，当該義務において一般的な帰属規則と異なる特別の帰属規則があるなら，その特別の帰属規則が優位する効力を有する。ILC条文55条は，そのことを確認した規定ということになる。もう１つは，当該義務に含まれる特別帰属規則の内容がはっきりしない場合は，この一般的帰属規則の妥当が推定される。この一般的帰属規則の定式の意味は，まさにその推定のためである，というべきであろう。その妥当が推定されるにせよ，あくまでも当該義務の違反との関係で適用されるべき帰属の規則は，当該義務に包含される帰属の規則（特別帰属規則）それ自体であって，一般的帰属規則ではない。

(3) 本件米中事件における上級委判断の論拠の一般性

本件米中事件に戻ろう。上級委は，結論として，補助金協定の「公的機関」を権力性基準で理解した。このことは，上級委は，補助金協定が規律するのは国家の権力的行為であると認識していることを意味する。そして，上級委は，政府・公的機関の本質的性格を権力性と捉えるにあたり，その論拠を辞書と先例（農業協定9.1条(a)に関する事案）から導いた。このような論拠に基づく以上，本質的性格を権力性とする理解は，補助金協定の関連規定に限られずWTO法全般に，さらには国際法一般にまで関係しうることを示唆する。

この点の理屈は，一般的帰属規則から導かれるのではなく，一般的帰属規則の基準に関わる理論的前提が補助金協定（さらにはWTO法全体）においても同

じく前提とされているという認識に由来する。これを念頭に置いて改めて上級委の見解を見ると，上級委はそのようなアプローチをしているようにも見える（310〜311項）し，だからこそ上述のように，適用されるのは補助金協定であるとした言説（316項）に注目されるのである。

V　結　び

1　本稿の結論

本稿の結論は，次の3点に集約できる。

第1に，本件事件の「公的機関」の解釈に関する問題はそれ自体では違法行為責任・義務違反の問題ではないから，国の違法行為責任の要件である帰属規則は，その性質上，当然にはこの解釈問題と関係があるとはいえない，つまり条約法条約31条3項(c)の「関連規則」として解釈上考慮しうるものではない。

第2に，補助金協定の当該規定を，補助金協定第2部と結びつけて国家責任・義務違反という文脈に限定して部分のみを取り上げて国家責任法の個別の規則の適用や異同を論じることは理論的には可能であるが，いたずらに解釈を複雑にさせるだけで実際的な意義に乏しい。

しかし第3に，上級委が行ったように，一方で補助金協定の「公的機関」の本質を示しつつ，他方で帰属規則の基準を支える本質と比較するというアプローチは，補助金協定の解釈に充分に意味がある。本件において上級委が，帰属規則に頻繁に言及し，本質を解明しようとしたことは注目すべきである。そこで解明された本質は，WTOの他の協定の解釈にも資することになる。

2　WTO紛争解決手続における国家責任法の意義

最後に，WTO紛争解決手続における国家責任法の意義について2点ほど触れておきたい。もとよりここでこれほど大きなテーマについて語ることができるものではないが，本件米中事件の検討から窺える範囲で簡潔にまとめたい。

(1) WTO法規則と国家責任法規則の共通性と相違点の解明

本件米中事件において補助金協定における公的機関の解釈について上級委がとった手法は，結局のところ，政府と公的機関の本質を権力性と措定して，これを様々な観点から確認しようとしたことである。そこにおいて，上級委は，国家責任法上の帰属規則を分析し，政府・公的機関の本質的な性格とILC条文5条の本質が同じであることを指摘する。

その分析においては，上級委は，国家責任法を，適用法としてではなく，また対象協定（補助金協定）の解釈にあたっての関連規則としてでもなく，WTO法の特定の規定の本質を明らかにするための証拠として，用いている。しかも，そこで用いられた帰属規則は，規則そのものというよりは規則の本質にまで立ち入って分析して，上級委はWTO規則と帰属規則の両規則の本質の共通性と相違点を明らかにして，WTO規則の本質についての分析を補強している。

国家責任法が，WTO紛争解決手続において，WTO規則の本質の解明に資するものとして用いられたことは，非常に注目すべきである。上級委が両規則の本質的な共通性と相違点を解明しようとしたことは，WTO法と国家責任法の新たな接点を発見しようとする試みであるだけでなく，特にその相違点の指摘は一般国際法と比較されるWTO法の特徴を明らかにするものでもある。国家責任法は，このような形でもWTO法の解明に資するといえよう。

(2) WTO紛争解決手続で示された見解の国家責任法への反映

もう1つは，WTO紛争解決手続で示された見解が国家責任法に与える影響である。

国家責任法の規則に限らず，国際法規則は一般に，個別の法分野における特定の国際法規則に関わる事例を通じて改めてその存在が認識され，あるいはその先例を契機に形成されることが少なくない。この過程は，紛争解決機関自身が当該関係規定について一般国際法規則との関係を自覚的に分析することによ

る場合もあろうし，学者が一般国際法との関係を分析し一般化するということを通じてなされることもあろう。いずれにせよ，個々の事例においては個別の法分野における特定の規則の解釈適用に関して判断がなされるけれども，その判断の論拠が有する一般性の程度から，その判断は，その規則にのみ限定されるのか，その個別の法分野に共通するのか，一般国際法に関わるのか，様々に分析されることになる。その分析によっては，その個別の法分野でも一般国際法においても，従来の規則や基本原則の変更が迫られることもある。その意味で，国際法規則は，個別の法分野でも一般国際法でも，特定の紛争に関する具体的な規則の解釈適用から絶えず影響を受け続けるという緊張関係に置かれる。このことは，WTO紛争解決手続における判断についても，全く同じである。

　本件米中事件に関していうと，上級委は，補助金協定が規律するのは国家の権力的行為であるという考えに基づき公的機関を権力性基準で判断した。その考えの論拠は，辞書と上級委の先例である。WTO紛争解決手続における辞書への過度な依拠は学説上もつとに指摘されるところである[49]が，論拠としての一般性のみに着目するなら，上級委は，補助金協定においてのみではなくWTO法において，さらには一般国際法においても，国際義務が規律するのは国家の権力的行為であるという言説が妥当していると認識しているということができる。ILC条文との本質的な共通性を論じているのも，そのことの現れといえよう。

　ところで，ILC条文は，第一読（旧条文）から第二読（現行条文）とで大きく考えを変えているように思われる。すなわち，権力性を伴わない国家機関の行動が国家責任法上国の行為とみなされるかどうかという問題[50]について，第一読では，ILCは必ずしも明確ではないが否定説に立っていたと思われる[51]が，現行のILC条文では明確に肯定説に立っている[52]。つまり，現在，ILCは国際義務が原則的に規律するのは国家の権力的行為という言説を明確に否定している。本件米中事件において，上級委はこの言説を前提としていると思われるような

考えに基づき公的機関の解釈を行いこれと ILC 条文が整合的であるという見解を示したが，ILC はすでにこの言説を支持していない，ということである。

ILC がこの言説を否定する論拠として挙げたのは，第二読において第六委員会に対しこの点について質問を行ったところこれに回答したすべての国が肯定説を支持した，ということのみであり[53]，実証的な手法は用いていない。その意味で，本件事件における上級委の見解は，有権的解釈権限を有する紛争解決機関が行った解釈を通じた言説であるから，その限りにおいてより実証的であるというべきであり，ILC 条文に反映されたとされる一般国際法に対する挑戦であるともいえる。いずれの立場が妥当であるのか，あるいは両立場は整合的に理解しうるのか，本件は1つの問題を投げかけることになる[54]。本稿はこの問題を論じるものではないが，本件もまた，個々の国際義務に関する紛争解決機関の解釈は一般国際法との関係において絶えず緊張関係を有するということの1例として，評価すべきであろう。

【付記】　本稿は，日本国際経済法学会第25回研究大会（2015年11月29日，早稲田大学）における筆者の研究報告に，加筆修正を行ったものである。

1) WT/DS379/AB/R（11 March 2011）. パネル報告は，WT/DS379/R（22 Oct. 2010）である。
2) 米国は，非市場経済国からの輸入品に対しては相殺関税を課さないとした長年の方針を転換し，2008年から中国からの輸入品に対して補助金を受けているとして相殺関税を課すようになった。本件事件は，初めて中国が米国のかかる措置を補助金協定違反としてWTO 紛争解決手続に付託した事案である。
　　こういった背景及び本件事件の解説として，川島富士雄「中国による補助金供与の特徴と実務的課題 ——米中間紛争を素材に——」『RIETI Discussion Paper Series 11-J-067』（2011年）〈http://www.rieti.go.jp/jp/publications/dp/11j067.pdf#search='RIETI + Discussion + Paper + Series +11J067'〉；伊藤一頼「米国—中国産品に対する確定アンチダンピング税・補助金相殺関税の賦課」経済産業省通商機構部『WTO パネル・上級委員会報告書に関する調査研究報告書』（2011年度版）〈http://www.meti.go.jp/policy/trade_policy/wto/ds/panel/pdf/11-10.pdf〉；D. Ahn, "United States - Definitive Antidumping and Countervailing Duties on Certain Products from China", *American*

Journal of International Law（hereinafter cited as "*AJIL*"）, vol. 105（2011）, 761; C. J. Milhaupt and W. Zheng, "Beyond Ownership: State Capitalism and the Chinese Firm", *Georgetown Law Journal*, vol. 103 (2015) , 665, pp. 713-716を参照。

3) この語は本稿において鍵となる語であるが，訳語を用いることは避けた。この点について，後掲（注7）を見よ。

4) 以下，特に断らない限り，引用する項の数字は本件米中事件に関する上級委報告のものである。

5) このILC条文第二読の特別報告者であったクロフォードは，その近著において，本件米中事件のパネル報告と上級委報告を特に取り上げ，WTO紛争解決手続においてILC条文が検証されたことそれ自体を肯定的に評価している。J. Crawford, *State Responsibility*（2013）, pp. 88-90.

6) 佐古田彰「国家責任法における帰属と違法性の体系的関係」『早稲田大学法研論集』67号（1993年）（以下，佐古田「体系的関係」とする）118頁，Crawford, *ibid.*, p. 113参照。

7) この"governmental authority"は，本稿では訳語を用いないこととした。この語は，後述するように（注26），権力性を示すためのILCの造語であり，公定訳がないためその訳語は論者により様々である。筆者はILC条文については「公権力」の訳語が適切であろうと考える（佐古田彰「帰属要件の認定基準――私人の行為の国家への帰属――」『早稲田法学会誌』46巻（1996年）（以下，佐古田「認定基準」とする）42-43頁注115参照）。ここで訳語を用いなかった理由について，後掲（注35）参照。

8) 平覚「WTO紛争解決手続における適用法」『法学雑誌（大阪市立大学）』54巻1号（2007年）163頁，松下満雄＝米谷三以『国際経済法』（東京大学出版会，2015年）115頁。

9) 平「同上論文」163頁。

10) S. M. Villalpando, "Attribution of Conduct to the State: How the Rules of State Responsibility May be Applied within the WTO Dispute Settlement System", *Journal of International Economic Law*（2002）, 393.

11) 例えば，1999年カナダ―乳製品事件パネル報告（WT/DS103/R; WT/DS113/R）7.77項（旧ILC条文7条2項（現5条）に言及），2000年オーストラリア―鮭事件是正措置パネル報告（WT/DS18/RW）7.12項脚注146（旧ILC条文6条（現4条）に言及），2000年韓国―政府調達事件パネル報告（WT/DS163/R）6.5項脚注683（特定のILC条文を引用しないがILC報告書を引用），2004年米国―越境賭博規制事件パネル報告（WT/DS285/R）6.128項（ILC条文4条に言及），2005年米韓DRAMS事件上級委報告（WT/DS296/AB/R）112項脚注179（ILC条文8条の注釈を引用）などを参照。

なお，これらの報告は，ILC条文・帰属規則を「適用」という観点から取り上げていない。例えば，ILC条文・国家責任原則により「支持される」（米国―越境賭博規制事件パネル報告，韓国―政府調達事件パネル報告），ILC条文を「参照する」（カナダ―乳製品事件パネル報告）などであり，他は単に引用するのみである。これらと対照的に，国際司法裁判所（ICJ）は，「適用」の語を用いている（例えば，2007年ジェノサイド条

約適用事件 ICJ 判決（*ICJ Reports 2007*, 43, p. 201, para. 386, p. 207, para. 398, p. 215, para. 414）を見よ）。WTO 紛争解決手続において「適用」の語が避けられたのは1つには WTO 紛争解決手続における適用法の問題が関係しているからと思われる。

12) J. Crawford, *Brownlie's Principles of Public International Law*, 8th ed. (2012), p. 544; M. Cartland, G. Depayre and J. Woznowski, "Is Something Going Wrong in the WTO Dispute Settlement?", *Journal of World Trade*, vol. 46（2012）, 979, pp. 996, 999, 1001.

13) Cartland/Depayre/Woznowski, *ibid.*, pp. 997-999.

14) 近年，同様に，必ずしも国家責任の文脈とはいえない事案で国家責任法上の帰属規則に言及するものが見られるようになっている。例えば，1999年旧ユーゴ国際刑事裁判所（ICTY）上訴裁判部タジッチ事件判決（*International Law Reports*, vol. 124, 61, pp. 101 ff., paras. 98 ff.）や，2005年コンゴ領武力活動事件 ICJ 判決（*ICJ Reports 2005*, 168, p. 223, para. 146）がそうである。これらの例も，理論的にはもう少し厳密に分析する必要があるにせよ，少なくともその行動が帰属するとされる国の違法行為責任ないし義務違反が問われてはいないという点で，国家責任の文脈ではない。この点について，タジッチ事件 ICTY 判決に対する前掲（注11）ジェノサイド条約適用事件 ICJ 判決（*ICJ Reports 2007*, pp. 209-210, paras. 403-405）参照。これらの裁判例については，別稿で詳論する予定である。

15) 「東インド会社の行為は，本件で争われている地域を占拠しまたは植民地化するという観点においては，オランダ国家自体の行為と完全に同一視しなくてはならない。」（*Reports of International Arbitral Awards*, vol. 2, 829, p. 858）。

16) 特に ILC 条文5条の定める権力性基準と裁判権免除における権力的行為の基準との間には一定の類似性を見出すことができる（佐古田「認定基準」（注7）43頁注116参照，またクロフォード国家責任作業第一報告書 *Yearbook of the International Law Commission* (hereinafter cited as "*YbILC*") *1998*, vol. II, Part One, p. 36, para. 172参照）。しかし，両者は，行為者が国家機関の地位を有するか否かの点で基準が異なる。

17) 佐古田彰「国際責任」島田征夫編著『国際法学入門』（成文堂，2011年）232-233頁参照。

18) 佐古田彰「国家責任論における『行為』の法的性質」『早稲田大学法研論集』68号（1994年）35-36頁参照。

19) 例えば，今日，非違法行為責任の実定法上の典型例とされる1971年宇宙賠償責任条約2条の責任の発生には，いずれの者の行動が国家の行為とみなされるかは関係せず，したがってまた国家の行為が存在するかどうかも関係ない。

20) 佐古田「体系的関係」（注6）114-115頁参照。

21) ILC が例として挙げる裁判例や事例によると，この governmental authority の要素の行使には，身柄拘束，懲戒，入国管理，財産の没収，治安維持，破壊活動，軍事活動など多様なものが含まれる。2001年 ILC 条文5条・8条注釈 *YbILC 2001*, vol. II, Part Two, p. 43, paras. 2 ff. and pp. 47-48, paras. 2 ff.

22) 2001年 ILC 条文8条注釈 *ibid.*, p. 48, para. 6.

23) 2001年 ILC 条文5条・8条注釈 *ibid.*, p. 43, para. 3 and p. 48, para. 6. この点につき，

佐古田「認定基準」（注7）32頁参照。
24) 佐古田「同上論文」25頁参照。
25) 佐古田「同上論文」40-41頁注89参照。
26) ILC での審議において，当初は漠然と public functions, public character, public capacity, public power などの語が用いられた（*YbILC 1974*, vol. I, p. 8 ff., paras. 16 ff.)。その後，起草委員会において governmental authority の語で統一された。起草委員会での審議は非公開であるため，いかなる経緯と理由でこの語が用いられることになったのか不明である。ただ，この経緯から分かるように，この governmental authority は権力性を示すための ILC の造語である。この点について佐古田「同上論文」42頁注115参照。
27) ILC の方針について，2001年 ILC 条文注釈 *YbILC, supra* note 21, p. 31, paras. 1-4 参照。兼原は，ILC のこのような方針を「法実証主義の国家責任法論」の現れとしその方法論への過度な固執を批判的に捉え「法実証主義の基本的想定の再考」が求められると主張する。兼原敦子「行為帰属論の展開にみる国家責任法の動向」『立教法学』74号（2007年）3-4頁。
28) 2001年 ILC 条文2条注釈 *YbILC, ibid.*, p. 36, paras. 9-10.
29) この点について，佐古田「体系的関係」（注6）134頁注34参照。帰属が，いずれの者の行動が国家責任法上国家の行為とみなされるかを指すものでありかつ国の違法行為責任の成立要件であるという理解を示した最初の国際裁判例は，ILC 条文第一読の帰属規則が作成された後の1980年テヘラン人質事件 ICJ 判決（*ICJ Reports 1980*, 3, pp. 29-30, paras. 58-61ほか）であろう（佐古田「同上論文」134頁注34参照）。この裁判においてILC 条文の原案を作成したアゴーが裁判官として関わっていることが想起される。
30) Villalpando, *supra* note 10, p. 394 ff. 参照。
31) 1999年カナダ—乳製品事件上級委報告（WT/DS103/AB/R; WT/DS113/AB/R）97項。これは，農業協定9.1条(a)の解釈に当たって述べられた。なお，ここで言及された同事件上級委報告の記述は，辞書のみを根拠としている。
32) 上級委は，ILC 条文による帰属の連結要因（connecting factor）が一定の行動であるのに対し，補助金協定1.1条(a)(1)の連結要因は一定の行動と団体の型の両方である点に，違いがあるとする（309項）。しかし，ILC 条文は条文ごとに行為者の型（国家との関係）を区別して規定しており，少なくともこの点について両規則に違いはないように思われる。帰属の認定のための判断要素について，佐古田「認定基準」（注7）28頁以下参照。
33) 上級委は，この基準に基づき，米国商務省による公的機関の認定について検討し，その認定は，本件国有企業については governmental function について調査していないため「公的機関」の適切な理解に合致していない（346-347項）として公的機関でないとする一方で，本件国有商業銀行については米国商務省は governmental functions について調査していることから今度は中国側が米国商務省の認定が補助金協定1.1(a)(1)の規定に合致していないことを確証すべきところこれを行っていない（355-356項）として，公的機関であると結論づけた。
34) Cartland/Depayre/Woznowski, *supra* note 12, p. 999.

35) ここで，governmental authority の語の仏語について触れておきたい。

本件事件における上級委報告の仏語版では pouvoir gouvernemental の語が用いられている。他方，ILC 条文の仏語版では puissance publique である。したがって，上級委報告の仏語版を読んだだけでは，ILC 条文との関連性は見出しにくい。そのためか，上級委報告仏語版では，英語版と異なり pouvoir gouvernemental と puissance publique の両語を併記したり（296項），ILC 条文について pouvoir gouvernemental の語を用いたり（310項），あるいは時折 pouvoir gouvernemental に代えて puissance publique の語を用いたりして（297項），その関連性を多少は顕現させるように努めているようにも見える。いずれにせよ，本件上級委報告においては，鍵となる語である governmental authority の仏語は ILC 条文での仏語と異なる。

なお，WTO 協定では，サービス貿易協定1条3項に「政府の権限（governmental authority）」の語がある。その仏語は pouvoir gouvernemental である。本件事件での上級委報告書仏語版はこのサービス貿易協定の文言に従っているようにも見える。ただ，本件において，パネルも上級委もサービス貿易協定のこの規定に言及しておらず，サービス協定上のこの語が上級委報告でのこの語とどのような関連性があるのか，不明である。

以上のように，この governmental authority の語は，上級委報告の内容，ILC 条文との関連性，サービス貿易協定での文言，及びこれらの仏語版との関係を考慮すると，特定の日本語訳を用いることは困難である。その理由で，本稿では，この語に訳語を用いなかった。

36) Cartland/Depayre/Woznowski, *supra* note 12, pp. 998-999.
37) Cartland/Depayre/Woznowski, *ibid.*, p. 998. また，Crawford, *supra* note 5, pp. 89-90.
38) Greenwald は，「上級委の判断の理由づけは，滑稽なほどねじ曲がっている」「上級委は，国際貿易とは無関係な国際公法分野からの概念を国際貿易協定に移植しようとしてこの問題を理解した」「（上級委委員の1人が）国際公法からの概念をWTO 協定に導入することに学術的関心を有している」と辛辣に批判する。J.D. Greenwald, "A Comparison of WTO and CIT/CAFC Jurisprudence in Review of U.S. Commerce Department Decisions in Antidumping and Countervailing Duty Proceedings", *Tulane Journal of International and Comparative Law* (2013), 261, pp. 270-271.
39) 上級委は，権力性を有しているから公的機関である，公的機関であるから権力性を有している，このことは補助金協定も ILC 条文も同じである，と述べているに過ぎない。
40) 2012年カナダ―再生可能エネルギー事件パネル報告（WT/DS412/R; WT/DS426/R）7.233項，2014年米国―炭素鋼事件上級委報告（WT/DS436/AB/R）4.29項，2014年米国―補助金相殺関税事件パネル報告（WT/DS437/R）7.65項。この DS437のパネル報告・上級委報告における公的機関性の扱いと本件 DS379での上級委判断との関係について，川島富士雄「相殺措置調査における国有企業の公的機関性及び市場ベンチマークに関する判断基準」『国際商事法務』43巻9号（2015年）1360, 1362-1363頁参照。
41) 同じ主題であることの必要性について，R. Gardiner, *Treaty Interpretation*, 2nd ed. (2015), p. 299; M.E. Villiger, "The Rules on Interpretation: Misgivings,

Misunderstandings, Miscarriage? The 'Crucible' Intended by the International Law Commission", E. Cannizzaro ed., *The Law of Treaties Beyond the Vienna Convention* (2011), 105, p. 112参照。

42) トルコの見解は矛盾する。トルコは，ILC条文と補助金協定は全く異なる問題を対象としているとも述べている（268項）が，同一の主題（subject matter）を扱っていないのなら両者は一般法と特別法の関係にならない（ILC条文55条注釈 *YbILC*, *supra* note 21, p. 140, para. 4 参照）。

43) ILC条文5条について，第一読旧7条注釈 *YbILC 1974*, vol. II, Part One, p. 282, para. 17参照，8条について R. Wolfrum, "State Responsibility for Private Actors: An Old Problem of Renewed Relevance", M. Ragazzi ed., *International Responsibility Today : Essays in Memory of Oscar Schachter* (2005), 423, pp. 425, 431; Crawford, *supra* note 5, p. 141参照。また，佐古田「認定基準」（注7）33頁参照。

44) 米韓 DRAMS 事件上級委報告は，補助金協定1.1条(a)(1)(iv)の規定は本質的に「迂回行為防止規定（anti-circumvention provision）」であると明確に述べる（113項）。この点につき，T. Brink, "What Is a 'Public Body' for the Purpose of Determining a Subsidy after the Appellate Body Rulings in US-AD/CVD?", *Global Trade and Customs Journal*, vol. 6 (2011), 313, p. 315参照。

45) Cartland/Depayre/Woznowski, *supra* note 12, p. 999は，「（公的団体かどうかの問題は，）当該措置が補助金協定の適用対象であるかどうかを判断するために，同協定に明示的に設けられた高度な構造を有する分析枠組みにおける，1つのステップに過ぎない」と述べる。

46) Brink, *supra* note 44, p. 315. ただし，上級委は，本件米中事件において，米国商務省がこの1.1条(a)(1)(iv)に基づく委託・指示を分析していないとして（343項），この(iv)の該当性の有無は検討しなかった。

47) ブラウンリーは，「帰属は余分な観念と思われる」「『帰属』の内容は，当該義務や違反の性質などにより変わる」と述べる（I. Brownlie, *Principles of Public International Law*, 7th ed. (2008), p. 436参照（なお，クロフォードが改訂した第8版（2012年）ではこの部分の記述が削除された（Crawford, *supra* note 12, p. 542参照）））。また，兼原は，「国家行為の決定と国際義務とは，密接に関連せざるをえない」のであって，この点を看過した考え方においては「国際義務に照らして，……国家行為を決定するという視座は希薄である。」と指摘する（兼原「前掲論文」（注27）9頁）が，まさしくその通りである。

48) 一般的帰属規則における国家機能の本質としての権力的要素の存在について，佐古田「認定基準」（注7）34頁参照。

49) 清水章雄「WTO紛争解決における解釈手法の展開と問題点」『日本国際経済法学会年報』19号（2010年）15-16頁。

50) 本件事件や本稿の対象とする状況は国家機関の地位にない者の行動に関するものであり，状況が異なる。

51) 当時は，否定説が一般的だったと思われる。1961年ハーバード国家責任草案17条2項

(L. B. Sohn and R. R. Baxter, "Responsibility of States for Injuries to the Economic Interests of Aliens", *AJIL*, vol. 55（1961）, 545, p. 576），田畑茂二郎『国際法 I （新版）』（1973年）406頁参照。
52) 2001年 ILC 条文 4 条注釈 *YbILC, supra* note 21, p. 41, para. 6.
53) See *ibid.*, p. 41, fn. 113.
54) ILC の立場に従うなら，国家責任法上，国の行為は必ずしも公権力の要素という本質を持たない。ILC は，4 条の適用上は国家機関による商業契約の締結も国の行為とみなされるが，契約違反それ自体が国際法の違反を伴うものではないとする（*Ibid.*, p. 41, para. 6）。とすると，必ずしも，本稿で述べたように帰属の規則は本来はそれぞれの国際義務に包含されるものであり一般的帰属規則はその共通する内容を抽出したもの，ではなくなり，帰属の要件性が義務違反の要件から独立して存在するべき意義を見出すことができるともいえる。

(西南学院大学法学部教授)

論　説　WTO成立20周年——ルール・メイキングと紛争解決の観点から

日本のWTO紛争解決手続の活用

田　辺　有　紀

Ⅰ　はじめに
Ⅱ　WTO紛争解決手続と日本
　1　各国のWTO紛争解決手続の利用状況
　2　日本のWTO紛争解決手続の利用状況
　3　日本が当事国としてWTOに付託した案件
Ⅲ　相手国の変化の背景
　1　主要貿易相手国の変化
　2　保護主義の波及防止という方針
　3　WTO紛争解決手続の高い履行率
Ⅳ　その他の変化
　1　共同申立か単独申立か
　2　対象物品の変化
Ⅴ　第三国参加
Ⅵ　おわりに

Ⅰ　はじめに

　世界貿易機関（WTO）の紛争解決手続は，国家間の通商問題について，加盟国が合意したルール（WTO協定）に基づき，客観的な解決を図る手段である。WTO紛争解決手続は多くの国によって活発に活用されており，WTOが設立されて以降の20年間で約500件の通商紛争がこの紛争解決手続に持ち込まれている。日本は，そのうち，21件[1]の通商問題について当事国としてWTOに付託している。

　日本のWTO紛争解決手続の活用は，WTOが設立された1995年から始まっ

ている。その後の20年間において約20件の通商問題をWTOに付託しているが，日本のWTO紛争解決手続の活用は，2012年の中国―レアアース等輸出制限についての協議要請を1つの節目として，その前後で下記の傾向がある。2012年より前の紛争は米国の措置に対するWTO紛争解決手続が主であり，13件中8件が米国の措置を問題にしているのに対し，2012年以降は，中国，アルゼンチン，ロシア，ウクライナ，韓国，ブラジルを相手とするWTO協議要請が続いている。なぜこのような変化が起きているのだろうか。

　本稿では，日本のこれまでのWTO紛争解決手続の活用の状況を概観し，その傾向及び背景を分析することとしたい。まず，対米国案件が減り，対新興国案件が増えている状況を示した上で，その背景を分析し，その後，紛争相手国以外の変化及び第三国参加の状況についても触れることとする。

II　WTO紛争解決手続と日本

1　各国のWTO紛争解決手続の利用状況

　世界における日本の状況を明らかにするため，最初に世界全体のWTO紛争解決手続の利用状況を概観する。

　2016年4月1日現在の各国の利用状況は図−1が示すとおりである。米国とEUによる活用が突出して多くなっているが，中国，インド，ブラジル，アルゼンチン，メキシコといった新興国による活用も多い。日本は，申立件数と被申立件数の合計で，第8位となっている。

　なお，図−1では，申立案件と被申立案件を色分けしており，例えば，ブラジルが被申立案件よりも申立案件が多いのに対し，中国は申立案件よりも圧倒的に被申立案件が多くなっていることも読み取れる。日本は，申立案件22件，被申立案件15件と，自らがWTO紛争解決手続に持ち込む案件の方が多くなっている。[2]

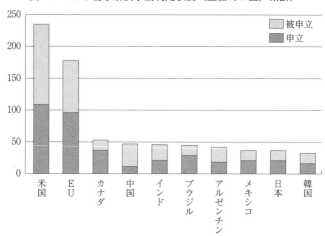

図-1 WTO紛争解決手続利用状況（上位10か国，累計）

（出所）WTO事務局ウェブサイト，Disputes by country/territory, https://www.wto.org/english/tratop_e/dispu_e/dispu_by_country_e.htm （2016年4月にアクセス）。

表-1 日本のWTO紛争解決手続利用状況

	1995	1996	1997	1998	1999	2000	2001	2002	2003	2004	2005
申立	1	3	1	1	2	1	0	2	0	1	0
被申立	4	4	3	1	0	0	0	1	0	1	0

	2006	2007	2008	2009	2010	2011	2012	2013	2014	2015	2016	合計
申立	0	0	1	0	1	0	3	2	0	2	1	22
被申立	1	0	0	0	0	0	0	0	0	0	0	15

（出所）WTO事務局ウェブサイト，Disputes by country/territory, https://www.wto.org/english/tratop_e/dispu_e/dispu_by_country_e.htm（2016年4月にアクセス）。

2 日本のWTO紛争解決手続の利用状況

次に，日本のWTO紛争解決手続の利用状況を年毎に詳しく見ていくと表-1のとおりである。被申立案件が2007年以降ないのに対し，申立案件は2012年に3件，2013年と2015年は2件と，一時期よりも日本はWTOの紛争解決手続を積極的に活用していることがわかる。

表-2 日本が当事国として WTO に付託した案件

	案件名	協議要請	報告書採択	結論	相手国	他の紛争当事国
1	米国通商法301条に基づく一方的措置(自動車等)(DS6)	1995	—	二国間合意により終了(一方的措置の発動は回避)	米国	—
2	ブラジル自動車政策(DS51)	1996	—	協議中断(ブラジルが事実上措置撤回)	ブラジル	米国
3	インドネシア自動車政策(DS55)(DS64)	1996	1998(パネル報告書)	日本の主張容認	インドネシア	米国, EU
4	米国の地方政府の調達手続問題(DS95)	1997	—	パネル消滅(米国内で違憲判決)	米国	EU
5	カナダの自動車政策に係る措置(DS139)	1998	2000(上級委員会報告書)	日本の主張容認	カナダ	EU
6	米国の1916年アンチ・ダンピング法(DS162)	1999	2000(上級委員会報告書)	日本の主張容認	米国	EU
7	米国の日本製熱延鋼板に対するアンチ・ダンピング措置(DS184)	1999	2001(上級委員会報告書)	日本の主張容認(一部の履行が未実施)	米国	—
8	米国1930年関税法改正条項(バード修正条項)	2000	2003(上級委員会報告書)	日本の主張容認(未履行、対抗措置発動)	米国	EU, その他9か国
9	米国サンセット条項(DS244)	2002	2004(上級委員会報告書)	日本の主張容認されず	米国	—
10	米国の鉄鋼製品に対するセーフガード措置(DS249)	2002	2003(上級委員会報告書)	日本の主張容認	米国	EU, その他6か国
11	米国のアンチ・ダンピング行政見直し等におけるゼロイング(DS322)	2004	2007(上級委員会報告書)	日本の主張容認	米国	
	上記紛争(DS322)の履行確認パネル	2008	2009(上級委員会報告書)			
12	EUのIT製品の関税上の取り扱い(DS376)	2008	2010(パネル報告書)	日本の主張容認	EU	米国, 台湾
13	カナダ・オンタリオ州のローカルコンテント措置(DS412)	2010	2013(上級委員会報告書)	日本の主張容認	カナダ	EU
14	中国のレアアース、タングステン、モリブデンの輸出に関する措置(DS433)	2012	2014(上級委員会報告書)	日本の主張容認	中国	米国, EU
15	アルゼンチンの輸入制限措置(DS445)	2012	2015(上級委員会報告書)	日本の主張容認	アルゼンチン	米国, EU
16	中国の日本製高性能ステンレス継目無交換に対するアンチ・ダンピング措置(DS454)	2012	2015(上級委員会報告書)	日本の主張容認	中国	EU
17	ロシアの自動車廃車税制度(DS463)	2013	—	協議中断(ロシアが措置是正)	ロシア	EU
18	ウクライナの自動車セーフガード措置(DS468)	2013	2015(パネル報告書)	日本の主張容認	ウクライナ	—
19	韓国の日本産水産物等の輸入規制(DS495)	2015	—	パネル審議中	韓国	—
20	ブラジルの内外差別的な税制恩典措置(DS497)	2015	—	パネル審議中	ブラジル	EU
21	韓国の日本製空気圧伝送用バルブに対するアンチ・ダンピング措置(DS504)	2016	—	協議中	韓国	—

(出所) WTO 事務局ウェブサイト, Disputes by country/territory, https://www.wto.org/english/tratop_e/dispu_e/dispu_by_country_e.htm(2016年4月にアクセス)。

3　日本が当事国としてWTOに付託した案件

実際に日本が当事国としてWTOに付託した案件は，表－2のとおりである。それぞれの案件の詳細については本稿で触れないが，冒頭に述べたとおり，相手国について，2012年の中国のレアアース等の輸出制限についての協議要請を1つの節目として，大きな変化がある。2012年より前の紛争は，米国の措置に対するWTO紛争解決手続の活用が主であるのに対し，2012年以降の紛争は，新興国を相手とするWTO協議要請が続いている[3]。

2012年より前の紛争13件のうち，8件が米国の措置を問題にしている。他方，2012年以降は，中国，アルゼンチン，ロシア，ウクライナ，韓国，ブラジルを相手とするWTO協議要請が続いている。

Ⅲ　相手国の変化の背景

日本が当事国としてWTO紛争解決手続に持ち込むケースについて，対米国案件が減り，対新興国の案件が増えた背景は何だろうか。

1　主要貿易相手国の変化

上記の傾向の1つの背景は，日本の主要な貿易相手国の変化である（表－3参照）。WTOが設立された1995年当時の日本の最大の貿易相手国は米国であり，輸出入総額で日本の全輸出入の約25％を占めていた。他方で，当時の中国は，米国に次ぐ第2位ではあるものの，輸出入総額では全体の約7％であった。その後，中国は米国を追い上げ，2007年についに米国を抜いて，日本の最大の貿易相手国となる。

2007年に米国と中国が逆転するまでは，米国が50年以上にわたって最大の貿易相手国であったことからも，最近まで日本の通商問題といえば対米国であったことは自然であるといえる[4]。

2000年代に入って，BRICs（ブラジル，ロシア，インド，中国）という言葉が出

表 - 3 貿易相手国の推移（輸出入総額：年ベース）

年	1995	1996	1997	1998	1999
総額	730,796億円	827,247億円	918,942億円	872,987億円	828,156億円
1	米国 184,094億円 25.2%	米国 208,081億円 25.2%	米国 233,182億円 25.4%	米国 242,481億円 27.8%	米国 222,448億円 26.9%
2	中国 54,428億円 7.4%	中国 67,820億円 8.2%	中国 76,924億円 8.4%	中国 74,650億円 8.6%	中国 75,328億円 9.1%

年	2000	2001	2002	2003	2004
総額	925,926億円	913,948億円	943,365億円	989,104億円	1,103,866億円
1	米国 231,347億円 25.0%	米国 223,825億円 24.5%	米国 221,105億円 23.4%	米国 202,371億円 20.5%	米国 204,941億円 18.6%
2	中国 92,158億円 10.0%	中国 107,904億円 11.8%	中国 127,076億円 13.5%	中国 153,666億円 15.5%	中国 181,932億円 16.5%

年	2005	2006	2007	2008	2009
総額	1,226,059億円	1,425,905億円	1,570,674億円	1,599,728億円	1,056,700億円
1	米国 218,797億円 17.8%	米国 248,448億円 17.4%	中国 278,745億円 17.7%	中国 277,803億円 17.4%	中国 216,716億円 20.5%
2	中国 208,123億円 17.0%	中国 245,781億円 17.2%	米国 252,449億円 16.1%	米国 222,539億円 13.9%	米国 142,457億円 13.5%

年	2010	2011	2012	2013	2014
総額	1,281,646億円	1,336,577億円	1,344,362億円	1,510,167億円	1,590,021億円
1	中国 264,985億円 20.7%	中国 275,441億円 20.6%	中国 265,479億円 19.7%	中国 302,852億円 20.1%	中国 325,579億円 20.5%
2	米国 162,854億円 12.7%	米国 159,491億円 11.9%	米国 172,704億円 12.8%	米国 197,430億円 13.1%	米国 211,919億円 13.3%

※パーセンテージは総額に対する構成比。
（出所）　財務省貿易統計，貿易相手先国上位10カ国の推移，http://www.customs.go.jp/toukei/suii/html/data/fy3.pdf（2016年4月にアクセス）。

現したことが象徴するように，新興国が世界経済の中で重要な位置を占めるようになり，日本にとっても新興国との貿易額は拡大してきた。このような流れも，新興国との間で貿易紛争が増えている要因の1つであるといえる。

2 保護主義の波及防止という方針

もう1つの背景としては，日本が保護主義措置の波及防止という観点からWTO紛争解決手続を活用するようになったことが挙げられる。

例えば，2012年より前のケースではあるが，2010年に協議要請したカナダのオンタリオ州におけるローカルコンテント措置（自国産品優遇措置）は，同州における再生エネルギーの固定価格買い取り制度に関するものであった。本件WTO紛争解決手続についての経済産業省プレスリリースでは，明確に，「本件をWTO紛争解決手続の活用よって主導的に解決することにより，カナダ・オンタリオ州による本件措置の是正を目指すに留まらず，再生可能エネルギー分野における保護主義的措置の世界的な拡散を防止し，判例構築を通じた通商ルールの明確化と発展に貢献することを企図」したこと，「カナダのオンタリオ州政府が，WTOパネル及び上級委員会報告書を受け，電力法を改正し，再生可能エネルギー固定価格買取制度における内外差別の根拠となる規定を削除したことは，類似措置を維持している他国にも影響を与えると考えられ，成長産業と位置づけられる再生可能エネルギー分野の保護主義を抑止する観点からシステミックに重要な意義を有する」ととらえている旨が記載されている。WTO紛争解決手続に持ち込むケース自体の解決を越えて，同様の保護主義的措置が他国に広がることを防ぐ目的で制度を活用し始めていることが示されている。

このように，保護主義的措置が他国に波及することを防止するという観点からのWTO紛争解決手続の活用という方針は，対新興国に対する協議要請を増加させる方向に作用したと考えられる。例えば米国のアンチ・ダンピング措

置を問題として WTO 紛争解決手続を活用していた時期は，問題となっている措置そのものの撤廃を目指しており，その場合は，その措置そのものによる損害額が WTO 協議要請を行うかどうかの1つの判断基準となる。他方，類似の保護主義的措置の波及防止を目的の1つとする場合は，当該措置による損害額に加えて，他国に波及しやすい措置であるかどうかが，WTO 協議要請を行うか否かを判断する際の考慮要素となる。

実際，2013年に協議要請したウクライナの自動車セーフガードのケースでは，損害額は約19億円と公表されており，米国の鉄鋼セーフガードのケースにおける損害額が約149億円であったことと比べると小規模となっている。また，ウクライナの自動車市場は，日本の自動車産業にとって大きいものであるとは言い難い。それでもあえて当事国として WTO 協議要請を行ったのは，「近年新興国においてセーフガード措置の発動が増加傾向にある中，WTO ルールの明確化を通じて，恣意的又は不透明なセーフガード措置発動の抑制に繋がること」を目指したからであると公表している（経済産業省プレスリリース[8]）。

特に，2008年の世界的な金融・経済危機以降，各国の保護主義的措置は増加傾向にある[9]。他国のローカルコンテント要求や，不適切な手続に基づくセーフガード措置の発動などの保護主義的措置に対して WTO 紛争解決手続を活用するという姿勢を示すことは，安易な保護主義的措置が世界的に増加することを防ぐ上で重要であると考えられる。このような状況も，対新興国の WTO 紛争を増やす要因となっている。

3　WTO 紛争解決手続の高い履行率

さらに，新興国を含めた多くの WTO 加盟国が，真摯に WTO の勧告を履行していることも，日本が欧米以外の国に対しても WTO 紛争解決手続を活用し始めた背景の1つではないかと考えられる。

WTO 事務局は，紛争解決手続に持ち込まれる案件が500件となった2015年

11月に，WTO紛争解決手続の履行率は非常に高く，90％に上ることを公表している[10]。

また，WTO加盟国の中でも，特に中国は，WTOで違反が確定した措置については，履行期限内に撤廃している。例えば，レアアース等の輸出規制について，2014年8月に中国の措置を違法とするWTO上級委員会報告書が公表されたことを受けて，中国政府は，2015年1月1日から輸出数量制限を撤廃し[11]，同年5月1日から輸出税を撤廃している[12]。中国は当事国で合意した履行期限（2015年5月2日）までに適切に履行をしているのである。通商問題を日中間の政治問題にすることなく，冷静に解決できるという点で，WTO紛争解決手続は大変有効であるといえる[13]。

国際貿易体制を支える主要国である中国がWTO紛争解決手続の判断を尊重していることは，非常に重要である。これは，中国がWTO自由貿易体制により長期的な利益を受ける国であり，WTO紛争解決手続の不履行が蔓延することによる長期的な悪影響を受ける可能性があるためであると考えられる[14]。また，例えば米国のような民主主義国家では，WTO紛争解決手続の勧告を履行する際に立法機関である議会での審議を経る必要があるケースがあり，その国内政治プロセスが履行を困難にしている面があるが[15]，中国の統治体制はこうした国内政治プロセスを不要とすることが少なくないことも，中国の高い履行率の背景であると考えられる。

なお，表－2に示したとおり，日本が当事国としてWTOに付託した案件の多くは，日本の主張に沿った解決がなされている。紛争解決手続がすでに終了しているのは18件であるが，そのうち17件は日本の主張に沿った解決がなされるか，日本の主張に沿った判断が出ている[16]。このことは，日本政府の慎重さを示すものでもあるが，日本国内において，WTO紛争解決手続を行うという意思決定を行う上での後押しとなり得る事実である。

Ⅳ　その他の変化

1　共同申立か単独申立か

これまで日本は，WTO紛争解決手続に関して，共同申立が多いと指摘されてきたが[17]，この傾向はあまり変わっていない。2012年以降のWTO紛争解決手続8件のうち，5件は共同申立国が存在する。最近の単独申立のケースは，ウクライナの自動車セーフガード措置（2013年），韓国の日本産水産物等の輸入規制（2015年），韓国の日本製空気圧伝送用バルブに対するアンチ・ダンピング措置（2016年）である。

他方，対米WTO紛争が多かった時期は，EUと共同で申立を行う傾向が強かったが，2012年には新興国の不公正貿易措置に対して，日米欧の三極で共同申立を行うケースが連続している（中国のレアアース等輸出制限措置，アルゼンチンの輸入制限措置）。

共同申立は，関係国で協力して法的論点を分析したり，証拠についても必要な翻訳を分担したりすることができ，実務面での利点は少なくない。

2　対象物品の変化

最初の10年間は，鉄鋼・自動車関係のWTO紛争解決手続の活用が中心であった[18]。引き続き鉄鋼・自動車関係の紛争は多いが，最近は，IT製品・太陽光パネル・鉱物資源・水産品等の分野においても，WTO紛争解決手続が活用されていることは注目に値する。

これは，鉄鋼産業及び自動車産業以外の分野も各国の保護主義措置の対象となってきたことを示すものであり，また，これまでのWTO紛争解決手続の成功事例が少しずつ多くの国内関係者に認識され始めているためではないかと考えられる。

国家間の手続ということもあり，企業関係者にとってWTO紛争解決手続

は馴染みがないものであることが多いが，一度活用してみれば，紛争相手国の法制度を変えることができるという強力な枠組であることが実感できるものと思われる。そのため，鉄鋼・自動車関係ではこの制度の活用が続いているのであり，またレアアースのケースのように，メディアで大きく取り上げられると[19]，多くの国内関係者がWTO紛争解決手続の有用性に気付くきっかけとなる。

V 第三国参加

WTO紛争解決手続への参加形態には，申立国と被申立国の他に，第三国参加という形態がある。第三国参加を行う国は，紛争当事国の最初の意見書を受け取った上で，第三国ステートメントを提出することができ，またパネル会合のうちの第三国会合に参加して質疑応答に対応することができる。協議の段階の第三国参加は拒否されることがあるが，パネルの段階では参加が拒否されることはない[20]。日本はこれまで，数多くのWTO紛争に対して第三国参加をしてきているが，その状況及び背景について最後に触れたい。

各国の第三国参加の状況は図-2のとおりである。日本は，166件で加盟国の中で第1位となっている。その後には，EU156件，米国131件，中国130件が続いている。

第三国参加のメリットの1つは，紛争当事国の意見書を入手することによって，情報を得ることができることである。WTOパネル報告書や上級委員会報告書は全加盟国に公表されるが，現状，意見書を公表している国は少ない。数百ページにわたることもある当事国による意見書を入手することで得られる情報は多く，WTOルール及びその活用方法について学ぶ機会ともなり得る。

第三国参加のもう1つのメリットは，第三国意見書を提出し，第三国会合に参加することにより，自らも利害関係を持ち得るルールの解釈について影響を与えることが期待できることである。WTO紛争解決手続の判断は，当該事案を越えた法的な拘束力はないとされるが，実務上は先例が重視されており[21]，例

図-2 第三国参加の状況（上位8か国，累計）

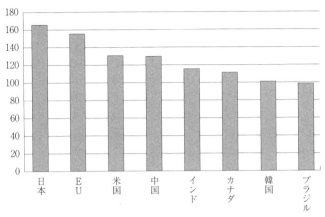

（出所）　WTO事務局ウェブサイト，Disputes by country/territory, https://www.wto.org/english/tratop_e/dispu_e/dispu_by_country_e.htm （2016年4月にアクセス）。

えば補助金協定の解釈などについて意見を述べておくことは日本を含む多くの国にとって重要であると考えられる。なお，第三国ステートメントは関心のある法的論点に絞って意見を述べることができるので，当事国として準備する書面と比べると圧倒的に分量が少なく，WTO紛争解決手続に参加するコストも小さい。

ただし，第三国参加を行う国は，当事国同士がWTO協議の段階で何らかの合意を行うことに関与できる可能性は非常に低く，また，最終的に対抗措置を取って履行を促すことができないため，多大な利害関係を持つ場合はやはり当事国としてWTO紛争解決手続を活用することが望ましい。

VI　おわりに

本稿では，日本のWTO紛争解決手続の活用について，2012年を節目として，相手国が米国中心から新興国中心に変化していることを指摘し，その背景を分析した。変化の背景としては，主要な貿易相手国が変化したこと，日本が

保護主義の波及防止という観点からWTO紛争解決手続を活用するようになったこと，新興国を含めWTO紛争解決手続の履行率が非常に高いことが挙げられる。

特に中国との関係で，WTO紛争解決手続は有効に機能しており，本制度が引き続き国家間の通商問題を客観的に解決する手段として活用されることが期待される。

日本が当事国として関わるWTO紛争の対象物品は鉄鋼・自動車関係からより広い分野に拡大しており，その一因は，WTO紛争解決手続が国内で，より広く認知され始めているためではないかと考えられる。特に中国のレアアース輸出規制についてWTO紛争解決手続が活用されたことは，新聞等で大きく報道された。このように，WTO紛争解決手続が有効に機能するケースが大きく取り上げられることは，企業の行動に前向きな影響を与え得る。

他方で，WTOルールは依然として，一部の業界の，一部の人間にしか知られていない面があり，本制度の活用によって解決できる潜在的な案件は他にもあると考えられ，引き続き本制度の理解の向上に努める必要を感じている。

【付記】　本稿は筆者の個人的見解であり，所属組織の見解ではない。

1) 後述の図-1及び表-1（各国及び日本のWTO紛争解決手続の活用状況）では，WTO事務局が付す紛争案件の番号を基に算出しているため，日本が当事国としてWTO紛争解決手続に付託した件数は21件ではなく22件となっている。これは，インドネシア自動車政策について，WTO協議要請を2回行っているためであるが（表-2参照），通商問題としては1つととらえることができるため，ここでは21件としている。
2) 同上。
3) 日本のWTO紛争解決手続の利用について，対米案件が多いことは，多くの文献で指摘されている。Junji Nakagawa, "NO MORE NEGOTIATED DEALS?: SETTLEMENT OF TRADE AND INVESTMENT DISPUTES IN EAST ASIA," *Journal of International Economic Law*, Vol. 10 No. 4 (Oxford University Press, 2007), p844. 川島富士雄「我が国のWTO紛争解決手続の活用実績と今後の課題」『法律時報』77巻6号（日本評論社，2005年）49頁。通商産業政策史編纂委員会編，阿部武司編著『通商産業政策史　1980-2000　第2巻　通商・貿易政策』（経済産業調査会，2013年）

652頁。
4) 川島「前掲論文」(注3) 50頁。
5) 2005年の通商白書は,「新興工業国の台頭〜BRICSの成長可能性〜」を取り上げている。経済産業省『通商白書 2005年──我が国と東アジアの新次元の経済的繁栄に向けて──』(ぎょうせい,2005年) 26-33頁。
6) 経済産業省,日本及び中国と米国及び新興国間の貿易の状況(平成21年7-9月期発表),92頁, http://www.meti.go.jp/statistics/toppage/report/bunseki/pdf/h21/h4a0912j3.pdf (2016年4月にアクセス)。
7) 経済産業省プレスリリース『カナダで再生可能エネルギーに関する内外差別を是正する法律が施行されました』(2014年7月25日), http://www.meti.go.jp/press/2014/07/20140725001/20140725001.html (2016年4月にクセス)。
8) 経済産業省プレスリリース『ウクライナの自動車セーフガード措置がWTO協定違反と判断されました』(2015年6月26日), http://www.meti.go.jp/press/2015/06/20150626005/20150626005.html (2016年4月にアクセス)。
9) 例えば, WTO Secretariat, "Protectionist pressures on the rise, latest G20 monitoring report says," 24 May 2011, https://www.wto.org/english/news_e/news11_e/igo_24may11_e.htm (2016年4月にアクセス)。
10) WTO Secretariat, "WTO disputes reach 500 mark," 10 November 2015, https://www.wto.org/english/news_e/news15_e/ds500rfc_10nov15_e.htm (2016年4月にアクセス)。
11) 経済産業省通商政策局編『2015年版不公正貿易報告書 WTO協定及び経済連携協定・投資協定から見た主要国の貿易政策』(株式会社白橋, 2015年) 22頁。
12) 経済産業省プレスリリース『中国のレアアース等原材料3品目に関する輸出税が廃止されます』(2015年5月1日), http://www.meti.go.jp/press/2015/05/20150501001/20150501001.html (2016年4月にアクセス)。
13) 経済産業省通商政策局編『前掲書』(注11) 65-66頁。
14) 川島富士雄「『貿易と環境』案件における履行過程の分析枠組みと事例研究」川瀬剛志・荒木一郎編著『WTO紛争解決手続における履行制度』(三省堂, 2005年) 315-317頁。
15) 川瀬剛志「『法それ自体』の違反に関するDSB勧告の履行」川瀬剛志・荒木一郎編著『WTO紛争解決手続における履行制度』(三省堂, 2005年) 373-375頁, 398頁。
16) 経済産業省通商政策局編『前掲書』(注11) 522-523頁。
17) 川島「前掲論文」(注3) 49頁。
18) 同上。
19) 例えば, 日本経済新聞「日米欧, 中国に勝訴確定 レアアース規制 WTO最終報告書」2014年8月8日朝刊7面。
20) 松下満雄・米谷三以『国際経済法』(東京大学出版会, 2015年) 100頁。
21) 松下・米谷『同上書』125頁。

(経済産業省広報室長補佐(前経済産業省通商機構部国際経済紛争対策室長補佐))

論　説　民事救済の国際的執行

座長コメント

多　田　　　望

　本座長コメントは，2015年11月29日に早稲田大学で開催された第25回研究大会午前の部セッション(Ⅱ)の「民事救済の国際的執行」に係るものである。本セッションの企画趣旨は，次の通りである。

　「経済のグローバル化や情報技術の発展などにより，競争法違反や知的財産法違反に対する国際的規律が重要な課題となっている。このような規律は，従来，行政当局の取締りなどの公的執行の問題と考えられることが多かった。しかし，最近では，国際的な上記違反事件において，被害を受けた私人が損害賠償や差止めを請求するなどの私的執行の問題が注目されるようになっている。本セッションは，このような国際的な私的執行において，私人の被害がいかに救済されるべきか，そこにはどのような法的問題が生じるのか，その問題はいかに解決されるべきかを検討しようとするものである。本セッションのテーマである「民事救済の国際的執行」にいう執行は，民事執行法などにいう狭い意味での執行にとどまらず，民事救済を国際的に実現していくための諸方策という広い意味を含んでいる」。

　最近，「エンフォースメント」や「国際的執行」の語を論文のタイトル等で目にすることが多くなった。本セッションの企画趣旨は，このような変化・状況に対応したものであろう。法のエンフォースメント，権利のエンフォースメント，救済のエンフォースメント等，「実現」「実施」に注目した本セッションのテーマ自体は，広く，国際的な民事紛争事件全般に及ぶことになる。しかし，

企画趣旨の冒頭にあるように，競争法と知的財産法への関心が念頭に置かれており，本セッションの各報告もこれらの分野に関するものになった。

すなわち，①西岡和晃会員（同志社大学大学院博士後期課程）による「競争請求に関する外国判決の承認および執行」，②宗田貴行会員（獨協大学准教授）による「外国競争法違反に基づく内国消費者訴訟――民事訴訟における外国競争法の適用――」，及び，③紋谷崇俊会員（弁護士・弁理士・ニューヨーク州弁護士／金沢工業大学客員教授）による「特許権の国際的な Enforcement に関する近時の諸問題」の３つの報告である（以下の各会員の報告紹介は，本コメントに続く各論説をもとにする）。

まず，西岡会員の「競争請求に関する外国判決の承認および執行」は，競争法違反企業に対する損害賠償等の請求に係る外国判決（外国競争判決）の承認・執行に関して，３つの問題について設例をもとに考察を行う。設例は，国際的なカルテルをしていた日本企業が外国で，被害企業から訴え提起されたケースを念頭に置く。焦点が当てられる３つの問題は，①外国裁判所が日本の競争法を適用しなかった（または適用を誤った）場合，その外国競争判決は日本の公序（民訴法118条３号）に反するか，②外国競争判決がいわゆる懲罰的損害賠償を命じるものであった場合，それは日本で執行されるか，③外国訴訟がオプトアウト型クラスアクションに基づくものであったところ原告クラス敗訴の外国判決がされ，その後に，潜在的な原告クラスメンバーであったが当該外国訴訟に参加しなかった企業がクラスとは別個に日本で訴えを提起した際に，被告である競争法違反企業がクラス敗訴の外国判決を抗弁として主張した場合，その外国判決は日本で承認されるか，である。西岡会員はこれらの問題について，EU 諸国（特にドイツと英国），スイス，米国を中心に検討を重ねる。これをもとに西岡会員は，①について，日本の市場秩序が損なわれる場合には公序違反により承認執行は拒絶されるべきである，②について，懲罰的損害賠償も原則として承認執行拒否とせず，内国関連性や懲罰賠償が差別的に認められたか否

かなどを基準として例外的に承認執行拒否すべきである，③について，不在の原告に対して適切な手続が保障されていない場合は，承認執行されるべきでない，との結論を導く。

次に，宗田会員の「外国競争法違反に基づく内国消費者訴訟――民事訴訟における外国競争法の適用――」は，外国競争法の禁止規定の日本における適用の可否について，ヨーロッパでの議論の展開を参考に検討するものである。ここにいう禁止規定は，実体法上違反行為を定めた規定であるため，競争法違反に基づく損害賠償請求権や差止請求権に関する私法法規の適用の前提になるものとされる。そこではまず，検討の必要性を明らかにするために，法の適用に関する通則法制定時からの議論状況の変化，同法のこの問題に対するスタンス，外国公法不適用の原則の弊害，域外適用理論の限界が述べられる。そして次に，外国公法の適用に関して，日本における議論とEUにおける議論（特に，ドイツの判例学説といわゆるローマⅡ規則の関係条文の解釈）が紹介される。その中では，外国公法の事実的影響を契約準拠法の中で「考慮する」との見解と，いわゆる国際的強行法規の特別連結理論が検討される。結論的には，外国競争法の禁止規定という外国公法の内国民事訴訟における適用が認められるべきことを前提に，ドイツの議論を参考にして特別連結理論が説かれる。そこにおける外国競争法の禁止規定の適用要件は，①外国競争法の適用の意図，②事案と当該外国との密接関連性，③外国競争法が内国の公序に反しないこと，であると考えられている。宗田会員の論説は，以上のような検討のさらに先を見つめる形での，日本とアメリカ，日本とEU等の間での，国境を越える一定の競争制限行為の禁止を定める条約の作成という展開への期待で結びとなる。

最後に，紋谷会員の「特許権の国際的な Enforcement に関する近時の諸問題」では，①Enforcement の強化とその制限，②Enforcement の広域化の取組み，③標準技術に係る特許権の Enforcement の在り方，の3つに絞って，最新の情報も踏まえて国際的動向が検討される。①では，米国におけるダイナ

ミックな動きが考察の対象になり，差止請求権行使の制限，特許付与後異議制度の導入，パテント・トロール，リバース・トロールなどの他，ディスカヴァリを含む訴訟制度の改善といった諸制度・諸問題が取り上げられる。これらの米国での動向は，必ずしもプロ・パテントとアンチ・パテントとの二者択一などでなく，バランスのとれた調和的で効率的な制度設計の模索の方向性があると評価される。②では，欧州単一効特許制度と統一特許裁判所制度から成る欧州統一特許制度が主に検討される。制度の仕組みの考察を経て，そこでは，効率的な特許保護の実現などのメリットと，裁判官の質のバラツキや特許無効による欧州全域での特許権喪失などのリスクが指摘される（なお，②では末尾に，ASEAN における Enforcement の取組みにも言及がある）。最後に③では，FRAND 宣言を行った必須特許の権利行使について，日米欧での取扱いが議論される。とりわけ欧州に関しては，独占禁止法違反の議論も含めて，2015年の欧州司法裁判所の判断とドイツ裁判所の判決が紹介される。その中で，権利行使制限のための基準につき，国際的なハーモナイゼーションが希望されている。

　以上の3論説の詳細については，この座長コメントに続いて掲載されている各論説をぜひお読み頂きたい。

　本セッションの趣旨には，競争法違反や知的財産法違反に関して，行政当局の取締りなどの公的執行から，被害を受けた私人による損害賠償や差止の請求などの私的執行が注目されている，とある。ただ，私的執行が十分に実のあるものとして制度構築されているか，被害を受けた消費者や企業が十分に救済されているかというと，各国で，また法の分野によって差があるというのも事実である。例えば，競争法違反の私的執行に関して，米国では，反トラスト民事訴訟はクラスアクションや懲罰的損害賠償により活発であるが，EUにおける民事訴訟は「ネス湖伝説のようなもので，誰もがそれについて話題にしているが，実際に見たものはほとんどいない」とも言われる（ブラッドリー・ルイ＝ロニー・ゲリッツ＝雨宮慶「当局が日本企業のドアをノックするとき（下）——EU，米

国のカルテル調査に対する日本企業の準備——」NBL908号（2009）76頁）。

　さて，座長コメントの最後に，米国特許権侵害を理由にした差止及び損害賠償の請求が認められなかったカードリーダー事件（最判平成14・9・26民集56巻7号1575頁）の再検討を，本セッションのテーマに絡めて私見として提示し，結びとさせて頂きたい。カードリーダー事件最判の論理によれば，例えば，日本企業Xが日本で有する特許権に係る発明を，近隣の某国の企業Yが，某国で用いて製品Aを製造し（Xは某国では特許登録をしていなかった），ライバル企業であるXの日本におけるビジネスに打撃を与える目的で，日本に100％出資子会社Zを設立し，Aを某国からZに輸出し，ZがAを日本で販売してXに損害を発生させた，という事例はどうなるか。XがYに対して特許権侵害を理由に日本で訴えを提起し，某国における日本向けA製造・輸出等の差止及び損害賠償を求めても，最高裁による属地主義の原則の理解によると，①日本の特許権は日本の領域内においてのみ効力を有するにすぎないので，仮にこのような差止を認めると日本の特許権の効力を日本の領域外である某国に及ぼすことになって，日本の採用する属地主義の原則に反し，また，②属地主義の原則を採り，特許権の効力を自国の領域外における積極的誘導行為に及ぼすことを可能とする規定（米国特許法271条(b)項参照）を持たない日本法の下では，特許権の効力が及ばない日本領域外で日本の特許権侵害を積極的に誘導するYの行為を違法とはできない，と言うことになる。つまり，XがYに対して日本向けの輸出等を差し止めようとしようとも，損害賠償を求めようとしようとも，できない，という結論になると考えられる。

　日本の最高裁は，このような事案で日本での民事救済を求める日本企業に，「No」と言うに等しいことになる。そして，XがYとの関係でできることは（もちろんZに対しては差止等を請求できるが），関税法69条の11以下に基づく侵害物品Aの水際取締りという公的執行に頼ることである，と言われる。確かに，某国で特許登録していない以上，属地主義の原則によりXは，Yの某国

国内におけるAの製造・販売等には何も主張することができない。しかし属地主義の原則が本来対象としてきたことは、「某国国内における」製造・販売等であったのでないだろうか。某国国内では、いくら製造されても販売されても、属地主義の原則によりXはYに対して何も主張できないのは確かである。しかし、某国国内に留まらず、某国の国境を越えて他国マーケットにおける企業に損害を与える目的で当該他国が保護する特許発明を使用等する行為も、属地主義の原則の適用範囲内のこととして同原則は「守っている」のだろうか。属地主義の原則の誕生時に遡って、同原則の核心部分を改めて検証すべきように思われる。先の事例では、XのYに対する差止請求も損害賠償請求も、特許権者に越境的に損害を与える目的が客観的に認定できる限りで認容し（某国での日本判決執行が将来的にできるかどうかは別として）、基本的には重要視される日本の知的財産権保護政策の姿勢を示すことができるようにすべく、判例は態度を改めるべきでないだろうか（もちろん、カードリーダー事件と先の事例は「事案を異にする」というのであれば、それは歓迎すべきことである）。これが実現すれば、侵害物品の水際取締りという公的執行から、煙の元を絶つという私的執行に、紛争解決の重心が移ることになる。

（西南学院大学法学部教授）

論　説　民事救済の国際的執行

競争請求に関する外国判決の承認および執行

西　岡　和　晃

I　はじめに
II　我が国における従来の議論
III　諸外国における議論
　1　EU諸国
　2　スイス
　3　米　国
IV　検　討
V　おわりに

I　はじめに

　本稿の目的は，競争制限行為を理由に差止や損害賠償などの民事上の救済を認める外国判決の承認および執行から生じうる問題につき，検討を試みることである。

　競争制限行為とは，カルテルなど，市場における公正かつ自由な競争を制限する行為である。競争制限行為の実質法上の規制は，米国を除き，従来，競争当局による排除命令や，課徴金といった公的執行が主であった。しかし，公的執行を補完するものとして，米国に加え，EUなどでも，競争制限行為に対し，差止や損害賠償などの私法上の救済が認められており，近時，このような救済を求める私人の請求（以下，「競争請求」という）が活発化しつつある[1]。競争請求は，被害者の救済といった私的利益を調整する一方で，間接的に市場秩序の維持に資するものでもある。そのため，競争請求は競争政策を一定程度反映して

おり，競争請求をめぐる法制度には各国間に相違がある。たとえば，被害者への救済として，我が国では認められていない，3倍額賠償を認める法域もある。

このような競争請求に関する外国判決（以下，「外国競争判決」という）が我が国で承認執行を求められる場合には，どのような要件のもと承認執行されるのか。本稿では，競争請求が競争政策を一定程度反映していることが，承認執行段階において特別な考慮を要するかについて検討を試みる。なお，本稿は，行政手続のもと下される排除措置命令や課徴金納付命令，競争制限行為に関する刑事判決を対象としない。

外国競争判決の執行が求められる具体例としては，次のような2つの場合が考えられる。たとえば，①ドイツ法人であるXは，製品AをドイツA，日本，および米国で購入している。Aの価格は，競争当局の調査により，日本法人YとドイツZ法人間の世界的な価格カルテルにより歪曲されていたことが明らかとなった。Xは，歪曲された価格でAを購入していたことを知り，ドイツ，日本および米国で被った損害について，Yに対し，ドイツ裁判所で損害賠償を求める訴えを提起した。ドイツ裁判所は，各市場における損害につき，各市場地法を適用し，救済を認めた。その後，Xは，Yの財産が所在する我が国の裁判所で当該判決の執行を求めた。②スイス法人SもYからAを購入していたことから，スイスおよび日本で同様の損害を被ったと主張し，スイス裁判所でYに対し損害賠償を求める訴えを提起した。スイス裁判所は，当事者らが損害賠償額などの民事的側面について，当事者が選択したスイス法を適用し，損害賠償を認めた。その後，Sは，我が国の裁判所で当該判決の執行を求めた。

本稿では，主にEU諸国およびスイスにおける議論を参考にして，外国競争判決がどのような要件のもと承認執行されうるかにつき，検討を試みる。以下では，まず，我が国における従来の議論を概観する(Ⅱ)。その後，諸外国における議論を考察した上で，若干の検討を行い，最後に結語を述べる。

II 我が国における従来の議論

我が国においては，これまでに外国競争判決の承認執行を扱った裁判例は見当たらない。学説においては，外国競争判決の承認執行の問題は，外国判決の一般的な承認執行ルールのもと論じられており[2]，そこでは競争請求に特有の問題ではないが，3倍額賠償を認める米国判決が承認執行されえないことが指摘されているだけである[3]。そのため，外国競争判決の承認執行について，特別な考慮が必要であるか否かについてさらなる検討の余地があるように思われる。

そこで，以下では，我が国への示唆を得るため，EU 諸国およびスイスにおける議論を考察する。というのも，EU 諸国およびスイスは，競争請求について明文の抵触規則を有することもあり，外国競争判決の承認執行についてもすでに一定の議論の蓄積があるからである。なお，米国法も比較法上重要ではあるが，外国判決の承認執行制度が各州で異なるため，簡潔に言及するにとどめる。また，外国競争判決の承認執行をめぐっては，間接管轄も問題となるが，本稿では扱わない。というのも，通説によれば，間接管轄の判断基準は直接管轄の判断基準と同一であり，直接管轄についてすでに検討しているからである[4]。

III 諸外国における議論

1 EU 諸国

(1) EU 諸国における外国競争判決の承認執行

EU 諸国においては，民事および商事事件に関する EU 域内判決の承認執行は，「2012年12月12日の民事および商事事件に関する裁判管轄および裁判の承認執行に関する欧州議会および理事会規則 No 1215/2012」（以下，「改正ブリュッセル I 規則」という）[5]に規律されている一方で，EU 域外判決は各構成国の国内法に規律されている。本稿では，我が国との比較法的観点から，共同体の存在を前提とする改正ブリュッセル I 規則における議論も扱うが，英国やド

イツなどの各構成国における議論を主に扱う。

(2) 競争法の公序的性質

外国競争判決をめぐっては，主に承認拒絶事由の1つである公序をめぐり議論が展開されている。とりわけ，公序の枠組みのもと，EU 競争法が適用を求める場合に，外国競争判決が EU 競争法を適用しているか，またその適用に誤りがあるかが問題とされる。というのも，競争請求の根拠とされる EU 競争法が公序的性質を有し，各構成国の公序の一部とされているからである[6]。そのため，EU 競争法が適用を求めるにもかかわらず，EU 競争法を適用しない，またはその適用に誤りがある外国競争判決は，EU 競争法と抵触することなどから，承認されるべきでないと主張される[7]。そのような判決が承認される場合の問題として，EU 域外の裁判所を指定する裁判管轄合意または EU 域外の法を準拠法とする法選択合意などにより，公序的性質を有する EU 競争法の適用回避が可能となることが指摘されている[8]。

改正ブリュッセル I 規則のもとにおいても，EU 競争法を適用しない EU 域内の外国競争判決は公序に反するとされる。その一方で，EU 競争法を誤って適用する EU 域内の外国競争判決は，先決裁定手続などの EU 法の統一的適用を保証する制度が認められていること，および改正ブリュッセル I 規則が域内における判決の自由移動の保証および判決の迅速な承認執行を目的としていることから，公序に反しないとされる[9]。

(3) 3倍額ないし懲罰賠償とオプトアウト型手続

EU 競争法の適用をめぐる問題のほか，外国競争判決に特有の問題ではないが，次の2つの問題が指摘されている[10]。第1に，3倍額ないし懲罰賠償を認める外国競争判決が承認されうるかである。第2に，オプトアウト型手続に基づく外国競争判決が承認されうるかである。オプトアウト型手続とは，米国法に特徴的な手続であり，潜在的な原告は，自らオプトアウトしない限り，手続に参加しなくとも，判決に拘束される。そのため，すべての原告が特別な権限の

もと適切に手続に参加する大陸法の伝統的な考え方からは，オプトアウトせず，手続にも参加しない，いわゆる不在の原告ないしクラスメンバー（absent plaintiff or class member）に対する手続保障が問題となる。オプトアウト型手続は，米国の競争請求において利用されているため，不在の原告に対する手続保障の問題が外国競争判決についても生じうる。

　まず，3倍額ないし懲罰賠償を認める外国競争判決が承認されうるかについてである。多くの構成国は懲罰賠償を認めていないが，イングランドのように懲罰賠償を認める法域もある[11]。懲罰賠償を認める構成国においては，そのような賠償を認める外国競争判決が一般に承認執行されうるとされる[12]。もっとも，懲罰賠償が認められうるイングランドにおいては，1980年通商利益保護法（The Protection of Trading Interests Act）[13]が，3倍額賠償のような多重的損害賠償を認める判決の執行を禁止している。そのため，多重的損害賠償を認める外国競争判決はイングランドにおいても執行されえないとされる[14]。

　懲罰賠償をそもそも認めない構成国においては，懲罰賠償の非填補部分は公序に反するとして承認執行されないとされる[15]。また，「契約外債務の準拠法に関する2007年7月11日の欧州議会および理事会規則（EC）864/2007号」（以下，「ローマⅡ規則」という）[16]の前文32も，改正ブリュッセルⅠ規則45条1項のもと，懲罰賠償が構成国の公序に反しうることを示している[17]。しかし，懲罰賠償が認められない構成国においても，制裁的ないし非填補的な賠償が認められうることを根拠に，懲罰賠償判決を承認執行する余地も指摘されており[18]，実際にスペインでは懲罰賠償判決が承認執行されている[19]。

　次に，オプトアウト型手続に基づく外国競争判決が承認されうるかについてである。EU域内では，英国が2015年10月1日より，競争請求[20]についてオプトアウト型手続を施行している。オプトアウト型手続をめぐっては，オプトアウトもせず，手続にも参加していない，いわゆる不在の原告に対し適切な手続が保障されていたかが問題となる。この問題は，とりわけ，次のように外国競争

判決が抗弁として主張される場合に生じる。たとえば、ある国において、競争請求に関するクラスアクションが開始されたが、原告クラス自体は敗訴した。その後、ドイツに所在する潜在的な原告クラスメンバー、すなわち、不在の原告がドイツで個人的に訴えを提起したため、被告が当該判決を抗弁として主張する場合である。EU諸国においては、不在の原告に対する手続保障の観点から、とりわけ、欧州人権条約6条の公平な裁判を受ける権利が問題となる。この点については、不在の原告に対しオプトアウトする権利が適切に通知されていないなど、適切な手続が保障されていない限りでは、不在の原告は当該判決に拘束されるべきでない、当該判決は承認されるべきでないと一般に主張されている[21]。もっとも、Danovは、イングランドにおいては、欧州人権条約の締約国の手続が同条約6条に適合すると推定されることから、EU域内で下されたそのような判決もイングランドにおいて承認されうるとする[22]。また、Danovは、米国クラスアクション判決についても、適切な通知がなされる限りではイングランドにおいて承認すべきであるとする[23]。

2 スイス

(1) スイスにおける外国判決の承認執行

スイスにおいては、「1987年のスイス国際私法典」(以下、「IPRG」という)[24]および「民事および商事事件における裁判管轄および判決の執行に関する条約」(以下、「ルガーノ条約」という)[25]が外国判決の承認執行について定めている。もっとも、本稿では、我が国との比較法的観点から、IPRGにおける議論に焦点を当て、共同体の存在を前提とするルガーノ条約における議論は扱わない。IPRGは、25条以下に外国判決の承認執行を定めており、それらによれば、判決国が間接管轄を有すること、外国裁判が終局的であること、および27条の承認拒絶事由が存在しないことの25条の3要件が満たされる限りで、外国判決は原則承認される。外国競争判決の承認執行に関する議論もこれを前提としてい

る。

(2) 競争法の公序的性質

外国競争判決をめぐっては，EUと同様に，自国競争法の適用有無を中心に議論が展開されている。すなわち，スイス競争法が適用を求める場合に，スイス競争法を適用しない，または誤って適用する外国競争判決が承認執行されうるか否かである。

スイス競争法の適用をめぐる問題について，いくつかの見解が示されているが，いずれの見解もスイス市場における競争制限効果に対し，スイス法以外の法を適用する外国競争判決は承認されないとする。[27] まず，Schnyderは，競争制限行為の準拠法が双方化されているものの，スイス法の適用が留保されていること（IPRG137条2項）を根拠に，承認執行段階においても，スイス法の適用を留保することを主張する。[28] すなわち，Schnyderは，外国法が準拠法とされる場合に，スイス法が留保されているのであれば，スイス法が適用を求める場合には，当然にスイス法が適用されるべきであるとする。そこで，Schnyderは，スイス法の適用を確保するため，経済法の特別連結されうる特殊性を重視し，公序の枠組みではなく，新たなに黙示の承認要件を設けた上で，スイス競争法が適切に適用されたか否かの検討を主張する。[29] 結果として，スイス法の適用が常に留保されることとなり，承認国の経済抵触法および実体法の直接適用と同様の結果が導かれることとなる。[30]

それに対して，Schwanderは，効果原則が国際的に承認されていることを根拠に，外国競争判決が効果地法を適用していない場合には，各国の国際的利益が考慮されていないため，そのような判決の承認執行は，公序を根拠に拒絶されるべきであると主張する。[31] すなわち，Schwanderは，効果地法が常に準拠法であることを求めており，スイスが効果地である場合には，スイス法が適用されなければならないこととなる。[32] もっとも，Schwanderは，スイス法が誤って適用されたか否かの問題には言及していない。

(3) ３倍額ないし懲罰賠償とオプトアウト型手続

　スイス競争法の適用をめぐる問題のほか，競争請求に特有の問題ではないが，EUと同様に，次の２つの問題が指摘されている。すなわち，３倍額ないし懲罰賠償を認める外国競争判決が承認されうるか，およびオプトアウト型手続に基づく外国競争判決が承認されうるかである。

　第１に，３倍額ないし懲罰賠償を認める外国競争判決が承認されうるかについてである。まず，懲罰賠償を認める外国判決が民事判決としてIRPGのもと承認されうるかが問題となる。この問題については，先例によれば，懲罰賠償は制裁的機能を有するが，私法上の請求に基づいて認められることから，懲罰賠償を認める外国判決もIRPGのもと承認される[33]。次に，懲罰賠償を認める外国判決の承認が27条の公序に反するかが問題となる。先例によれば，スイスの賠償制度が当事者による違約罰などの制裁的要素を含んでいるほか，侵害不当利得の返還を認めることにより実損額を超える賠償を認めていることから，懲罰賠償は常にスイスの公序に反するものではない[34]。そのため，問題となる懲罰賠償が被害者の救済ないし不当利得の返還を目的とし，その額が過度に高くない限りは，懲罰賠償を認める外国判決も承認されうる。もっとも，学説においては，懲罰賠償が米国反トラスト法上認められる３倍額賠償のように，賠償額が過度に高く，その性質が填補賠償とは著しく異なる場合には，懲罰賠償部分は公序に反するとして承認拒絶されうるとも主張されている[35]。

　第２に，オプトアウト型手続に基づく外国競争判決が承認されうるかについてである。オプトアウト型手続をめぐっては，EU諸国と同様に，不在の原告に対し適切な手続が保障されたか否かが問題となる。この問題は，次のような場合に生じうる。たとえば，スイスに所在する不在の原告が，米国でのクラスアクションにかかわらず，スイスで個人的に訴えを提起し，これに対して，被告が米国判決を抗弁として主張するような場合である[36]。通説によれば，スイスに所在する不在の原告に対しては，手続自体，オプトアウトについて適切な通

知がなされていないなど,スイス法の観点から十分な手続保障が認められない場合には,当該判決は承認されえない。他方で,クラスメンバーが適切な送達・通知を受け,自らオプトアウトしていない場合には,単にクラスアクションに基づく判決であることを理由に,当該判決の承認は拒絶されないとされる。[37]

3 米 国

米国における外国判決の承認執行は[38],連邦法ではなく,州法により規律されているため,その対応は州により異なる。本稿では,各州法による規律の詳細には立ち入らず,米国全体における現況への簡潔な言及にとどめる。各州法は,1962年外国の金銭判決に関する統一承認法 (Uniform Foreign Country-Money Judgments Recognition Act),2005年外国の金銭判決に関する統一承認法 (Uniform Foreign-Country Money Judgments Recognition Act) または渉外関係法第3リステイトメントに基づいている。これらによれば,細かな解釈上の相違はあるものの,外国判決の承認執行は礼譲の概念のもと原則として認められる。もっとも,その例外として,外国判決を承認してはならない場合,および承認する必要がなく,裁判官の裁量に委ねられている場合が各ルールに定められている。

外国競争判決がモデル法のいずれか,または第3リステイトメントのもと承認執行されうるかが問題となるが,この問題に明示的に言及した裁判例は,著者が調査した限りでは,見当たらなかった。学説においては見解が分かれている。これに否定的な見解は,競争法(反トラスト法)は公法上の問題であることから,外国競争判決は判決国外で執行されえないと主張している。[39]それに対して,肯定的な見解は,モデル法が,公法的問題とされる租税,罰金などの刑罰および家族事件に関する判決を明示的に適用範囲から排除する一方で,外国競争判決を明示的に排除していないことを理由に,裁判所が外国競争判決を承認執行することは妨げられないと主張している。[40]

Ⅳ 検　　討

　まず，我が国における従来の議論を概観した上で，EU 諸国，スイスおよび米国における議論を考察した。これら諸外国における議論を踏まえた上で，外国競争判決の承認執行につき，特別な考慮を要するかについて検討を試みる。外国競争判決の承認執行をめぐっては，前述の通り，(1)競争法の公序的性質，(2) 3 倍額ないし懲罰賠償とオプトアウト型手続が主に問題となる。

(1) 競争法の公序的性質

　第 1 に，承認国競争法が適用を求める場合に，承認国競争法を適用しない，または適用に誤りがある外国競争判決が承認されうるかについてである。前述の通り，競争請求は，被害者の救済といった私的利益の調整を目的としつつも，被害者の救済を介して間接的に市場秩序の維持に資するものでもある。そのため，外国競争判決の承認執行につき，EU 諸国およびスイスで主張されるように，競争法の公序的性質をどのように扱うべきかが問題となる。EU 諸国およびスイスの議論において，多くの学説は，承認国競争法が適用を求めるにもかかわらず，外国競争判決が承認国競争法を適用しない，またはその適用を誤る場合には，その承認執行は拒絶されるべきであると主張している。[41]

　我が国を含め多くの国は，自国の市場秩序を維持するため，競争政策に沿った独自の競争法を定め，一定の行為を規制している。各国法が禁止する行為類型は一定程度共通しているが，問題となる行為が禁止されるか否かの具体的な判断基準は必ずしも同一ではない。そのため，我が国の市場で問題となる行為に対し，我が国の競争法が適用を求めるにもかかわらず，外国法が適用される場合には，ある行為が禁止されるか否かについて複数の判断基準が存在することとなる。その結果として，ある行為について，判断基準の相違から，我が国の市場において規制される場面と許容される場面が生じることとなり，我が国の競争法が指向する市場秩序は損なわれうる。同様の結果は，我が国の競争法

の適用に誤りがある場合においても生じるであろう。このように，我が国の市場秩序が損なわれる場合には，EU 諸国およびスイスと同様に，外国競争判決の承認執行を公序に反するとして拒絶するべきであろう。[42]

また，EU 諸国およびスイスのように，原則として問題となる市場地の法を適用するが，損害賠償額などの民事的側面について当事者による直接的または間接的な法選択の可能性を認める法域もある。[43] そのため，冒頭の２つ目の例のように，民事的側面について当事者が選択した法を適用する外国競争判決が承認されうるかも問題となりうる。もっとも，この場合においても，我が国の市場で問題となる行為が禁止されるか否かは，我が国の競争法に規律されることとなり，我が国の市場秩序は維持されるであろう。そのため，我が国の市場秩序が損なわれない限りでは，民事的側面について当事者が選択した法を適用する外国競争判決も承認すべきであろう。また，競争請求が実務上和解で解決されうることを踏まえれば，このような外国競争判決の承認は公序に反するとして拒絶されるべきではないであろう。この見解によれば，冒頭の２つ目の例におけるスイス判決も我が国で承認されうることとなる。

このように我が国の競争法の適用をめぐる問題は公序の枠組みにおいて十分に対応されるものであり，公序の枠組みで対応すべきである。また，外国判決の承認執行について準拠法に関する要件が国際的に退潮傾向にあること，および承認執行段階では内国の法秩序が問題となることも踏まえれば，承認国競争法の適用問題につき，競争法が特別連結されうることを根拠とする黙示の要件[44]や，効果原則が国際的に認められていることを根拠とする効果地法の要件[45]を定める必要はないであろう。

(2) ３倍額ないし懲罰賠償とオプトアウト型手続

第１に，３倍額ないし懲罰賠償を認める外国競争判決が承認されうるかについてである。ドイツは懲罰賠償判決が民事判決として承認されうることを認めた上で，公序のもと非填補部分の承認を拒絶する。それに対して，スイスは，

懲罰賠償判決を民事判決とみなした上で，懲罰賠償判決の承認を一定程度認めている。我が国においては，そもそも懲罰賠償判決が民事判決として承認されるか，非民事判決として承認されえないかにつき争いがあるものの[46]，平成9年最高裁判決が懲罰賠償判決を民事判決とみなしているとの説をとれば[47]，次に懲罰賠償判決の承認が公序を理由として拒絶されうるかが問題となる。この点について，判例によれば，懲罰賠償判決の承認は公序に反しうるものである。しかし，懲罰賠償が填補的要素を含んでいること，我が国の法制度において制裁的機能が完全に排除されていないこと[48]，および懲罰賠償が必ずしも不当なものといえないこと[49]を考慮すれば，懲罰賠償判決を常に承認拒絶する必要はないように思われる。むしろ，懲罰賠償判決を原則的に承認し，個別事案の内国関連性や懲罰賠償が差別的に認められたか否かなどを基準として，例外的な場合にのみ懲罰賠償判決を承認拒絶すべきであろう[50]。

第2に，オプトアウト型手続に基づく外国競争判決が承認されうるかの問題である。具体的には，不在の原告に対する手続保障が問題となる。ドイツなどオプトアウト型手続を認めていないEU諸国およびスイスでは，適切な手続が保障されていない限りでは，審理を受ける権利が侵害されることを根拠に，そのような手続を経て下された外国判決は承認されないとされる[51]。我が国においても，不在の原告に対し適切な手続が保障されていない限りでは，そのような手続のもと下された外国競争判決は承認されるべきでないであろう[52]。

V　おわりに

本稿では，主にEU諸国およびスイスにおける議論を考察し，外国競争判決の承認執行をめぐる問題について，民事訴訟法118条3項の公序要件を中心に検討した。この点について，私見としては，競争請求の特殊性を特別に考慮する必要はないと考える。というのも，競争請求が競争政策を一定程度反映しているとはいえ，一次的には被害者の救済といった私的利益を調整するものであ

り，また外国競争判決が既存の承認執行ルール，とりわけ，公序の枠組みにおいて十分に対応されうるからである。渉外的な競争請求をめぐる問題は，これまで我が国で生じておらず，ほとんど議論がなされていない。しかし，競争請求が諸外国で活発化しており，我が国の多くの企業が国際的に活動していることを踏まえれば，競争請求をめぐる問題についてより深く検討する必要があろう。

1) EU では，近時，Cartel Damages Claims (CDC) により競争請求が提起されており，注目を集めている。CDC については，at http://www.carteldamageclaims.com/ を参照。
2) 奥田安弘『国際取引法の理論』(有斐閣，1992年) 195頁。
3) 同上，195頁。同旨のものとして，石黒一憲『現代国際私法 (上)』(東京大学出版会，1986年) 506頁。
4) 競争請求事件における直接管轄について，金美善「EU における国際カルテルに対する救済訴訟の国際裁判管轄」国際商取引学会年報第16号 (2014年) 79頁，西岡和晃「競争法事件における国際裁判管轄原因としての不法行為地」同志社法学第371号 (2014年) 49頁などを参照。
5) Regulation (EU) No 1215/2012 of the European Parliament and of the Council of 12 December 2012 on jurisdiction and the recognition of judgments in civil and commercial matters (recast), Official Journal of the European Union L351/1. なお，本規則は，従来の議論の対象であった2001年規則を改正したものであるが，本稿で主に扱う公序に関する規定はほぼ変更されていないため，改正前後における議論を共に改正ブリュッセル I 規則における議論として扱う。
6) Mihail Danov, *Jurisdiction and Judgments in Relation to EU Competition Law Claims* (Hart Publishing, 2011), pp. 188-192; Reinhold Geimer, *Internationales Zivilprozessrecht*, (Otto Schmidt, 7. neu bearbeitete Aufl., 2015), pp. 1136-1137, 1141-1142. Danov は，EU 競争法が公序的性質を有する理由として，次の4点を挙げる。第1に，EU および構成国の経済政策が「開かれた市場経済および自由競争の原則のもと実施されるべきものとする」TFEU119条に言及すること，第2に，競争請求に関する利益が公的執行にかかる執行規則に反映されていること，第3に，TFEU101条2項が同条1項に反する協定などを自動的に無効としていること，第4に，仲裁判断の取消に関する事例ではあるが，Eco Swiss 判決 (Case C-126/97 Eco Swiss China Time Ltd v Benetton International NV [1999] I-3055) が EU 競争法の公序的性質を肯定していること，である。
7) Danov, *supra* note 6, pp. 214-217.
8) Danov, *supra* note 6, p. 215; Jürgen Basedow, "Jurisdiction and choice of law in the

private enforcement of European competition law", in: Jürgen Basedow (ed.), *Private Enforcement of EC Competition Law* (Kluwer Law International, 2007), p. 236.
9) 改正ブリュッセルI規則のもとでのEU競争法の適用をめぐる議論の詳細については，Danov, *supra* note 6, pp. 182-212; Paul Beaumont, "Abolition of Exequatur under the Brussels I Regulation as it Affects EU Competition law", in: Mihail Danov, Florian Becker and Paul Beaumont (eds.), *Cross-Border EU Competition Law Actions* (Hart Publishing, 2013), pp. 371-381などを参照。とりわけ，EU競争法の誤適用については，Case C-39/98 Renault v Maxicar [2000] ECR I-2973; Dicey, Morris and Collins, *The Conflict of Laws* (Sweet and Maxwell, 15th ed., 2012), pp. 770-771を参照。
10) 本稿では扱わないが，民事上の損害賠償と行政罰との関係や集団的救済手続から生じる和解の承認執行，競争当局の違反認定の承認などについても議論がある。これらの問題については，Beaumont, *supra* note 9, p. 382; Catherine Kessedjian, "Recognition and Enforcement of Foreign Judgments", in Jürgen Basedow, Stéphanie Francq and Laurence Idot (eds.), *International Antitrust Litigation : Conflict of Laws and Coordination* (Hart Publishing, 2012), pp. 254-256; Stefania Beriatti, "The Recognition and Enforcement in the EU of Foreign Judgments in Antitrust Matters: The Case of US and Dutch Judgments and Settlements Rendered upon Class Actions", in: Danov, Becker and Beaumont (eds.), *supra* note 9, pp. 385-397などを参照。
11) EU構成国を含む諸外国における懲罰賠償制度については，Helmut Koziol and Vanessa Wilcox (eds.), *Punitive Damages : Common Law and Civil Law Perspectives* (Springer, 2009) を参照。
12) Danov, *supra* note 6, p. 210.; Marta Requejo Isidro, "Punitive Damages From a Private International Law Perspective", in: Koziol and Vanessa (eds.), *supra* note 11, p. 250.
13) Art. 5 (3) of the Protection of Trading Interests Act.
14) もっとも，EUや英国の競争当局である公正取引庁は，2倍額などの多重的損害賠償を肯定的に捉えていた。See, Office of Fair Trading, Response to the European Commission's Green Paper, Damages actions for breach of the EC antitrust rules (2006) OFT 844.
15) Beaumont, *supra* note 9, pp. 382-383; Danov, *supra* note 6, p. 210; Kessedjian, *supra* note 10, pp. 252-254. たとえば，ドイツにおいては，判例によれば，懲罰賠償判決は承認執行されえない。BGHZ 118, 4 June 1992, NJW 92, 3096. Hanns Prütting und Markus Gehrlein (Hrsg.), *ZPO Kommentar* (2014), Art. 328 para. 27 [Völzmann-Stickelbrock]. Danovは，懲罰賠償判決が承認執行されえないことを指摘しているが，それにより，中小企業ないし消費者に認められる救済および保護が各構成国で異なりうるため，懲罰賠償の問題はEU法レベルで対処されるべきであるとする。
16) Regulation (EC) No 864/2007 of the European Parliament and of the Council of 11 July 2007 on the law applicable to non-contractual obligations (RomeII), Official Journal 31.7. 2007. L 199/40.

17) Danov, *supra* note 6, p. 210; Peter Hay, "The Development of the Public Policy Barrier to Judgment Recognition within the European Community", *European Legal Forum* (2007), pp. 293-294.
18) Isidro, *supra* note 12, pp. 245-247.
19) スペイン最高裁の判決 (Supreme Court (ATS), 13 November 2001) については, Scott R. Jablonski, "Translation and Comment: Enforcing U.S. Punitive Damages Awards in Foreign Courts-A Recent Case in the Supreme Court of Spain", *Journal of Law and Commerce*, Vol. 24 (2005), pp. 225-243を参照。
20) The Consumer Rights Act 2015 (sch. 8).
21) Beaumont, *supra* note 9, p. 382; Kessedjian, *supra* note 10, pp. 255-256. ドイツにおいては, 各クラスメンバーが手続に積極的に参加していない限りで, クラスアクション判決は承認されないとされる。LG Stuttgart IPRax 01,240, 241; *ZPO Kommentar*, *supra* note 15, Art. 328 para. 31 [Völzmann-Stickelbrock].
22) Danov, *supra* note 6, pp. 207-210. また, Danov は EU レベルにおいても同様のアプローチを採るべきであるとも主張している。
23) Danov, *supra* note 6, pp. 219-221.
24) Bundesgesetz vom. 18 Dezember 1987 über das Internationale Privatrecht (SR 291).
25) Convention on jurisdiction and the enforcement of judgments in civil and commercial matters (Lugano Convention), OJ L 339/3 [21.12.2007].
26) Anton K. Schnyder, *Wirtschaftskollisionsrecht* (1990), pp. 87-94; Axel Delvoigt, *Wettbewerbsbehinderungen im schweizerischen IPR-Gesetz* (1993), pp. 143-154; H. Honsell/N. P. Vogt/A. K. Schnyder/S. Berti (Hrsg.), *Basler Kommentar Internationales Privatrecht*, (Helbing Lichtenhahn, 3. Aufl., 2013) (zitiert: Basler Kommentar), Art. 137 para. 33 [Dasser/Brei]; Ivo Schwander, "Ansprüche aus Wettbewerbsbehinderung im neuen IPR-Gesetz", in R. Zäch (Hrsg.), *Kartellrecht auf neuer Grundlage*, (1989), pp. 393-395; Patrik Ducrey, *Die Kartellrechte der Schweiz und der EWG im grenzüberschreitenden Verkehr*, (1991), pp. 213-228.
27) Delvoigt, *supra* note 26, pp. 146-152; Ducrey, *supra* note 26, p. 224; Schnyder, *supra* note 26, p. 90; Schwander, *supra* note 26, pp. 394-395.
28) Schnyder, *supra* note 26, pp. 90-91.
29) Schnyder, *supra* note 26, pp. 91-93. Schnyder は, 1968年のブリュッセル条約27条4号が実質的再審査の禁止の例外を認めていることに言及し, 外国競争判決について, 準拠法と承認国との「距離 (Distanz)」が十分でない場合には, 実質的再審査の禁止を相対化することを意図している。もっとも, ブリュッセル条約におけるそのような条項は, 現在の改正ブリュッセル I 規則に存在しない。
30) この見解に対しては, 市場秩序および市場参加者は, 公序により十分に保護されうるため, 公序の枠組みで対応すべきであり, 黙示の承認要件を新たに定める理由はないとの批判がある。Delvoigt, *supra* note 26, pp. 151-152.

31) Schwander, *supra* note 26, pp. 394-395. 同旨のものとして，Basler Kommentar, *supra* note 26, Art. 137 para. 33 [Dasser/Brei].
32) Schwanderの主張に対しては，公序審査にあたり考慮されるものは外国判決の承認結果であり，効果地法の適用を常に求めることはスイス国際私法およびルガーノ条約の原則に反するとの批判がなされている。Ducrey, *supra* note 26, p. 226.
33) Zivilgericht Basel, BJM 1991, pp. 31-33.
34) *Ibid.*, pp. 34-38.
35) Basler Kommentar, *supra* note 26, Art. 137 para. 33 [Dasser/Brei];D. Girsberger/A. Heini/M. Keller/J. Kren Kostkiewicz/K. Siehr/F. Vischer/P. Volken (Hrsg.), *Zürcher Kommentar zum IPRG - Kommentar zum Bundesgesetz über das Internationale Privatrecht (IPRG) vom 18. Dezember 1987*, (Schulthess, 2., ergänzete und verbesserte Aufl., 2004) (zitiert: Zürcher Kommentar), Art. 137 paras. 38-39 [Vischer]; Bernarnd Dutoit, *Droit internationale privé suisse, Commentaire de la loi fédérale du 18 décembre 1987*, (Helbing Lichtenhahn, 4. Aufl., 2005), Art. 137 para. 11. 外国判決が懲罰賠償を理由に公序に反するとされる場合であっても，填補賠償に相当する損害賠償部分，たとえば，3倍額賠償の3分の1部分は承認執行されうると主張する説もある。Basler Kommentar, *supra* note 26, Art. 137 para. 33 [Dasser/Brei].
36) Christian Kölz, "The Preclusive Effect of U.S. Class Action Judgments in Switzerland: Does a Judgment in an Opt-out Class Action before a U.S. Court Preclude Absent Plaintiff Class Members from (Re) Litigation their Individual Claims in Switzerland?", *Schweizerische Zeitschrift für internationales und europäisches Recht*, Heft 1 (2012), pp. 62-66; Leandro Perucchi, *Anerkennung und Vollstreckung von US class action-Urteilen und -Vergleichen in der Schweiz*, (2008), pp. 82-91 and 106-117.
37) Kölz, *supra* note 36, p. 66; Daniele Favalli and Joseph M. Matthews, "Recognition and Enforcement of U.S. class action judgments and settlements in Switzerland", *Schweizerische Zeitschrift für internationals und europäisches Recht*, Heft 4 (2007), p. 625.
38) 米国における外国判決の承認執行に関する邦語文献として，樋口範雄『アメリカ渉外裁判法』（弘文堂，2015年），ウィリアム・M・リッチマン＝ウィリアム・L・レイノルズ（松岡博ほか訳）『アメリカ抵触法（下巻）――法選択・外国判決編――』（レクシスネクシス・ジャパン，2011年）などを参照。
39) William S. Dodge, "Breaking the Public Law Taboo", *Harvard International Law Journal*, Vol. 43, No. 1 (2002), p. 161.
40) Yuliya Zeynalova, "The Law on Recognition and Enforcement of Foreign Judgments: Is It Broken and How Do We Fix It?", *Berkeley Journal of International Law*, Vol. 31, Issue 1 (2013), p. 200.
41) Basedow, *supra* note 8, p. 236; Danov, *supra* note 6, p. 215; Delvoigt, *supra* note 26, pp. 151-152; Ducrey, *supra* note 26, p. 224; Schnyder, *supra* note 26, p. 90; Schwander, *supra* note 26, pp. 394-395. もっとも，Schwanderは，誤適用の場合には言及していな

い。
42) 知的財産関係訴訟の文脈において，関係国の絶対的強行法規の不適用が公序違反になりうることを指摘するものとして，河野俊行＝多田望＝申美穂「外国判決の承認及び執行——知的財産権及び不正競争に関する外国裁判の承認及び執行——」河野俊行編『知的財産権と渉外民事訴訟』（弘文堂，2010年）352頁。
43) この点については，西岡和晃「競争制限行為の準拠法——EU およびスイスにおける議論からの示唆——」国際私法年報第17号（2016年）160頁以下参照。
44) Schnyder, *supra* note 26, pp. 91-93.
45) Schwander, *supra* note 26, pp. 394-395. 同旨のものとして，Basler Kommentar, *supra* note 26, Art. 137 para. 33 [Dasser/Brei].
46) 懲罰賠償判決をめぐる学説の議論については，櫻田嘉章「判批」ジュリスト1135号（1998年）291頁，中野俊一郎「懲罰的損害賠償を命じる外国判決の承認・執行——萬世工業事件最高裁判決をめぐって——」NBL627号（1997年）19-28頁，早川眞一郎「懲罰的損害賠償を命じる外国判決の承認・執行」国際私法の争点〔新版〕ジュリスト増刊（有斐閣，1996年）241頁などを参照。
47) 最判平成9年7月11日民集51巻6号2573頁。
48) たとえば，制裁目的の賠償を認めた事例として，京都地判平成元年2月27日判時1322号125頁。また，荒木尚志『労働法』（有斐閣，第2版，2013年）66頁によれば，労働基準法114条の付加金制度は，米国の2倍賠償制度の影響を受けたものである。さらに，我が国が近時締結した環太平洋パートナーシップ（Trans-Pacific Partnership: TPP）協定の知的財産権に関する第18章18.74条は，懲罰賠償を含む追加的損害賠償を認めている。
49) Toshiyuki Kono, Die Anerkennung von US-amerikanischen Urteilen über punitive damages in Japan, in: Heldrich/Kono（Hrsg.）, *Herausforderungen des Internationalen Zivilverfahrensrechts*, (1994), pp. 46-48. 河野教授は，製造物責任を例として，公序の枠組みにおいては，懲罰賠償判決の原則承認を主張される。市場秩序を侵害する競争制限行為により利益を上げる競争法違反者が製造物責任を問われる者と同様の立場にあることを踏まえると，競争請求についても同様の議論が当てはまるであろう。
50) *Ibid.*
51) Beaumont, *supra* note 9, p. 382; Danov, *supra* note 6, pp. 219-221; Kessedjian, *supra* note 10, p. 256; LG Stuttgart IPRax 01, 240, 241; *ZPO Kommentar*, *supra* note 15, Art. 328 para. 31 [Völzmann-Stickelbrock];Kölz, *supra* note 36, pp. 62-66; Perucchi, *supra* note 36, pp. 82-91.
52) 手続自体を問題とするのではなく，その手続において法的審問権および処分権主義が実質的に実現されたか否かを手続的公序の枠組みにおいて個別的に判断するものとして，安達栄司「米国クラス・アクション判決（和解）の承認・執行と公序」成城法学69号（2002年）266頁など。

（同志社大学大学院法学研究科博士後期課程）

論　説　民事救済の国際的執行

外国競争法違反に基づく内国消費者訴訟
――民事訴訟における外国競争法の適用――

宗　田　貴　行

Ⅰ　問題の所在
Ⅱ　検討の必要性
Ⅲ　外国公法適用に関する議論
　1　日本における議論
　2　EUにおける議論
Ⅳ　検　　討
　1　競争法の禁止規定の選択ルール構築の必要性・根拠
　2　外国競争法の禁止規定の適用の要件
　3　従来の見解の検討

Ⅰ　問題の所在

　競争秩序違反による私人の利益の侵害からの救済は，現代における高度に発達した資本主義経済において公的執行が行われる競争法が制定される以前から，近代市民法における公序良俗違反等によって行われてきた。競争法の公的執行は，基本的に，そのような私人の利益の侵害からの救済を予定していないため[1]，競争法制定後においても，競争法違反による係る侵害からの民事法上の救済は，重要な意味をもつものであり，また，経済のグローバル化が進行し，内国競争秩序違反だけではなく，外国ないし国際的競争秩序違反による私人の利益の侵害が，従来よりも発生しやすくなっている今日においては，係る救済は，より一層重要な問題となっているといえる。このため，例えば，外国競争法違反行

為によって被害を受けた消費者や事業者が，自国裁判所において，損害賠償請求訴訟等を提起する場合について検討する必要があると考えられる。この検討の必要性は，近年，競争法の公的執行の負担軽減の要請から，その民事的救済の促進が世界的潮流となっていることからも，増加しているといえる。これについては，国際裁判管轄[2]，外国競争法の禁止規定の適用の可否[3]，民事法規の準拠法の選択[4]，外国判決の執行・承認等[5]を検討する必要があるが[6]，本稿は，これらのうち，紙幅の関係上，外国競争法の禁止規定の適用の可否について，ヨーロッパでの議論の展開を参考にして，若干の検討を加えさせて頂くことにしたい。

II　検討の必要性

この検討の必要性は，上述の他に以下の点にある。

通則法は，競争制限行為に係る民事規定の準拠法選択ルールを定めた規定を有していない。通則法制定に係る審議会で指摘された競争制限行為に係る特則の導入先送りの具体的な理由に，①競争制限に関する法律は，公法的性質を有するものであり，我が国の裁判所において，その種の外国法の適用が想定されず，国際私法中に外国法の適用を前提とする規定を設けることは問題であり，②諸外国においても，そのような立法例はないことが挙げられた[7]。これらの理由は，今日においてはたして妥当と評価できるであろうか。例えば，後述するヨーロッパにおける立法や学説の議論の展開をみると，これについては疑問が生じる。これが，検討の必要性の第1の点である。

さらに，上述の問題の前提として，競争法の禁止規定の選択ルールについても，明らかにする必要があるが，通則法は，これについても規定を有さず，沈黙している。通則法制定の際に，法廷地の強行的法規の適用についてのみ規定を設けると，「第三国の絶対的強行法規は適用されない」[8]との反対解釈がなされかねないことを主な理由として，係る規定の明文化は見送られたからである[9]。

このため，本報告のテーマである外国競争法の適用は，通則法上，はじめから否定されておらず，解釈に委ねられているといえる。この点が，検討の必要性の第2の点として挙げられる。

次に，各国の主権への配慮に基づき要請されてきた民事訴訟における外国公法不適用の原則による以下のような弊害が挙げられる。すなわち，①外国公法不適用によって各国裁判の間の不一致を招来することである。また，②一方当事者が渉外性を意図的に作出することによって法廷地を作為的に選択することに基づき各国の立法政策を潜脱する恐れがあることである[10]。外国公法不適用の原則には，これらの問題がある。このため，今日においては，この原則を排除することが妥当と考えられるのであり，多数説といえる[11]。そこで，何を基準に外国競争法の禁止規定の適用不適用を判断すべきであろうか，ということが問題となる。これが，検討の必要性の第3の点である。

すでに，競争法の分野においては，所謂「域外適用」理論[12]が構築されている。しかし，それには，以下の限界がある。すなわち，「域外適用」理論は，規制当局が，当該違反行為について規制を行う場合のためのものであり，被害者が，民事訴訟を提起する場合のためのものではない[13]。また，「域外適用」理論は，内国の競争法を外国での行為について適用の可否を検討するためのものであり，外国での行為について，当該外国の競争法が適用される場面について検討するものではない[14]。もちろん，後述するように，内国Aの民事訴訟において，ある外国Bの競争法を他の外国Cでの行為に適用することを検討する際には，域外適用理論において発達してきた効果原則は応用されうるものではある。このように，外国競争法違反の行為に基づく民事訴訟における外国競争法の適用の可否の問題の解決のためには，従来の「域外適用」理論は，全くの無益というものではないが，自ずと限界があるといえる。これが，検討の必要性の第4の点である。

III 外国公法適用に関する議論

1 日本における議論

　第1説は，契約準拠法説である。この説は，外国の国際的強行規定は，法廷地国の他には，当該外国が，法選択または客観的連結によって契約準拠法国である場合にのみ，適用されねばならず，契約準拠法国ではない外国の国際強行規定の適用は許されないとする見解である。この見解は，主権への配慮から，このように限定して外国公法を適用すると解するが，外国公法の事実的影響を債務不履行の帰責事由や，民法上の公序（民法90条）や不法行為等の私法上の違法性の評価において「考慮」することを肯定している[15]。そのように，「考慮」することは，競争法の事例にはなく，イラン製絨毯のアメリカでの輸入禁止が問題とされた第三国の輸入管理法に関する下級審判決[16]にみられるとされている。

　第2説は，外国公法の内国裁判所での適用を一定の要件（①外国公法の適用意図，②契約関係と外国との空間的関連性，③外国公法の目的・内容の受容可能性）の下で認める見解である[17]。これは，外国公法を契約準拠法とは別個独立に連結させる特別連結である。この見解は，近時においては，以下のように整理されている。すなわち，a) 当事者の予見可能性を確保し，かつ，外国国家の要求する過度な適用意図を抑制するために，当該外国と事案との間に密接な関連性があること，b) 外国国家の追求する利益を内国裁判所が実現するために，当該利益が内国法秩序においても受容可能であることを要件としている[18]。この第2説は，競争制限に関する法について，当該市場の存在する国の法を双方的に適用しようとするスイス国際私法137条1項[19]の規定を例にとり，各国の競争制限に関する法規は，一様に市場保護を目的としており，「競争制限」という事項の存在を策定できると考えられるため，外国競争法の禁止規定の適用は可能であるとされる[20]。この他に，横溝大教授の見解[21]，道垣内正人教授の見解[22]があるが，本稿は紙幅の関係上，言及することができない。

我が国では，独禁法に関する事例には，外国企業の優越的地位の濫用による契約解除の無効が日本国内企業から主張された事例において，当該契約の準拠法は，当事者間の合意に基づき外国法であるが，法廷地国の独禁法は強行法規であるから，準拠法の合意にかかわらず適用されるとする東京地決平成19年8月28日がある。[23]

2　EUにおける議論

(1)　特別連結理論の必要性

以下では，ドイツにおける判例・学説の展開の検討を行う。上述したように外国公法不適用の原則には諸問題があり，この原則を疑問視する判例も，古くから存在していた。[24]

ところで，競争法上の判例においては，外国競争法違反の有無を自国公序の判断に際して「考慮」したと評されるケルン高等裁判所1987年5月6日判決がある。[25] 原告の選択的販売システムに参加することなく原告製造製品を販売する被告に対し，原告は，自社製品Xの販売差止め及び，損害賠償を請求する訴訟を提起した。本判決は，原告の選択的販売システムは，スイス競争法に違反しないとした上で，被告は，原告の販売条件に合致しないにもかかわらず，闇ルートによって，または原告と契約関係にある販売業者から契約違反によって，原告製品を入手し販売し，競争上の良俗に違反したため，原告の差止請求は，ドイツ不正競争防止法（UWG）1条に基づき認められると判示した。本件は，ドイツにおける競争上の良俗違反に係る不正競争防止法上の差止請求の前提として，ドイツの製造業者と外国の販売会社との間の取引に係る販売条件が外国競争法に違反しないことが要された事例である。このため，外国競争法違反に基づき民事訴訟が提起され，そこで外国競争法の適用の可否が問題となるという事例ではないが，外国競争法の禁止規定違反が要されており，係る規定を「考慮」ではなく「適用」した事例であると考えられる。

なお,「考慮する」との立場に立つ外国法上の輸入禁止物の密輸事件に関する連邦通常裁判所判決がある[26]。第三国（アメリカ）に存在する物品を買主に実際に引き渡すことを内容とするドイツでの売買契約が締結され,その第三国で当該物品の国外搬出（東側諸国への持ち出し）が禁止された場合において,契約準拠法（ドイツ民事法）とは異なる係る第三国の強行法規の存在によって,売主が当該契約を事実上履行しえなくなった本件において,当該契約は,ドイツの公序良俗に反し無効であるとされた。なぜなら,西側の資産による東側諸国の潜在的戦力の増大を防止する当該禁止の趣旨は,ドイツのためにもなり,生活上重要な公共の利益に奉仕するからである。

さらに,傍論部分においてであるが,外国競争法の禁止規定を内国裁判所において「適用する」ことが可能であると判示した判決も,古くからいくつか存在する[27]。

そもそも競争法は,前国家的利益紛争ではなく,特定の公的機関の秩序と常に関係するものであり,古典的な民事法とは異なり,私人間の利益の調整を第一に行うものではない。このため,この点に配慮して,この論点を検討する必要がある[28]。

これまでのところ,ドイツ法が準拠法である場合に,裁判所は,統一連結に従っていない。すなわち,ドイツの契約法が準拠法として選択された場合であっても,ドイツ国内裁判所は,ドイツ域外での行為への競争法の禁止規定の適用について,GWB旧98条2項（現行法130条2項）[29]に従い,別個に検討した上で,国内への影響効果がないとして,それを否定してきた[30]。このため,裁判所は,外国の契約法が準拠法である場合にも,統一連結に従わないであろうと考えられる[31]。以上のことから,準拠法理論（lex causae-Theorie）は,理論上も実務上も,十分なものではないといえる。したがって,多くの論者が述べているように,ドイツにおいて競争法のための特別連結理論が必要であると考えられた[32]。

(2) 従来の特別連結理論の根拠の問題点

このため，競争制限禁止法の域外適用について定めたGWB旧98条2項（現行法130条2項）の規定が，外国競争法の禁止規定の適用に係る法の選択についても定めたものとするいわゆる「双方的抵触規定説」が，様々な形で提案されたが[33]，そこでは，競争法違反という公益侵害によって内国私人の利益が侵害された場合の民事法の適用に係る利益というものが重要となるにもかかわらず，これを正確に把握しておらず，それ故に外国競争法の適用の要件について十分な検討がなされていないという問題があった。

(3) 競争法に関する新たな見解

そこで，この点に配慮して，GWB旧98条2項の双方的抵触規定説に拠らずに，外国「競争法」の適用に関する新たな見解が主張されている。

古くから，外国公法全般に関してヴェングラー[34]は，準拠法国以外の外国の公法法規の規定について，その規定が適用を欲し，当該外国が，当該債務関係と十分に密接な関係を有し，その規定の適用が法廷地の公序に反しないことを要件として，その適用を肯定していた。

競争法に関して，バーゼドー[35]は，契約当事者が，競争法のように，契約法に属さない一定の秩序政策規定について期待するその適用に，自らの一定の処分可能性が関係する場合には，民事訴訟における当事者の法適用に係る利益は，外国公法たる外国競争法の禁止規定についても保護すべきものであるといえるとする[36]。このため，競争法違反という公益侵害行為によって私益が侵害される場合に，外国競争法の禁止規定の適用を一定の範囲で肯定することによって，内国の被害者の民事法上の規定の適用に係る利益を保護するべきであることから，外国競争法は，第1に，その固有の適用の意図，第2に，当該外国との密接な事実関係，第3に，その適用がドイツの公序に反しないことを要件として適用されるとする。この密接な事実関係は，効果原則の意味において，具体化されうるものである。

(4) 考慮説とその問題点

ドイツ民法（BGB）138条の良俗や競争上の良俗（UWG 1 条）の違反の根拠として，外国競争法違反の有無を「考慮」すること[37]は，競争法違反に基づく民事訴訟の上述した特殊な抵触法上の問題設定を隠匿するものであることから，この方法を競争法違反に係る民事訴訟で利用することは，不適切なものであると批判されている[38]。

上述したアメリカ輸入禁止物の密輸事件に係る Borax 事件に関する連邦通常裁判所判決においては，アメリカの輸入禁止がドイツの公序においても受容されうるものであったといえる。したがって，そこにおいては，内国公序での受容可能性があり，当該ルールの内容を内国公序として受け容れた上で，問題となっている行為について内国公序において公序違反を判断することが可能であったと考えられる[39]。また上述のように，選択的販売システムがスイス競争法に反しないとされたケルン高裁判決においては，たしかに，スイス競争法が適用されているが，ドイツの公序において受容可能なものであったといえるため，同様にドイツ内国の公序としてスイス競争法を受け容れ内国公序違反を構成するという方法も可能であったと考えられる。

(5) どの範囲の外国について，その公法の適用の可否が論じられるべきか

EUにおいて，適用の可否を検討しうる外国競争法は，自国以外の加盟国の競争法を意味するのか，自国以外のすべての国の競争法を意味するのかという問題がある。

契約外の債務関係についての2007年 7 月11日の欧州議会及び理事会規則[40]（以下，「ローマⅡ規則」という。2009年 1 月11日施行） 6 条 3 項[41]は，競争法違反に基づく損害賠償請求権や差止請求権について，私法法規の準拠法の選択ルールを定めたものであり，公法法規（競争法の禁止規定）の選択ルールを定めたものではないが[42]，私法上の請求の前提として主張される外国競争法違反と関連して，内国民事訴訟における外国競争法の適用を一定の範囲で肯定している。ローマⅡ

規則前文（考慮事由）23は，同規則6条3項における「競争制限」は，EU競争法違反だけではなく，「各加盟国の」競争法違反も意味すると述べるが[43]，EU加盟国以外の国の競争法の禁止規定の適用を排除しておらず，またそれについて何も言及していない，と指摘されており[44]，係る適用の可否については，同規則公布時において，開かれたものとされ（offen gelassen），解釈に委ねられている。

そもそも，同規則前文の法的価値は明らかであるというには程遠いものである。また，ローマⅡ規則6条3項a）の規定の市場の阻害される場所に係る文言は，明白に「加盟国」とは異なる「国家」という文言である。したがって，同規則前文が，これを覆し，加盟国に限定することはできない[45]といえる。これらに鑑み，EU加盟国の競争法の禁止規定に限らず，外国一般の競争法の禁止規定の適用を肯定すると解する見解が，多数説となっている[46]。

この見解に対しては，ローマⅡ規則がアメリカ反トラスト法の禁止規定の適用について規定することは不自然であるとの批判もある[47]。しかしながら，具体的適用に関しては，ローマⅡ規則自体ではなく特別連結理論に拠るため，この批判は必ずしも当たらないといえる。また，このように外国競争法の適用を肯定する見解[48]に対しては，ローマⅡ規則16条は，同規則では「法廷地の強行的適用法規しか考慮されない」と規定しており，外国競争法が適用される余地がないため，現実的な見解ではないとの批判がある[49]。しかし，同条は，「ローマⅡ規則は，法廷地の強行規定の適用を妨げない」と規定しているのであり，係る批判は，その前提に誤りがあり，妥当ではない。

Ⅳ　検　討

1　競争法の禁止規定の選択ルール構築の必要性・根拠

今日，外国競争法の禁止規定という外国公法を内国民事訴訟において適用し，外国公法の法適用に係る利益を保護することは，必要かつ妥当といえ，係る適

用が想定されないということは，到底考えられない。また，外国公法不適用の原則には多くの問題があり，今日においては妥当なものとはいえない。さらに，諸外国においても，例えば，ローマⅡ規則は，競争制限行為に関する準拠法の特則ルールを規定し（同規則6条3項），その前提として外国競争法の禁止規定の適用を肯定している。これらに鑑み，今日，通則法において，競争制限行為に基づく民事法上の請求権に関する法選択ルールの特則が，上述の理由に基づき規定されていないことは，妥当とはいい難い。

ところで，外国競争法の禁止規定の選択ルールについて，上述のように，通則法は，明文の規定を有さず沈黙をしており，解釈に委ねられているといえる。

外国公法不適用の原則については，上述の2つの問題があることに加え，EUにおける議論を踏まえると，以下の点が重要であるといえる。すなわち，内国当事者の外国競争法の禁止規定の適用に係る私的な利益も，法的に保護されるべきものであるため，民事訴訟における外国競争法の禁止規定の適用を否定することは，国際的な取引に起因して生じる今日における競争法違反行為の実態に即さず，そのような行為が存在する国際経済への法システムの寄与としては不十分であるといえる。これらを踏まえ，今日ローマⅡ規則は，上述のように，外国競争法の禁止規定の適用を許容している。外国競争法違反によって被害を受けた被害者は，特に，それが消費者である場合には，通常内国で提訴すると考えられ，そのような場合に，そこにおいて，外国競争法の禁止規定の適用を可能と解することとし，特に，当該行為が外国競争法にしか違反しない事例において，当該行為が，内国競争法違反ではなく，外国競争法違反と認定されることによって，被害者を適切に保護することが必要である。また，外国規制当局が，処分等において外国競争法違反を認定した場合に，係る認定に基づく違反行為の推定効が，いわゆるフォローオン訴訟（後続型訴訟）において，被害者の違反立証の軽減に資するとしても，その前提として，内国の裁判所において外国競争法の禁止規定が適用されうることが必要である。

そもそも民事訴訟における競争法違反に基づく損害賠償請求権の認定は，故意または過失ある競争法違反によって生じた損害の認定を要するものであるため，そこにおいては，まず競争法違反の存否を判断する必要がある。このような競争法違反に係る請求権の存否の認定における法的構造に鑑みれば，損害賠償請求権に係る法選択とは別に，競争法違反に係る競争法の禁止規定の法選択を行う必要があり，そのためのルールが必要となる。

　上述の東京地決平成19年8月28日では，裁判所は，外国の契約法が準拠法である場合に，その国の競争法の禁止規定を適用するのではなく，法廷地である日本の独禁法の禁止規定を適用しており，日本の裁判所は，この場合に統一連結に従っていないといえる。逆に，日本の契約法が準拠法である場合であっても，日本の裁判所は，国内への市場効果（競争制限効果）がないならば，日本の独禁法の禁止規定を適用できないと解されるため，この場合も，裁判所は，統一連結に従わないであろうと考えられる。

　そこで，外国競争法の禁止規定の適用に係る法選択ルールのために特別なルールが必要となるが，競争法の域外適用理論には，上述のように，この論点については，自ずとその限界がある。すでに，契約上の債務に関する準拠法ルールを定めたローマⅠ規則においては，経済的弱者の保護のために強行法規の特別連結理論が採用され，我が国の通則法11条1項も，消費者契約に関し特別連結理論を採用している。[51]

　これらに鑑みれば，特別連結理論によって，一定の要件の下，外国競争法の禁止規定の適用が可能であると解すべきであると考えられる。

2　外国競争法の禁止規定の適用の要件

　外国競争法の禁止規定の適用の要件は，上述したドイツの議論を参考にすれば，第1に，外国競争法の適用の意図，第2に，当該事案と当該外国との密接な関係性，第3に，外国競争法が内国の公序に反しないことであると考えられ

る。この第1の適用の意図の要件は，通常，当該外国競争法によって違反とされない場所的（人的）範囲にある行為にまで，違反と認定することは問題である，という意味である[52]。このため，外国Bでの行為につき外国Bの競争法の禁止規定を内国Aで適用する場合には，外国Bの競争法の禁止規定の適用の意図は，それ程意味のあるものではない。ドイツの判例上，この適用の意図は問題とされていないことから，この適用の意図は不要ではないかとの指摘もあるが[53]，外国Cでの行為につき外国Bの競争法の禁止規定を内国Aで適用する場合には，外国Bの競争法の適用の意図の存否は，重要なものとなるため，この適用の意図の要件が不要ということにはならない[54]。ただ，この場合に，適用の意図を過剰に認めることは，他国の主権との関係で問題となりうる[55]ため，密接な関連性の要件が重要なものとなる。

3　従来の見解の検討

(1) 第1説について

第1に，外国公法不適用の原則の弊害等に関して上述した検討に鑑み，第1説が契約準拠法国と法廷地国の競争法の適用しか認めないことは妥当ではない。

第2に，第1説は，契約準拠法国及び法廷地国以外の外国競争法に違反しているという事情を民事法上の違法性判断において斟酌するというものであるならば，外国競争法の禁止規定を「適用」していることと変わりがないものといえる。第2説は，第1説に対し，契約準拠法による判断の前提として，やはり外国強行規定違反につき判断せざるをえないと批判している[56]。しかし，ドイツにおける判例の検討において明らかとなったことを参考にすれば，あくまで第1説は，石黒一憲教授も指摘されるように[57]，外国公法ルールの内容を内国公序として受容可能な範囲で受け容れた上で，内国公序違反を判断するものといえるため，外国競争法の禁止規定を「適用」するという見解ではないといえる。我が国の上述の第三国の輸入管理法に関する下級審判決では，外国公法ルール

を適用しその違反は認定されつつも，外国公法ルールと内国公法ルールとは共通性を見出しえない事例であったことから，内国公序違反は認定されなかったといえる。このように，この事例は，契約準拠法が日本法であるにもかかわらず，アメリカの公法を適用しており，すでに第1説の範囲を超えており，すでに指摘のあるように[58]，考慮説ではなく適用説に立ったものと考えられる。また，内国受容可能性がない外国公法を適用しているため，第2説の範囲も超えている。

第3に，外国の市場での競争制限しか存在せず内国競争法違反は成立しない事例においては，外国競争法の禁止規定を適用できないとするならば，被害者の法的救済は不可能となるとの批判が考えられる。すなわち，第1説は，例えば，外国企業らによる価格カルテルの対象商品を当該外国旅行中に購入した日本人観光客が，日本において損害賠償請求訴訟を提起する場合のように，当該行為が，特に，外国競争法にしか違反しない事例において，あくまで内国競争法違反等の認定に拘るあまり，被害者の適切な救済が不可能となり，事案の妥当な解決になりえないとも考えられる。しかし，第1説においても，外国・内国の公法ルールに共通性がある場合には，内国公序において外国競争法ルールの内容を受け容れることで，内国公序違反や不法行為の違法性の判断によって妥当な解決を導きうるのではなかろうか。

第4に，第2説は，第1説に対し，外国公法の適用如何の判定には国益の存否についての判断が付随せざるをえないが，第1説の構成では，この側面が明確化されえないと批判する[59]。しかし，第1説は，そもそも外国競争法を「適用」しないのであり，批判はその前提に欠けるように思われる。また，国益の問題は，内国または外国公序の受容性の有無において判断されうる。

第5に，第2説は，第1説について，内国法の公序良俗に外国法における違法性が含まれるか，含まれるとしても法廷地の法政策と合致しない外国法における違法性をも公序良俗違反とすべきか明らかではないと批判する。しかし，第1説は，内国公序として受容可能な範囲で外国公法ルールの内容を受け容れ

るのであるから，これによりこの不明点は解消する。

第6に，第2説は，第1説に対し，契約法の準拠法が外国法である場合には，当該外国法における公序良俗違反の判断は困難であると批判する。しかし，これは，外国契約法が準拠法である場合には常に問題となることであり，外国公法の「考慮」の場合のみの問題ではない。

第7に，第1説については，裁判所は，外国法が準拠法である場合に，当該法規が内国民の利益に奉仕するものであるかを考慮するとし，内国にとって不利益な法規を内国裁判所が考慮すべきであるかという点が問題とされる。[60] しかし，外国法が準拠法である場合には，外国公序の判断のために当該法規が外国民の利益に奉仕するか否かを考慮することになるのであり，この批判はその前提に欠き，妥当ではないと考えられる。

第8に，しかし，第1説は，外国競争法違反という公法違反によって民事法上の請求権が発生するという構造を正しく把握することはできないと批判されるべきである。

(2) 第2説について

要件についての上述した検討を踏まえれば，第2説が，上述の a) 及び b) を要件とすることは，妥当と考えられる。[61] この a) の要件における「予見可能性」において，外国競争法違反についての外国規制当局の処分を当事者も予見すべきであったかが，問われることになる。また，この a) の要件における「密接関連性」において，外国 C での行為につき外国 B の競争法違反の存否に係る内国 A での民事訴訟との関係では，所謂効果原則によって検討される。

次に，b) の「内国受容可能性」の要件は，内国公序に反しないことを意味し，適用可能である国の間で互いに競争政策が共通していることを意味するのであり，その1つの表れとして，例えば，EU 競争法のように加盟国間の国境を越える競争制限行為に関し，違反の禁止規定が立法されていることが考えられる。今日において，各国は経済的に緊密に関連し合い，互いに競争法を承認

される利益を有していると指摘されている。たしかに，日本，アメリカ，EU間において，EU競争法のように，国際的反競争行為について，それを禁止する規定をもつ国際協定は，まだ存在していない。しかし，すでに，これらの国・地域間には，独禁法の執行のための協力に関する協定が締結されている。もちろん，これらの協定は，禁止規定についての条約ではなく，また，規制当局による公的執行に関する協定であり，民事訴訟についての協定でもないが，これらの国・地域の競争政策が，一定以上の共通基盤に立ち，各国・地域は，互いに他国・地域競争法の適用が，公序に反するものではないことを前提としていることを示すものであるといえないであろうか。そうであるならば，例えば，ドイツに効果の及ぶ行為につきドイツ競争法を日本の裁判所で適用することは，このb）の受容可能性の要件に合致すると考えられる。したがって，これに加え，a）の密接関連性の要件も満たされる場合には，日本，アメリカ，EUの民事訴訟において，互いに外国・地域の競争法を適用することが可能であると考えられる。

このように考えることは，以下のような展開を妨げるものではなく，むしろ，そのような展開を必要とし，奨励するものである。すなわち，このb）の受容可能性の要件の該当性をより確実なものとすること及び，外国競争法の適用に係る内国私人の利益の保護が必要とされていることに鑑み，例えば，EU競争法のように，日本とアメリカ，日本とEU等の間で，国境を越える一定の競争制限行為を禁止する規定を定めた競争秩序維持のための条約の締結への展開である。

【付記】　本稿は，日本学術振興会科研費基盤研究(C)26380149の助成を受けたものである。本稿作成の準備にあたり，ハンブルクにてJürgen Basedow教授に御指導を賜った。御礼を申し上げる。
　本報告について，小原喜雄会員から貴重なコメントを，小畑徳彦会員からは有意義な質問を頂戴した。御礼を申し上げます。

1) 例外的に公的執行による係る救済が可能であることにつき、宗田貴行「搾取的濫用行為と独禁法上の行政及び民事的エンフォースメント──ドイツ競争制限禁止法における議論を参考にして──（上）（下）」『獨協法学』96号（2015年）274頁以下，97号（2015年）1頁以下。
2) 西岡和晃「競争法事件における国際裁判管轄原因としての不法行為地」『同志社法学』66巻4号（2014年）985頁以下。
3) 横溝大「私訴による競争法の国際的執行──欧州での議論同項と我が国への示唆──」『日本経済法学会年報』34号（2013年）56頁以下。
4) 宗田貴行「不正競争行為及び競争制限行為の準拠法──ローマⅡ規則とわが国の法の適用に関する通則法の検討──（上）（中）（下）」『国際商事法務』37巻12号（2009年）1623頁以下，38巻1号（2010年）57頁以下，38巻2号（2010年）213頁以下等。
5) 西岡和晃「競争請求に関する外国判決の承認および執行」本誌94-110頁。
6) 宗田貴行『独禁法民事訴訟』（レクシスネクシス・ジャパン，2008年）96頁以下，383頁以下。
7) 法務省民事局参事官室『国際私法の現代化に関する要綱中間試案補足説明』平成17年3月29日89頁（法務省のウェブサイト http://www.moj.go.jp/MINJI/minji07_00046.html, 最終閲覧2016年5月24日）。
8) 本稿では，「絶対的強行法規」を「国家利益・社会政策の実現を目的とし，国際私法関係において準拠法いかんにかかわらず常に適用されるべき強行法規」として使用する。強行法規は，任意法規の対概念である。内国法が準拠法として選択される場合にのみ適用される強行法規は，相対的強行法規といわれる（石黒一憲『金融取引と国際訴訟』（有斐閣，1983年）36頁）。これには，私人間の権利義務の調整規定である消費者契約法4条，5条，10条が挙げられる（櫻田嘉章・道垣内正人編『注釈国際私法第1巻』（有斐閣，2011年）269頁（西谷祐子）。なお，同269頁は，相対的強行法規を通常の「国内的強行法規」ともいう）。独禁法に関して，絶対的強行法規は，独禁法の行政規制及び刑事規制に係る違反禁止規定であると考えられる。石黒『同書』41頁は，刑事罰規定に限定し，損害賠償請求権を規定する独禁法25条及び26条は，絶対的強行法規ではないとされる。今日では，差止請求権を規定する独禁法24条も，同様に絶対的強行法規ではないと考えてよいであろう。櫻田・道垣内編『同書』452-453頁（西谷祐子）は，独禁法25条に基づく無過失損害賠償請求権は，確定した排除措置命令を前提としており（同法26条1項），純粋に私法的なものではなく，競争制限行為に対する損害賠償請求権の準拠法が外国法であるとした場合に，直ちに我が国の独禁法26条の適用を排除できるかは疑問であるとし，絶対的強行法規である可能性を示唆する。
9) その他の理由は，①強行的適用法規の明確化の困難，②抽象的な規定を置いた場合の実務上の混乱の可能性，③明文規定がなくても解釈による適用も可能であること等である。これにつき，法務省民事局参事官室『国際私法の現代化に関する要綱中間試案補足説明』（平成17年3月29日）別冊NBL編集部編『法の適用に関する通則法関係資料と解説』別冊NBL110号（商事法務，2007年）235頁。
10) 井之上宜信「国際私法における特別連結理論について」『高岡法学』1巻1号（1990

年）267頁以下，268頁．
11) 石黒『前掲書』（注8）43頁等．
12) アメリカ反トラスト法や EU 競争法の域外適用については，属地主義では狭すぎ，効果主義では過度な域外適用が主権との関係で問題とされ，近時の国際ビタミンカルテルに関するエンパグラン事件等にみられるように，効果主義に立脚するとしても，その効果を現実的に妥当な程度まで，いかに制限するかが，今日問題の焦点となっている．域外適用の概念自体の妥当性への疑問について出口耕自「ドイツ競争制限禁止法の『域外適用』問題(1)」『上智法学論集』40巻2号（1996年）33頁以下，36-37頁．
13) Jürgen Basedow, Entwicklungslinien des internationalen Kartellrechts - Ausbau und Differenzierung des Auswirkungsprinzips, NJW 1989, 627（以下，「Basedow, NJW 1989, 627」という），631.
14) 道垣内正人「法適用関係理論における域外適用の位置づけ――法適用関係理論序説――」松井芳郎・木棚照一・加藤雅信編『国際取引と法』（名古屋大学出版会，1988年）213頁以下，228頁．
15) 石黒『前掲書』（注8）31-61頁，特に59頁以下．
16) 東京高判平成12年2月9日判時1749号157頁．
17) 横山潤「外国公法の適用」『別冊ジュリスト渉外百選』（有斐閣，1967年）40-41頁，同「国際私法における公法」澤木敬郎・秌場準一編『ジュリスト増刊国際私法の争点（新版）』（有斐閣，1996年）23-24頁，櫻田・道垣内編『前掲書』（注8）40-45頁（横溝大），同書267-270頁（西谷祐子）．
18) 横山潤『国際私法』（三省堂，2012年）192頁．
19) 「競争阻害から生じる民事法上の請求権は，被害者が当該阻害によって直接に被害を受ける市場のある地の国家の法に従う．」
20) 横山「国際私法における公法」（注17）23-24頁．
21) 櫻田・道垣内編『前掲書』（注8）40-45頁（横溝大）．
22) 道垣内「前掲論文」（注14）213頁以下，234頁等．
23) 判タ1320号2010年26頁．
24) BGH 17.12.1959, NJW 1960, 1101.
25) OLG Köln 6.5. 1987, RiW 1988, 922=GRUR Int. 1980, 49.
26) BGH 21.12.1960, NJW 1961, 822=BGHZ 34, 169 - Borax. 佐野寛「国際取引の公法的規制と国際私法」松井芳郎他編『国際取引と法』（名古屋大学出版会，1988年）167頁以下，173頁．
27) LG Freiburg 6.12.1966, IP Rspr. 1966/1967 Nr. 34A, S. 109, 116; OLG Frankfurt 30.8. 1979, WuW/E OLG 2195 - 5 Sterne Programm.
28) Basedow, NJW 1989, 627, 631ff.
29) 「本法は，競争制限が，本法の適用範囲外で行われた場合であっても，本法の適用範囲内に効果を及ぼすすべての競争制限に対し，適用される．」
30) OLG Koblenz, IPRax 1982, 20; OLG Karlsruhe, WuW/E OLG 2340.
31) Basedow, NJW 1989, 627, 631ff.

32) Gegen die Einheitsanknüpfung etwa Neumayer, *Rev. crit. dr. int.* pr. 46（1957）, 596 ff. und 47（1958）, 53 ff., Drobnig, in: *Festschr. f. Neumayer*, 1986, S. 159 ff., 178; Martiny, *IPRax* 1987, 279; Basedow, *RabelsZ* 52（1988）, 21-23.

33) Zweigert, in: *Fünfzig Jahre Institut für Internationales Recht an der Universität Kiel*, 1965, S. 133 ff.; Bär, *Kartellrecht und IPR*, 1965, S. 374 f.; Schwartz, *Deutsches Internationales Kartellrecht*, 2. unveränderte Aufl.（1968）, S. 224; Neuhaus, *Die Grundbegriffe des IPR*, 2. Aufl.（1976）, S. 106; Michael Martinek, *Das internationale Kartellprivatrecht*,（Heidelberg）1987, S. 94.

34) Wengler, Die Anknüpfung des zwingenden Schuldrechts im internationalen Privatrecht, *ZVglRW* 1941,168, 185ff. ヴェングラーの見解についての邦語文献に、桑田三郎「国際私法における強行的債務法の連結問題」『法学新報』59巻11号（1952年）50頁以下等がある。

35) Basedow, *NJW* 1989, 627, 631ff.

36) それ故に、これは、国内裁判官がこの利益を尊重する場合に、純粋な民事法上の根拠から生じるものである。Basedow, *NJW* 1989, 627, 632.

37) Junker in: *MünKom BGB*, 6. Aufl., Band. 10, 2015, Rom II-VO Art. 16 Rn. 26; v. Hein in: *MünKom BGB*, 6. Aufl., Band. 10,2015, Einl. IPR Rn. 289.291.

38) Karl Kreuzer, *Ausländische Wirtschaftsrecht vor deutschen Gerichten*, 1986, S. 87 f.; Martiny, Der deutsche Vorbehalt gegen Art. 7 Abs. 1 des EG-Schuldveertragsüberkommens vom 19.6. 1980 - seine Folgen für die Anwendung ausländischen zwingenden Rechts, *IPRax* 1987, 277, 280; Schurig, in: Holl-Klinke（Hrsg.）, *IPR - Int. Wirtschaftsrecht*, 1985, S. 71, 73 f.; Basedow, *German Yearbook of International Law* 27（1984）, 109 ff.

39) 石黒『前掲書』（注8）61頁。横山潤「外国公法の適用と"考慮"——いわゆる特別連結論の検討を中心として——」『国際法外交雑誌』82巻6号（1983年）41頁以下で紹介されるヴェングラーがその見解の構築のために検討した判例についても、同様のことが言える。佐野「前掲論文」（注26）167頁以下、180頁。

40) VERORDNUNG（EG）Nr. 864/2007 DES EUROPÄISCHEN PARLAMENTS UND DES RATES vom 11. Juli 2007 über das auf außervertragliche Schuldverhältnisse anzuwendende Recht („Rom II"）, L 199/40ff.

41) ローマⅡ規則6条3項a)「競争制限行為に基づく契約外の債務関係については、市場が阻害される又はそのおそれのある国家の法が適用されねばならない。」宗田貴行「不正競争行為及び競争制限行為の準拠法——ローマⅡ規則とわが国の法の適用に関する通則法の検討——（中）」『国際商事法務』38巻1号（2010年）57頁以下。

42) ローマⅡ規則6条3項a)によって選択されうる私法（民事的規律、独禁法上の民事法の請求権も含まれる）は、EU加盟国の法に限定されていない。また、この規定は、私法ルールについての双方的抵触規定（Allseitige Kollisionsnorm）である。

43) 加盟国裁判所は、外国競争法違反に係る内国民事訴訟において、外国のうち他のEU加盟国のみの競争法の禁止規定を適用可能であると解する場合には、その背景に、EU

域内で共通して適用される EU 競争法（EU 機能条約101条及び102条等）の存在があろう。
44) Stéphanie Francq and Wolfgang Wurmnest, International Antitrust Claims under the Rome II Regulation, in Jürgen Basedow, Stéphanie Francq and Laurence Idot, *International Antitrust Litigation*, Oxford 2012, pp. 91（以下，「Francq／Wurmnest, International Antitrust Claims」という）p. 101.
45) Francq／Wurmnest, International Antitrust Claims, p. 101.
46) Wulf-Henning Roth, Internationales Kartelldeliktsrecht in der Rom II-Verordnung, Die richtige Ordnung: *Festschrift für Jan Kropholler zum 70. Geburtstag*, hrsg. von Dietmar Baetge, Jan von Hein und Michael von Hinden, Mohr Siebeck, 2008（以下，「Roth, Internationales Kartelldeliktsrecht in der Rom II-Verordnung」という），S. 623ff., 637; Peter Mankowski, Ausgewählte Einzelfragen zur Rom II-VO: Internationales Umwelthaftungsrecht Internationales Kartellrecht, renvoi, Parteiautonomie, *IPRax* 2010（以下，「Mankowski, Ausgewählte Einzelfragen zur Rom II-VO」という），S. 389ff., S. 396; Francq／Wurmnest, International Antitrust Claims, p. 102; F. R. Pineau, Conflict of Laws Comes to the Rescue of Competition Law: The New Rome II Regulation, *Journal of Private International Law*（以下，「Pineau, Conflict of Laws Comes to the Rescue of Competition Law」という），2009, p. 311, p. 322. Roth, Internationales Kartelldeliktsrecht in der Rom II-Verordnung, S. 638及び Mankowski, Ausgewählte Einzelfragen zur Rom II-VO, S. 396は，前文23項が「加盟国」と述べているのは，最も重要な事例を挙げたに過ぎず，例示であるとする。
47) Francq／Wurmnest, International Antitrust Claims, p. 101-102. この他，少数説につき，横溝「前掲論文」（注3）59-60頁参照。
48) Basedow, NJW 1989, 627, 631ff.; Mankowski, Ausgewählte Einzelfragen zur Rom II-VO, S. 396; Pineau, Conflict of Laws Comes to the Rescue of Competition Law, p. 327.
49) 横溝「前掲論文」（注3）61頁。
50) また，絶対的強行法規であることから適用されうる法廷地の内国競争法よりも外国競争法の方が，違反成立可能性が高いと考えられる事例についても同様である。
51) 佐野寛『国際取引法（第4版）』（有斐閣，2014年）85頁。ローマ条約7条1項は，法廷地国外の国の強行法規の連結を一般的に認めていたが，留保国が多かったことから，ローマI規則9条3項は，履行すると履行地において違法となる場合に履行地の強行法規の適用を裁量的に認める規定とされている（櫻田・道垣内編『前掲書』（注8）597頁（早川吉尚））。
52) 桑田「前掲論文」（注34）50頁以下53頁。
53) 櫻田・道垣内編『前掲書』（注8）44頁（横溝大）。Von Klaus Schurig, Zwingendes Recht, Eingriffsnormen und neues IPR, *RabelZ* 54 (1990), S. 217, S. 234, S. 236.
54) 学説上，争いはない（Michael Martinek, *Das internationale Kartellprivatrecht*, (Heidelberg) 1987, S. 85 f.; Basedow, *NJW* 1989, 627, 632.)。
55) Von Klaus Schurig, Zwingendes Recht, Eingriffsnormen und neues IPR, *RabelZ* 54

(1990), S. 236.
56）横溝大「第三国の輸入管理法の考慮」『別冊ジュリスト185号 国際私法判例百選』（有斐閣，2007年）30-31頁。
57）石黒『前掲書』（注8）61頁。
58）横溝「前掲論文」（注56）30-31頁。
59）松井芳郎・木棚照一・加藤雅信編『国際取引と法』（名古屋大学出版会，1988年）167頁以下，179頁（佐野寛）等。
60）佐野「前掲論文」（注26）167頁以下，179頁。同179-180頁は，外国の取締法規違反について内国で公序違反として当該法律関係を無効とすることになるが，そこまでの必要はないと批判する。しかし，考慮説は上述のように外国公法違反と判断していないこと，つまり外国公法を適用していないことにおいて，この批判は成り立たず，かつ，この場合には，内国公序として判断し無効とすべきではないならば公序違反せずとの判断をすればいいだけである。
61）横山『前掲書』（注18）192頁。
62）Basedow, *NJW* 1989, 627, 632; Michael Martinek, *Das internationale Kartellprivatrecht* (Verlag Recht und Wirtschaft GmbH Heidelberg), 1987, S. 42ff.; Kreuzer, *Ausländische Wirtschaftsrecht vor deutschen Gerichten*, 1986, S. 81ff.; Immenga/Mestmäcker/Rehbinder, *Kommnentar zum Wettbewerbsrecht*, 5. Auflage, 2014, GWB §130 Rn. 307.
63）例えば，反競争的行為に係る協力に関する日本国政府とアメリカ合衆国政府との間の協定（日米独禁執行協力協定）1999年10月7日。
64）日本は，すでに，執行の側面に限ってであるが，競争政策の章を設けたEPAをシンガポール，メキシコ，マレーシア，チリ，インドネシア，ブルネイ，フィリピン，ベトナム，スイス等の各国と締結している。また，日本EU間でも，執行の点に限定した形であるが，競争秩序に関する章を設けたEPAが締結される見込みである。さらに，TPP（環太平洋パートナーシップ協定）においては，単に執行面（行政・刑事規制及び民事救済。違反是正の提案が競争当局に是認された事業者には措置を免除するいわゆる「コミットメント制度」導入を含む）だけではなく，実体法的側面（競争制限行為を規定する競争法の制定・維持）も含めた競争政策に関する第16章が設けられている。これは，EU競争法のように禁止規定を含む協定であり，上述のEPAやTPPよりも，各加盟国の競争政策が強度に共通していることを示しており，上述の内国での受容可能性をより強く示すものといえる。外国競争法を民事訴訟において適用する際に，これらの協定の存在が，内国公序との関係で，どのように評価されるのかが，今後の焦点となる。
65）国際競争法の提案については，例えば，Draft International Antitrust Code 10.06. 1993, München の邦訳である正田彬・柴田潤子「国際反トラスト規約草案」『ジュリスト』1036号（有斐閣，1993年）46頁以下があるほか，Jürgen Basedow, *Weltkartellrecht* (Tübingen) 1998; Dietmar Baetge, *Globalisierung des Wettbewerbsrechts* (Mohr Siebeck) 2009がある。

（獨協大学法学部准教授）

論　説　民事救済の国際的執行

特許権の国際的な Enforcement に関する近時の諸問題[1]

紋　谷　崇　俊

Ⅰ　はじめに
Ⅱ　Enforcement の強化とその制限——AIA 後の米国制度の現状について——
　1　問題の所在
　2　権利行使の制限の傾向
　3　考慮事項
Ⅲ　Enforcement の広域化の取り組み
　　——欧州統一特許制度等（付：ASEAN）について——
　1　Enforcement の広域化の目的
　2　欧州統一特許裁判所制度
　3　付：ASEAN における Enforcement の取り組み
Ⅳ　標準技術と特許の問題——今年の欧州裁判所の判決とその後の最初のドイツ判決と、標準技術に関する特許権行使の在り方について——
　1　標準技術の特殊性と対応方法
　2　欧州における新たな動き——交渉プロセスの重要性——
Ⅴ　おわりに

Ⅰ　はじめに

　特許権は、各国の産業政策の下、各国の出願手続を経て発生し、各国法に基づいて権利行使が認められる（属地主義）[2]。もっとも、近時は、経済のグローバル化によって不可避的に渉外問題が発生している。この点、渉外問題という語からは、国際私法に係る準拠法や国際管轄等が想起されるが、実務上は、アップル・サムスン事件等の各国での同時並行的な訴訟に見られるように、各国毎における Enforcement の在り方が極めて重要になっている。

特許権の Enforcement に係る国際的動向としては，従来からイノベーション促進のために特許権の保護強化（プロ・パテント）政策が進められてきたが，近時は，情報化の進展に伴う累積的技術の発展や特許の藪（Patent thicket）の問題などを背景として，第三者の情報へのアクセスを確保するために，権利行使の制限（アンチ・パテント）に重きを置いた施策や議論も数多く見受けられる[3]。特に米国においては，プロ・パテント傾向に伴って生じた特許権の濫用的行使の制限が問題となっており，例えば，特許権を自らは実施せず，専ら他社からの多額のライセンス収入を得るために，権利行使を行う不実施主体（NPE ないしパテント・トロール）の問題や，標準技術に関して FRAND 宣言（FRAND (fair, reasonable, and non-discriminatory) 条件によって第三者にライセンスを行う旨の宣言）を行った必須特許に係る濫用的行使の問題などが指摘されている[4]。

もっとも，諸外国の制度や実情は様々であり，これらを単に世界的な権利制限の傾向として一括りに論じることは必ずしも妥当ではない。また，諸外国におけるEnforcementへの取り組みも一様ではなく，例えば，欧州では，近時，欧州統一特許裁判所制度のような Enforcement の広域化に向けた取り組みなども行われている。

本テーマは極めて多岐にわたるが，学会の発表時間や誌面が限られており（また一部はすでに別稿等で言及しているため）[5]，以下では，主に特許制度に係る直近（2015年現在）の問題に焦点を当て，下記３点について論じることとする。

Ⅱ　Enforcement の強化とその制限──（当該動向が最も顕著な）米国における2011年特許法改正（AIA）[6]後の現状について──

Ⅲ　Enforcement の広域化の取り組み──欧州統一特許制度（付：ASEAN における取り組み）について──

Ⅳ　標準技術に係る特許権の Enforcement の在り方──今年の欧州裁判所の判決（2015年７月）とその後の最初のドイツ判決（同年11月）について──

そこでは，主に，近時は eBay 判決に見られるような権利制限による解決のみならず，前提となる特許制度自体の効率的な制度設計が重要になっていること（上記Ⅱ），Enforcement の広域化は画期的であるが，他方で，留意点もあり，世界的には限界も存すること（上記Ⅲ），標準技術に係る特許発明の権利行使については「ライセンスの意思を有する者（willing licensee)」に対する権利行使を制限するという方向である程度国際的調和に向けた動きはあるが，より具体的な交渉プロセスの在り方については各国毎に相違も見られ，今後ともバランスに留意しつつ更なる検討が必要であること（上記Ⅳ）について論じたい。

Ⅱ　Enforcement の強化とその制限——AIA 後の米国制度の現状について——[7]

　特許権の保護強化に向けた動向の後に，その制限に向けたという傾向が極めて顕著かつダイナミックに現れているのは米国である。実際，近時の統計資料[8]によれば，米国の特許訴訟の数は減少に転じ，賠償額も減少したことが報告されている（後述 3(1)参照）。

　もっとも，今や，米国でも，上記プロ・パテントないしアンチ・パテントの二択といった極端な動きというよりは，むしろ専ら効率的な制度への改善が模索されているように見受けられる。

1　問題の所在

　米国では，1980年以降，特許権の保護強化によって国際競争力を強化しようという，いわゆるプロパテント政策の下，広くて強い特許が志向され，これに伴い出願や訴訟が増加の一途をたどった。[9]

　もっとも，これに伴う弊害として，2000年前後から，(i)特許の質の問題（有効性に疑義のある特許の増加）や，(ii)（かかる特許を用いた）濫用的権利行使の問題が指摘されてきた。後者は，冒頭でも言及した不実施主体（いわゆるパテント・トロール）の問題である。パテント・トロールには，明確な定義はないが，

一般的には，他社等から特許権を取得しながら，特許権を自らは実施せず，専ら他社からの多額のライセンス収入を得るために権利行使を行う者をいう。通常の同業者同士であればお互い特許権をクロスライセンスすることで解決が図られることも多いが，他社からライセンスを受けることに関心の無い不実施主体には，かかる方策が使えず，一方的な交渉力を有するために問題が生じるのである。

2　権利行使の制限の傾向

上記の(ⅰ)(ⅱ)の問題に対処するため，米国では，近時は特許権の行使を制限する傾向が存する。もっとも，eBay判決に見られる権利行使自体を制限する米国特有のアプローチのみならず，最近は，主に，特許制度を効率的な制度設計に改善していくアプローチが見受けられる。

(1)　eBay判決（2006年）とその背景

上記問題に対応すべく法改正が進められたが，利害関係者の調整に時間がかかり，付与後異議制度等を含む，特許法改正（AIA: America Invents Act）が実現したのは2011年になってからであった。

その間，判例法の米国らしい現実的な解決策として，2006年に最高裁が示したのが，著名なeBay判決[10]であった。すなわち，従前は，米国においても，現在の欧州や日本と同様に，侵害行為があれば自動的に差し止めを認めていたが，衡平法上の見地から，①回復可能な損害，②法律上の救済では不十分，③原被告間のバランス，④公益性，という4要素を考慮して差止請求権の行使を制限したのである（4要素テスト）。これは，特許権の本質的特徴である排他性に係る「差止請求権」自体について権利行使自体を制限するという点において，極めてドラスティックな対応ということができよう。

この点，近時，我が国でもeBay判決のような権利制限を行うことが望ましいとの主張もされているように見受けられるが[11]，そもそも我が国との制度的相

違点（例えば，訴訟制度上の，フォーラムショッピングのリスク，ディスカバリー制度，弁護士成功報酬制度，陪審員制度などや，特許制度上の，故意侵害や entire market value rule による賠償額の算定など）[12] を考慮する必要がある。[13]

のみならず，そもそも同判決は，米国特許制度の重大な弊害であった上記(i)特許の質の問題への対応措置（後述(2)の有効性に疑義のある特許を無効として排除するための制度）が導入される前の判決である。無論，かかる付与後異議制度が導入された AIA 後も eBay 判決の4要素テストは用いられているが，従前の不十分な特許無効制度（reexamination）故に，有効性に疑義のある特許権の行使を許容せざるを得なかった当時の米国特許制度の下では，ある意味，権利行使という出口の場面で調整を余儀なくされたのはある意味で必然であったことにも留意する必要があろう。

(2) その後の改善

もっとも，米国制度の改善は，排他的な差止請求権の権利行使を制限するという All or Nothing の eBay 判決による解決に尽きるものではなく，その後も，様々な特許制度自体の改善が行われている。

2011年には，米国特許法は，数十年ぶりに大改正が行われた。同改正（AIA）においては，上記で言及した(i)特許の質に係る問題に処すべく，質の悪い特許を排除するための付与後特許異議制度等[14]の制度が導入され，加えて多岐にわたる改正が行われている。

しかも，同改正後も，近時のオバマ政権下のアンチ・トロール政策などの対応がなされている。例えば，オバマ政権下では，2013年6月4日にホワイトハウスは，トロール訴訟が6割を超えるという報告を受け，[15]「ハイテク特許問題に関するホワイトハウス・タスクフォース」と題するペーパーを発表し，包括的な特許制度改革が検討されている。[16]また2013年8月3日に，オバマ大統領が，サムスンの標準技術必須特許に基づくアップルに対する権利行使を認めた ITC の決定に対して，26年ぶりとなる拒否権を発動した。[17]

もっとも，近時は，裁判例や訴訟規則，州法や各裁判所の運用等により，様々な特許制度ないし訴訟制度の改善がなされている。そこでは，上述のITCにおける排除命令に対する制限や，特許適格性の制限といった，ある意味でドラスティックな制限がなされているのも事実である。

 もっとも，前者（ITCにおける排除命令の制限）は，FRAND問題（後述Ⅳ）に関する対応であり，ITCにおいては上記eBay判決に見られる柔軟な4要素テストの適用権利制限は不要であるとの見解も強く主張されている[18]。

 また，後者（特許適格性の制限）については，Bilski判決[19]以降，バイオ関係ではMayo判決[20]・Myriad判決[21]，ソフトウェア関係ではAlice判決[22]など「抽象的アイディア（abstract idea）」等として特許適格性を否定する最高裁判決が相次いでおり，逆に行き過ぎであるとの懸念も示されているが[23]，従前の広すぎる特許故の(i)特許の質の問題の顕在化に伴う揺れ戻しという米国特有の問題であり，我が国と異なり明確な発明概念を持たない米国の判例法故の不安定性の現れと解することもできる。この点，質の悪い特許を排斥し，既存の特許制度の枠組みを維持していこうという点においては，特許制度の効率的な制度設計に向けた対応とも解することができよう。

 むしろ近時は，過度の特許権保護に傾いた制度自体を調整するという，特許制度を効率的な制度設計に改善していくアプローチを多分に見て取ることができる。

 例えば，実体法上は，賠償額については，従前のentire market value ruleを見直して，最小販売可能ユニットないし貢献部分のみの賠償請求を許容しようという限定が見られる[24]。また故意侵害についても限定がされている[25]。

 また，訴訟制度については，上述の付与後特許異議制度等の導入のみならず，有利な管轄で多数の被疑侵害者に対して同時に訴訟を提起することを制限すべく併合請求の制限[26]や移送[27]といった工夫もみられる。さらに，訴訟費用については，近時の裁判例において，「例外的事件」の場合にのみ訴訟費用（弁護士費

用)の敗訴者負担を認める米国特許法285条の基準が緩和されている[28]。

そして,最近の特許法改正法案では,コストのかかりすぎる訴訟手続を念頭にした改善が提案されている。例えば,2015年6月にはInnovation法案(H. R. 9)が下院司法委員会で可決され[29],上院司法委員会ではProtecting American Talent and Entrepreneurship法案(S. 1137)が可決されているが,そこでは,訴状における製品や侵害内容の特定,早期開示,ディスカバリーの制限,訴訟費用の敗訴者負担,根拠のない警告書の制限などが列記されている[30]。

このほか,州法における根拠き警告を制限する立法,各裁判所毎の規則等による争点の早期開示・整理や審理などにおいても,行き過ぎた特許訴訟の改善の動きが見られる。

さらに2015年12月1日施行予定の連邦民事訴訟規則(Federal Rules of Civil Procedure)の改正においては,訴状の記載内容を充実されることや,ディスカバリーの範囲を絞り込むこと等の改善がなされている[31]。

そもそも米国制度特有のディスカバリー制度などは,真実発見の見地から特許権者のEnforcementに有利であるといわれていたが,他方で,(電子データに係る)Eディスカバリーなど訴訟コスト等がかかり過ぎるとの問題点もかねてより指摘されていた。この点,上述のように訴状への対象製品や侵害事実の記載,早期の争点開示,広汎なディスカバリーの制限などは,(英米法系のディスカバリー制度のない)我が国など大陸法系諸国におけるごく当然の訴訟実務に近い考え方のように思われるが,AIAにおける付与後異議制度等の導入も含め,米国においても,今やこのような制度の効率化に向けた改革されている点は興味深い。

このように近時は,前提となる制度自体のバランスを考慮した改善が志向されているといえる。

3 考慮事項

(1) 現状――上記改正などによる影響――

もっとも、上記改正等による影響は、上述Ⅱの冒頭でも言及したように、近時、目に見えて現れてきている。2015年の統計資料によれば[32]、米国の特許訴訟の数は、1991〜2014年間では平均で年7.2％増加していたが、2014年には、13％も減少していることが示されている。また、損害賠償額も、従前は平均で年5.4Mドルであったが、2014年には2.0Mドルに減少したことが報告されている。

かかる、損害賠償額の低下や訴訟の減少は、上記のAIAにおける特許異議制度等の導入や、特許適格性についてAlice判決等で厳格に認定されるようになったことに伴って、特許無効が増加していること[33]等も影響しているように見受けられる。特に付与後異議制度等においては無効と判断される確率が高く、近時のIPRに係る統計によれば、審査開始は半分程度であるが、うち和解と取下等を差し引くと、実際に審理されたうち約85％が少なくとも１つのクレームについて特許無効の判断が示されているという顕著な結果が示されている[34]。

(2) 揺れ返しによる弊害の指摘

上記のように、近時の特許法改正（2011年）に伴う特許付与後異議制度等の導入と、判決法上の特許適格性の制限等により、逆にソフトウェア特許等の権利行使が極めて限定されるという顕著な結果を招いている。この点については、特許適格性の判断基準の激変に対する危機感ないし批判も大きい[35]。

また、これまでの特許権を濫用的に行使するパテント・トロールではなく、逆に、かかる特許無効制度を濫用的に利用するリバース・トロール（PTAB Troll（特許審判部トロール）ないしIPR Troll（当事者系レビュー・トロール））ともいうべきという問題も生じている。すなわち、無効率が高く幅広く申立可能な付与後異議制度等を利用して、株価を操作するヘッジファンド・ブローカーや、付与後異議等の申立てを行わない代わりに金員を要求するという事態が指摘さ

れているのである。この点，例えば上述の特許法改正法案（H. R. 9）においては，上記濫用への対応として，付与後異議制度における申立権者を，明確に利害関係を示した者にのみに限定し，上記のような濫用的行使をする者を排斥するような改正案などが示されている[36]。

そして，政府のアンチ・トロール政策に基づく法改正に対しても疑問も呈されている。例えば，包括的な特許制度改革により，正当な権利者の正当な権利行使までが抑制されるべきではないとの指摘もなされている[37]。

また，ITCへのeBayルールの適用を提案するアンチトロール法案に対しても反論が提起されている。この点，中国企業に対する知財侵害の取り締まりなど適切な水際措置をなし得ないとの指摘のほか，そもそもITCにおいては，国内産業要件，公益性要件，拒否権などの制限があり，またITCの制度における柔軟な運用が可能であること[38]，さらに，現在，無駄な訴訟をなくすためのパイロットプログラムやディスカバリールールが行われていること等が指摘されている[39]。

さらにeBay判決に基づく差止制限の在り方についても疑問が投げかけられている。この点，最高裁は「第1要件：回復不可能な損害」について，地裁のように「ライセンスの意思・商業活動の欠如」により区別しないことを明示していることに反し，（研究機関やベンチャー等を含めた）不実施主体の不利益取り扱いが多いとの指摘もある[40]。そこで，このように不実施主体をきちんと区別できず，過度のアンチ・トロール策は，ベンチャー企業等のバーゲニングパワーを減退させるリスクがあるとも指摘されている[41],[42]。

(3) 小括——バランスの在り方とハーモナイゼーション——

このように，近時，米国は，特許権の保護強化と，その揺れ戻し（制限）を経験し，その問題はいまだに収束を見ていない。ただ，eBay判決に見られる米国特有のドラスティックな差止制限のみではなく，近時は，殊に訴訟制度（特定・争点開示・ディスカバリー・訴訟費用）の改善など，効率的な制度設計自

体が模索されているように見受けられる。

これは，欧州では，米国と異なり英独ではトロールは多くないが，その理由は，特許対象の他，訴訟制度上の相違の問題に起因すると言われていること[43]に鑑みれば，当然の流れと考えることもできる。かかる見地からは，米国におけるソフトウェア特許の範囲を減縮，付与後異議制度の導入，訴訟制度の改善等は，特許制度のハーモナイゼーションとしても位置づけることができよう。

特許制度においては，技術開発のインセンティブのために特許権の保護強化が必要である反面，第三者の情報のアクセスを阻害しないような制限も必要になる。この点，米国特有のダイナミックな政策志向のバランスの取り方も魅力的ではあるが，最終的にはバランスのとれた調和的な制度が構築されていくことが望まれるところである。

Ⅲ　Enforcement の広域化の取り組み
――欧州統一特許制度等（付：ASEAN）について――

欧州においても，米国と比べると徐々にではあるが，Enforcement の向上が図られている。例えば，欧州の Enforcement 指針[44]に基づき，フランスの saisie-contrefaçon を範としてドイツにおいて査察命令が設けられたこと[45],[46]などが指摘できる。他方，例えば標準技術等については特許権行使の制限をしていることは後述Ⅳの通りである。

もっとも，欧州においては，現時点における重要な課題として，別途，下記の Enforcemente の広域化の問題があり，近時はそれが大きな動きをみせようとしている。

1　Enforcement の広域化の目的

欧州統一特許制度は，長い間議論されつつも，EU 各国の政策的な対立等でなかなか実現しなかったが，近時それが実現化しようとしている。

特許権の行使は，冒頭で言及した属地主義の原則から，特許権を付与した国に限定される。このため，欧州では，共同体でありながら，各国毎に特許権を取得し，行使しなければならず，実質的に，広範な欧州全域における特許権行使は困難であった。

無論，現行制度の下でも，欧州特許条約[47]に基づいて，欧州特許庁（European Patent Office）が一元的に出願や審査を行う制度は存する。しかしながら，欧州特許（European Patent）は，あくまで各国特許の束（"bundle" of individual national patents）であり，登録や管理のみならず，有効性判断，権利行使についても各国毎であった。

そのため，合衆国である米国とは異なり，統合された市場であるにもかかわらず，EUでは，特許の取得や行使に多額のコストが生じ，また各国毎の判断も異なり，予見可能性も担保されておらず，効率的な市場が実現できていなかった。そこで，統一的な欧州市場の実現ためには，特許権のEnforcementを広域化していく必要があったのである。

欧州統一特許制度は，かかる目的を実現するものであり，極めて画期的なものであるが，様々な不安定要素を抱えており，十分に機能するか否かについては，今後の見極めが必要と解される（英国のEU離脱（本Ⅲ-3末尾）等参照）。

2 欧州統一特許裁判所制度

(1) 制度の概要

欧州統一特許制度は，欧州全域（ただし非参加国を除く。以下同じ）[48]に効力を有する①欧州単一効特許（European patent with unitary effect）制度と，その権利行使等を担う②統一特許裁判所（European Patent Court）制度から成る。2009年に，上記①②の大枠がEU理事会によって合意されて以降，2012年には，①欧州単一効特許に関して，単一効特許規則[49]及び翻訳言語規則[50]が欧州議会で承認され，これらは統一特許裁判所協定と同時に発効することが予定されている。

そして，②統一特許裁判所に関しても，2013年に上記統一裁判所協定が署名さ[51]れ，必須3ヶ国（英独仏）を含む13ヶ国の批准で発効する運びとなっている[52]。

　現時点（2015年11月）においては，8ヶ国（仏を含む）が批准しており，発効の13ヶ国までは残り5ヶ国であるから，2017年の早い時期には上記制度が発効することが予想される[53]。

　統一特許裁判所制度は，上記統一裁判所協定及び（先月採択された）統一特許裁判所手続規則[54]において定められており，ここでは簡潔に概要のみ言及する。

　同規定には，7年の移行期間が設けられているが[55]，その後は，統一特許裁判所は，単一効特許のみならず，既存の欧州特許についても専属管轄を有し[56]，国内裁判所へは（国内特許を除いては）訴訟を提起できなくなる。

　かかる統一特許裁判所制度は，2審制であり，1審の裁判所は，各国に設けられる地方部（Local Division）と地域部（Regional Division）のほか，3つの中央部（Central Division）がロンドン（医薬・化学など），パリ（物理・電気など），ミュンヘン（機械工学など）に置かれ[57]，控訴審はルクセンブルクに置かれる[58]。

　これを担うのは様々な国の裁判官であり，1審では外国籍の裁判官を含む3名の裁判官（中央部では技術系1名，法律系2名）が担当する[59]。そして控訴審では5名の裁判官（技術系2名，法律系3名）が担当する[60]。

　そして，かかる統一裁判所は，侵害訴訟の他，非侵害確認訴訟，暫定的保全的措置差止，特許無効訴訟，特許無効又は非侵害確認の反訴，損害賠償訴訟等を扱う。侵害訴訟等の管轄は，原則として侵害が発生し若しくはその虞がある地又は被告の住所地の地方部若しくは地域部であり，被告が欧州に住所等を有しない場合は中央部又は上記侵害発生地となる[61]。

　なお，侵害と無効の分離の問題（bifucation）に関しては，侵害訴訟を審理する地方部又は地域部の裁判所に特許無効の反訴が提起された場合，同裁判所は，両者を併せて審理することのほか，中央部に無効訴訟を移送した上で侵害訴訟の審理を進行又は停止するか，両者の同意を得て両者を中央部に移送すること

ができる旨定めている。[62],[63]

　なお，同制度においては，かかる統一裁判所に係る手続的規定のみならず，直接・間接侵害，先使用権・消尽その他特許権の効力に係る実体的規定も一応設けられており，欧州地域の実体面におけるハーモナイゼーションもある程度図られている。

(2) 留意点

　かかる欧州統一特許制度は，国家間の枠組みを超えて，特許権の効力，権利行使を認める極めて画期的なものであり，そのメリットも大きいが，リスクも存する。

(a) メリットについて[64]

　かかる制度によるメリットとしては，まず，EU全域という広い管轄と市場を享受できることである。EUは，経済活動の効率・品質の向上・費用削減等による競争ないし経済の発展のため，経済活動を妨げる国境を取り払い，単一市場（Single Market）を実現することを目指しており，同制度により，特許権に関しても，従前の国家の枠組みを超えて，米国よりも広い統一市場ないし管轄が実現可能となるのである。また，効率的な特許保護が実現できるというメリットがある。

　まず，出願については，従前は各国毎に特許出願が必要であり，各国特許庁において手続費用や翻訳料等がかかるため，欧州全域をカバーする特許出願は事実上困難であり，出願できない地域では他者の模倣を甘受せざるを得なかった。しかし，新制度では，欧州全域をカバーするできる出願が，簡易にかつ安価で可能となる。ちなみに，出願費用も，従前の手続で4ケ国以上出願するのであれば，新制度による方が有利であるといわれている。また，出願人のみならず，特許庁における管理コストの負担も軽減されることになる。

　次に権利行使についても，従前は数ケ国で訴訟を提起しなければならなかったが，新制度ではその必要は無く，1つの訴訟手続において，欧州全域に対し

て権利行使が可能となるのである。

　しかも、訴訟制度は、米国と比して、時間や費用がからない効率的な制度になっている。例えば、1審は1年以内が予定されている。また、コストと時間のかかる米国流のディスカバリーもない。さらに陪審員制度もなく、専門的な裁判官が審理を行う。このため、広域的な権利行使の手段として、高額な費用や陪審員制による不確定性といった問題のある米国より、欧州の方が、有力な管轄になる可能性も考えられよう。

　さらに、上記制度を背景に、新たな発明への研究開発や投資が促進され、欧州の経済的な発展につながる可能性も考えられる。

(b) リスク及びその対応について

　しかしながら、他方で、欧州統一特許制度にはリスクも存する。

　例えば、同制度の検討段階においては、Max Planck 研究所によって、制度の①複雑さ、②バランスの欠如、③不安定性、といった懸念が指摘されていた。[65]

　この点、実務上最も問題になるのは、現実に如何なる制度や運営になるかという点であろう。新制度では、様々な国の裁判官が様々な国において裁判をするため、当該裁判官や法廷地の従前の制度や運用の影響を受けることも避けられず、具体的な法適用の在り方や裁判手続の運用などは、少なくとも当初の期間は、予測することは困難と思われる。また、各国において、裁判官の質のバラツキが生じ、判断が異なる可能性も考えられる。ひいては、有利な管轄を選択するフォーラム・ショッピング等が行われ、場合によっては、トロール訴訟の標的になる余地も理論上は考えられよう。

　また、特許権の Enforcement の広域化は、逆に、当該特許権さえ無効になれば、全域において Enforcement ができなくなるという帰結をもたらす。すなわち、従前は、各国毎に同一内容の対応特許が存在し、1国の特許権が無効になっても、他の国の特許権は存続していた（特許独立の原則）。しかしながら、新制度の下では、単一効特許について、9ヶ月以内の異議申立または中央部に

おける特許無効訴訟等の1つの手続によって，欧州全域において特許権を失うという重大なリスクに直面することになる。

もっとも，新制度は，当初は予測可能性が乏しいというリスクに配慮し，オプトアウトの制度を設けている。すなわち，上述の7年間の移行期間を設け，オプトアウト（適用除外）をすることにより，単一効特許ではなく，国内裁判所のみの管轄に服する国内特許を選択することが可能になる。統一特許裁判所で訴訟提起されるとオプトアウトできなくなるというリスクもあるが，制度開始前に一定期間（sunrise period）を設け，同期間内に，先にオプトアウトすることも可能となっている。この点，如何なる特許についてオプトアウトを選択すべきかという点は，実務上は重要な問題となると思われる。

また，当初は，各国が自国に馴染みのルールを適用するために判断が異なる可能性も考えられるが，専門的裁判官による協力や，控訴審における判断の統一等により，最終的には次第に制度や運用が統一（ハーモナイズ）されていくことが期待されよう。

3　付：ASEAN における Enforcement の取り組み

なお，ASEAN 等においても統一的な特許制度が模索されているので付言するが，その様相は欧州統一特許制度とは異なる。

ASEAN は，東南アジア諸国連合を意味し，現在は10ケ国で構成されているが，下記の諸事情もあり，緩やかな統合が志向されているにとどまる。

まず，EU と比較すると，制度や文化の違いといった障壁が大きい。例えば，国毎に所得格差が大きく，国家制度も立憲君主制（タイ）・共和国（シンガポール）・社会主義国（ベトナム）といった相違がある。また，民族も異なり，言語や文字も違い，宗教も異なるため，隣国間で戦争も起きているのが実情である。また，ASEAN 地域では，特許制度の整備が遅れており，制度統合の前提が揃っていないように見受けられる。

この点，アジア諸国においても，近時，特許制度制度が徐々に整備されており，Enforcement の向上に向けられた取り組みが行われているのも事実である。もっとも，「模倣品問題」に見られるように，アジア諸国の Enforcement は必ずしも十分なものではない。また強制実施権の問題など，南北の格差を反映した，いわゆる「南北問題」が特許制度に関しても存在している。

また，アジア諸国と一口に言っても，特許権の Enforcement の在り方は国毎に異なる。例えば，中国等では，特許出願や特許訴訟が急激な増え，知財プラクティスの向上が見られるのに対し，ASEAN はあくまで徐々に改善がなされているにとどまり，特許の Enforcement に係る制度の遅れも特に大きい。

例えば，ASEAN 諸国においては，特許制度はあっても，特許出願が少なく，数十件のみという国もあり，多いシンガポール・マレーシア・タイ等でも数千件程度（ただし，ほとんど外国か多国籍企業のものであり，自国は少ない）といわれている。また，模倣品対策も，主に著作権や商標権の侵害事案であり，行政や刑罰による対応が多く，民事訴訟は極めて少ない。さらに，法制度も，WTO や TRIP 協定などの関係で整備は進められているが，例えば，権利化に時間がかかる，代理人が不十分である，権利行使が難しい，賠償額が少ない，賄賂が求められる（インドネシア等），訴訟件数が少ないなど，制度の内実を伴っていないという問題も存する。事実，ASEAN には，米国の301条指定国されている国も多い。

もっとも，ASEAN においても，2015年に ASEAN 経済共同体（AEC）の発足に向けた動きがあり，そこでは知的財産法の Enforcement の向上も目指されている。

しかしながら，ASEAN 知的財産権行動計画においては，専ら特許協力条約（PCT）やマドリッドプロトコルへの加盟が目的とされており，EU のように主権を移譲するのでなく，主権を持ったままで，現在の延長として改善が目指されているにとどまる。実際，今までも，1995年の ASEAN 知的財産協力枠

組み協定における ASEAN 特許庁ないし ASEAN 特許制度の構想は消滅し，2007年の ASEAN 意匠制度の構想もなくなっており，結局，ASEAN においては，実現可能なもののみ対応しているのが実情といえる。

このように同じ共同体とはいっても，ASEAN では，各国の背景事情や法制度の相違もあり，EU のように，必ずしもハーモナイゼーションに向けた動きが統一特許制度が構築されるわけではない点には留意する必要がある。

むしろ欧州は，ある程度共通した文化的基礎と，ある程度進んだ知的財産制度という共通の基盤があるため，共通の特許制度を，国境を越えて構築することが可能になっている特殊な事案と解される。特許法は産業政策であり本来的には国家毎に異なるものであり，欧州においてもスペインの離脱など，共通な統一特許制度の構築は必ずしも容易ではないのが実情である。

したがって，国際調和（ハーモナイゼーション）の見地から統一的な特許制度が理想かもしれないが，欧州統一特許制度のような地域的な統一制度の創設は例外的であり，当面は，属地主義をベースに，一定限度の国際調和を模索することが現実的と思われる。

［なお，本稿作成後の為ここに追記するが，2016年6月23日英国が国民投票により EU 離脱を選択したことにより，（英国の参加を前提としていた）上記欧州統一特許制度は，ある程度変更ないし遅延を余儀なくされるものと思われる。］

Ⅳ　標準技術と特許の問題——今年の欧州裁判所の判決とその後の最初のドイツ判決と，標準技術に関する特許権行使の在り方について——

最後に，特許権の行使の制限として，近時問題になっている標準技術と特許の問題について少しだけ述べる。ただし，すでに別稿等でも言及しており，学会の発表時間や誌面が限られているため，ここでは専ら今年の欧州裁判所の判決（2015年7月）とその後の最初のドイツ判決（同年11月）について簡潔に言及するにとどめる。

1　標準技術の特殊性と対応方法

(1)　標準技術の特殊性

例えばモバイル通信は3G，4GないしLTEといった標準規格に準拠しているが，このような標準規格は規格団体で策定され，当該技術に特許権ないし特許出願が存する場合には，当該特許権者等は，当該技術を企画に組み入れるに際して，第三者に対して公正合理的かつ非差別的な条件（fair, reasonable, and non-discriminatory）条件（FRAND条件）によってライセンスを行う旨の宣言（いわゆる「FRAND宣言」）を行うのが通常である。

このようにFRAND宣言を行った標準規格に係る必須特許については，ライセンスを供与して利用者に用いられることを予定しているが，かかる特許権が権利行使された場合には，当該標準規格の利用が妨げられたり（いわゆるholdup），規格製品に多数の特許が存在するため，当該多数の特許権者からライセンス料の支払いを請求されて，ライセンス料が嵩んでしまう（いわゆるroyalty stacking）といった問題が指摘されており，当該特許権についても私権として正当な行使が求められることになる。[71] もっとも，実務上，かかる特許権を無断で実施しているにもかかわらず，FRAND料率ではないこと等を口実として，実施料の支払いを拒む事案も生じており（いわゆるreverse holdup），一概に権利制限のみが望ましいとはいえないのも実情である。

このような標準技術と特許の問題は，前述の累積的技術に係るソフトウェア特許等の増加や，かかる特許を濫用的に行使するトロール訴訟の増加と共に，顕在化し，重大な問題として認識されるようになってきた。

(2)　対応方法

FRAND宣言に係る必須特許の権利行使については，世界的に「ライセンスの意思を有する者（willing licensee）」に対する権利行使を制限するという，ある程度似たような方向性が模索されているが，アプローチの相違等も存する。

例えば，米国では，専ら連邦裁判所において上述eBay判決による差止制限

法理（4要素テスト）を適用する。無論，連邦取引委員会（FTC）によってシャーマン法2条のほかFTC法5条等の独占禁止法が適用される余地があるが，民事訴訟では上記4要素テストにより，(一律差止めを否定するのではなく)[72]具体的事情に応じながら，①回復可能な損害（FRAND条項への合意ある場合など），②原被告間のバランス（些細な技術など），③公益性（消費者から互換性ある製品を奪うなど）のファクターを考慮して差止請求権の行使が制限される[73]。また，水際措置に係る国際貿易委員会（ITC）にいては，2013年に大統領による拒否権が発動された例のように[74]，公益性を考慮して排除命令が制限される場合もある[75],[76]。

日本では，近時の知財高裁大合議判決に示されたように[77]，権利濫用法理（民法1条3項）を適用して権利行使を制限しているが，独占禁止法の適用については現在検討がなされているところである[78]。

これに対して，欧州では，専ら独占禁止法の適用を軸にした議論がなされている[79]。

2 欧州における新たな動き——交渉プロセスの重要性——

(1) 問題の所在

欧州では，主に独占禁止法の適用により解決が図られているが，最近（2015年7月）この点について欧州裁判所が判断を下した[80]。

ドイツでは，独禁法の適用に関して，従前のOrange-Book-Standard事件に[81]おいては，支配的な地位を有している場合，①特許権の行使をされた相手方が，ライセンス契約の申し込みを無条件ですると共に，②既存の実施行為について（支払い又は担保提供により）ライセンス義務を果たした場合にのみ，競争法上の強制ライセンスの抗弁を認めていた。

これに対し，欧州委員会においては，FRAND条件による「ライセンスを受ける意思を有する者（willinglicensee）」への標準技術必須特許に基づく差止請

求権の行使を独占禁止法違反であるとの見解を示した。そこで，2013年3月21日に，デュッセルドルフ地方裁判所は，侵害訴訟の手続を中止し，欧州裁判所に対し，両判断の整合性について質問を付託する決定をした。

(2) 欧州裁判所の判決（2015年7月16日）とその意義

上記に関して，欧州裁判所は，近時，下記のような判断を示している。

> 1．TFEU102条は，標準化団体によって策定された技術標準に必須の特許の権利者が，当該標準化団体に対して，公正，合理的かつ被差別的な（FRAND）条件によって当該特許のライセンスを第三者に付与する旨を取消不能で確約した場合には，以下の条件を満たす限り，自らの特許権の侵害の停止又は当該特許権の実施品の市場からの回収を求めて差止請求訴訟を提起することは，同条における，自らの支配的地位の濫用にはならないことを意味すると解釈しなければならない。
> —当該訴訟提起に先立って，当該特許権者が，第1に，被疑侵害者に対して，侵害されている特許を特定し，その侵害態様を明示して警告を行い，第2に，当該被疑侵害者がFRAND条件によるライセンス契約を締結する意思がある旨を表明した後においては，FRAND条件に基づく具体的な書面でのライセンスの申出を，特に，ライセンス料及びその計算方法を特定して，被疑侵害者に提示していた場合で，かつ
> —被疑侵害者が当該特許を実施し続け，当該特許権者の申出に対して，真摯に，当該分野で広く認められた商慣行に従って誠実に（この点は，客観的要素に基づいて立証されなければならず，特に，遅延戦術を含まない）応答することを怠っていた場合。
> 2．TFEU102条は，本訴訟のような状況において，標準化団体に対して自らの標準必須特許をFRAND条件によってライセンスを付与する旨の確約をしていた，市場の支配的地位を有し，標準必須特許を保有する者が，過去の当該特許権の実施行為に係る会計報告又は当該実施行為に係る損害賠償を求めて被疑侵害者に対して侵害訴訟を提起することが妨げられないと解釈されなければならない。

同判決は，Orange-Book-Standard 事件が要件としていたように，①特許権の行使をされた相手方が，ライセンス契約の申し込みを無条件でする必要は無く，特許無効を主張することもでき，また，②既存の実施行為について，予め支払い又は担保提供によりライセンス義務を果たす必要はなく，上記プロセスに従って対処されるべきことを示している。

また，同判決は，欧州委員会の示していた「ライセンスの意思を有する者（willing licensee）」に対する権利行使は制限されるという抽象的な判断基準で

はなく，その交渉プロセスについても明示的に言及した点において意味を有する。これにより，今後は，標準技術必須特許について，具体的な交渉プロセスの在り方が重要性を有することになるものと思われる。

(3) その後の最初のドイツの事件（2015年11月3日）と，残された課題

もっとも，上記判決後の最初のドイツ判決が本発表の少し前（2015年11月3日）に出された。同判決（Sisvel事件[86]）において，デュッセルドルフ裁判所は，上記欧州裁判所の判決に基づきつつも，FRAND抗弁を否定し，差止めを認めている。

同裁判所は，欧州裁判所の基準について，①まず特許権者が侵害警告し，②ライセンス意思を示す侵害者には，特許権者が書面でライセンス条件をオファーし，③侵害者は誠意をもって対応し，④オファーを拒絶した侵害者はカウンターオファーを行い，⑤カウンターオファーが特許権者に拒絶された場合には，侵害者が計算報告ないし担保提供を行うという大枠を確認した。

その上で，まず，①（特許権者の警告）については，かかる事件では訴訟提起前に提供していなかったが，上記欧州裁判所の判決前に提起された本件においては事前の通知は詳細な要求されず，訴訟提起により十分な通知たり得るとした。そして，②（特許権者のオファー）については，FRAND条件に基づくものであったかは特に考慮せず，⑤[87]（被疑侵害者の計算報告ないし供託）については，カウンターオファー拒絶後1ケ月以内にすべきであったとして，上記⑤の要件を満たしていないため，FRAND抗弁を否定したのである。

このように，一見我が国の知財高裁の基準とも整合的に見える欧州の基準も，上記裁判例を見ると，担保提供など，我が国の運用とは異なることが見て取れる。そもそも欧州裁判所の判決は，上述のように交渉プロセスを示したものであるが，個別具体的な交渉過程を網羅的に定式化することは難しく，逆に基準が完全に示されていないことによる課題も多いように思われる。

例えば，残された課題としては，まず，独占禁止法違反を論じる前提として

の「支配的地位」の評価である。この点については上記判決には明示的に示されていない。また，本件のようなFRAND宣言をされた標準化団体の規格（デジュール・スタンダード）だけではなく，事実上の標準（デファクト・スタンダード）或いはFRAND宣言がなされていない場合の規格における特許権の行使についてはどのように解すべきか（デファクト・スタンダードに係るOrange-Book-Standard事件の基準が残るのか）という問題もあり得よう。[88]

　特許権者のオファーについては，どの程度の論拠が必要かが問題となろう。また通知は絶対に必要か，結果的にFRAND条件を満たしたオファーでなければ要件を充足しないのか，という点も問題となり得る（上記Sisvel事件参照）。相手方からのカウンターオファーについては，速やかな返答とはどの程度か，計算報告義務はどの程度明確にすべきかという点も問題となる。[89] またカウンターオファーが拒絶された後に供託をする場合，いつまでにどの程度の額を提供すべきか明確でない（上記Sisvel事件参照）。

　また，上記交渉プロセスのように，かかる特許権者と相手方とのやりとりは一往復のやりとりで終わるのか，争いになった場合に第三者裁定に委ねることができるとしても訴訟を提起されるリスクはあるのか等の問題もあり得よう。さらに，根本的な問題であるがFRAND料率をどのように定めるのか，合理的金額は何かということが明らかでない。

　このように標準技術に係る特許権行使については，「ライセンスの意思を有する者（willing licensee）」に対する権利行使は制限されるという方向で，国際的なハーモナイゼーションに向けた動きはあるが，より具体的な交渉プロセスは，上術のように必ずしも我が国の運用とは同じではなく，特許権者とライセンシーのバランスの観点から，今後ともさらなる検討が必要となることには留意が必要であろう。

V　お わ り に

　このように特許権の Enforcement については，調和的な制度（ハーモナイゼーション）が望まれる一方，諸外国の制度の相違から，異なった配慮も必要であり，権利行使の制限も制度全体におけるバランスの一環として各国の制度の違いに応じた対応が望まれる。具体的には，特許権の権利行使に伴う弊害については，①特許制度の制度設計自体による予防的な対応，②特許権の権利行使を柔軟に制限していく対応，③（独占禁止法等による）例外的対応などが考えられる。上記Ⅱのトロール等による濫用的行使の問題は，米国では②（柔軟な権利制限）による対応が採られているが，欧州等では①（制度設計）による対応で解決が図られており，米国でも近時は同様に①の動向が重要になっているのは上述の通りである。また，上記Ⅳの標準技術必須特許については，米国では同様に②（柔軟な権利制限）を中心とした対応であるのに対し，欧州では③（独禁法による例外的対応）を中心に論じられている。この点，米国のように，②衡平法による権利制限によって解決をしていくダイナミックな対応も，一見柔軟性に富んでいるように思われるが，法的安定性の見地からは，有効な特許権の行使であれば，できるだけ①（制度設計）により濫用的行使のリスクを制度自体から予め排斥した上で権利行使を認めつつ，それでもやむを得ず本来的権利行使と認められない上記Ⅳに係る濫用的権利行使のような場合にのみ，③例外的に（独占禁止法等を適用して）権利行使を制限していく欧州のようなアプローチが適切であるように思われる。この点，我が国においても，同様の見地から，上記Ⅳについてのみ，実務上（独占禁止法の抗弁ではないが）権利濫用法理を適用することのよって対応が図られている[90]。もっとも，いずれにせよ FRAND 抗弁を何れの構成によって実現する場合であっても，権利行使が制限される基準は，できるだけ国際的に収斂（ハーモナイズ）していくことが望まれる。

　さらに，上記Ⅲに見られる Enforcement の広域化の問題は，現在は欧州統

一特許制度において進捗が見られる。初めての試みであり，まずは様子を見定める必要があろうが，今後の Enforcement の国際調和に向けた重要な第一歩であることは間違いなく，その確実なる成果が実現されることを望む次第である。

1) 本稿は，2015年11月29日の日本経済法学会第25回研究大会において発表した内容に基づき，その時点における考察を記載したものである。
2) 我が国の BBS 事件（最判平成9年7月1日民集51巻6号2299頁）においては，「属地主義の原則とは，特許についていえば，各国の特許権が，その成立，移転，効力等につき当該国の法律によって定められ，特許権の効力が当該国の領域内においてのみ認められることを意味するものである」と述べられている。
3) 2015年6月7日開催の工業所有権法学会・著作権法学会合同研究大会「シンポジウム：知的財産権の本質と救済」に係る研究報告など参照。
4) 上記トロールの問題については後述Ⅱ，FRAND の問題については後述Ⅳを参照。
5) 拙稿「特許権のレバレッジ──近時の特許権行使を巡る問題についての比較法的考察──」（飯村敏明退官記念論文集，青林書院，2015年）など参照。
6) The Leahy-Smith America Invents Act（AIA）(September 16, 2011).
7) AIA 前の特許制度への指摘については，FTC, *The Evolving IP Marketplace : Aligning Patent Notice and Remedies With Competition*（2011）など参照。
8) 後掲（注32）など参照。
9) 前掲（注8）参照。なお，特許出願数はいまだに増加傾向（平均で年5.2％）である。
10) *eBay Inc. v. MercExchange, L. L. C.*, 547 U. S. 388 (2006).
11) 前掲（注3）参照。
12) 拙稿「前掲論文」（注5）など参照。
13) 後述2(2)のようにトロール訴訟が6割を超える米国と，我が国の実情を同視するのは疑問があろう（前注及び前掲（注3）の学会における質疑応答参照）。
14) AIA においては，付与後レビュー（PGR: Post Grant Review，AIA §6）の他，当事者系レビュー（IPR: Inter Partes Review，AIA §6），ビジネス方法レビュー（CBM: Transitional Program for Covered Business Method Patents, AIA §18）等の制度が設けられている。
15) Executive Office of the President, *Patent Assertion and U. S. Innovation*（June 2013）によれば，トロール（NPE）によって起こされた訴訟は過去2年間に29％（2010年）から62％（2012年）と3倍にも増加しており，昨年のみで10万を超える会社が脅かされたと推定される等と報告されている。
16) The White House, *FACT SHEET : White House Task Force on High-Tech Patent Issues*（June 04, 2013）．
17) ITC, *In the Matter of Certain Electronic Devices, Including Wireless Communication*

Devices, Portable Music and Data Processing Devices, and Tablet Computers, Investigation No. 337-TA-794.
18) 後述 3(2)参照。
19) *Bilski v. Kappos*, 561 U. S. 593, 130 S.Ct. 3218, 177 L. Ed. 2d 792, 95 U. S. P.Q.2d 1001 (2010).
20) *Mayo Collaborative Services v. Prometheus Laboratories, Inc.*, 132 S.Ct. 1289, 182L. Ed.2d 321, 101 U. S. P.Q.2d 1961 (2012).
21) *Association for Molecular Pathology v. Myriad Genetics. Inc*, 133 S.Ct. 2107, 186 L. Ed.2d 124, 106 U.S.P.Q.2d 1972 (2013).
22) *Alice Corporation Pty. Ltd. v. CLS Bank International*, 134 S.Ct. 2347, 189 L. Ed. 2d 296, 110 U. S. P. Q.2d 1976 (2014).
23) 後述 3(2)参照。
24) *Lucent Technologies, Inc. v. Gateway, Inc.*, 580 F. 3d 1301 (Fed. Cir. 2009), *Uniloc USA Inc. v. Microsoft Corp*, 632 F. 3d 1292 (Fed. Cir. 2011) 及び *LaserDynamics, Inc. v. Quanta Computer, Inc.*, 694 F. 3d 51 (Fed. Cir. 2012) など参照。
25) *In re Seagate Technology, L. L. C.* 497 F. 3d 1360 (Fed. Cir. 2007) 及び AIA § 17 等参照。ただし，(研究会後の動向であるが) *Halo Electronics, Inc. v. Pulse Electronics, Inc.*, 579 U. S. ＿ (2016) では，上記 Seagate の基準を厳格過ぎるとして緩和している。
26) AIA § 19参照。
27) *In re TS Tech USA Corp.*, 551 F. 3d 1315 (Fed. Cir. 2008) 等参照。
28) *Octane Fitness, LLC v. Icon Health and Fitness, Inc.*, 134 S.Ct. 1749 (2014) 及び *Highmark Inc. v. Allcare Health Management System Inc.*, 134 S.Ct. 1744 (2014) 参照。
29) Innovation 法案 (H. R. 9) には，訴状の記載要件として侵害製品や侵害内容を特定すること，訴訟費用の敗訴者負担，ディスカバリーの制限，根拠のない警告書の送付の制限，訴訟提起地の制限，利害関係者の開示，顧客に対する訴訟の中断等に加え，AIA によって創設された付与後異議制度等の改善提案 (後述 3(2)参照) などが規定されている。
30) Protecting American Talent and Entrepreneurship 法案 (S. 1137) には，侵害訴訟の訴状記載要件，早期開示，顧客への訴訟の中断，ディスカバリーの制限，Judicial Conference によるディスカバリー手続や訴訟審理の規律，訴訟費用の敗訴者負担，警告書の明瞭化と，悪意ある警告書と FTC 法違反などが規定されている。
31) Supreme Court, Amendments to Federal Rules of Civil Procedure (2015) では，例えば，訴状について，従前の極めて簡潔な記載の形式によることを認める規定を削除している (84条)。また，ディスカバリー要求について，「関連性 (relevant)」ではなく「事案の必要性に応じて (proportional to the needs of the case)」と絞りをかけている (26条)。さらに，訴状送達期間やスケジューリングオーダーの期間を短縮し (16条)，書類提出要求への応答期間を設け，応答する場合は検査受入れ又は情報提供等，異議を述べる場合は理由の明示を義務づけ (34条)，電子情報の保存を怠った場合に当該事実を真実と認め又は欠席判決を行うことができる旨を明示している (37条)。

32) PWC, *2015 Patent Litigation Study*（2015）参照。
33) 後掲（注35）など参照。
34) USPTO, *Patent Trial and Appeal Board Statistics*（10/31/2015）参照。
35) 例えば，USPTO, Comments on July 2015 Update on Subject Matter Eligibility（2015）参照。
36) 前掲（注29）参照。
37) Robert L. Stoll (Retired USPTO Comissioner), *US patent reform's international impact*（The Hills, May 22, 2015, 06: 30 am）など参照。
38) Colleen V. Chien & Mark A. Lemley, *Patent Holdup, the ITC, and the Public Interest*, 98 Cornell Law Review 1 (2012), Stanford Public Law Working Paper No. 2022168（2012）は，命令範囲からの除外ないし調整，命令の執行を遅らせること，担保金ないしペナルティの活用，裁量権の賢明な行使に言及する。
39) 拙稿「アメリカ関税法337条に基づくITC訴訟」『知的財産権の管理マニュアル』841〜900頁（第一法規，2015年改訂部分）参照。
40) 後掲（注41）の文献(1)によれば，2006年5月から2013年12月までの間の差止請求権の認容率は，地裁では平均72.5％であるが，NPEについては16％，その他は80％とのことである。（ただし，大学については差止めは認められているとの文献（前掲（注38）参照）等も存する。
41) (1) Christopher B. Seaman, *Permanent Injunctions in Patent Litigation After eBay : An Empirical Study*（2015）及び(2) Kirti Gupta & Jay P. Kesan, *Studying the Impact of eBay on Injunctive Relief in Patent Cases*（2015）など参照。
42) 他方で，Stanford大学Lemley教授は，近時（2016年1月）連絡をとった際には，eBay判決は，上記のような指摘もあるが，米国制度においてはバランスを図るためには重要な役割を果たしているとの認識を示していた。
43) 例えばBrian J. Love, Christian Helmers, Fabian Gaessler & Maximilian Ernicke, *Patent Assertion Entities in Europe*, Cambridge University Press, 2016, Forthcomingによれば，米国と異なり，ドイツ（2000-2008）や英国（2000-2013）においてはトロール訴訟は全体の約10％程度に過ぎないが，この背後には，ソフトウェアの特許対象性の問題の他，訴訟制度上の問題として，①米国では訴訟提起のコストが低い（弁護士成功報酬制度参照）が，欧州EUでは訴訟提起時のコストが高いこと（訴訟提起時に敗訴者負担を考えざるを得ず，数カ国で訴訟提起費用がかかり，弁護士成功報酬制度はない），②米国では防御費用（ディスカバリー費用）が高いが，欧州は，防御のコストは低いこと，③USは賠償額が高い（多くの被告を相手にできる）が，欧州は低いこと，④USは訴訟費用の敗訴者負担は稀だが，欧州では敗訴者負担が通例であること等の指摘がなされている。
44) DIRECTIVE 2004/48/EC OF THE EUROPEAN PARLIAMENT AND OF THE COUNCIL of 29 April 2004 on the enforcement of intellectual property rights.
45) BGHZ150, 377 GRUR 2002, 1046 - Faxkarte.
46) 現ドイツ特許法第140c条及び140d条参照。

47) Euroean Patent Convention.
48) 例えばスペインなど。ただし，スペインと共に，上記制度の枠組みを承認したEU理事会の決定の無効を求めて欧州連合司法裁判所に提訴していたイタリアは，今年（2015年）5月に，同裁判所が棄却の判断を示した後，9月に上記制度に参加を表明している。
49) REGULATION (EU) No 1257/2012 OF THE EUROPEAN PARLIAMENT AND OF THE COUNCIL of 17 December 2012 implementing enhanced cooperation in the area of the creation of unitary patent protection 参照。
50) COUNCIL REGULATION (EU) No 1260/2012 of 17 December 2012 implementing enhanced cooperation in the area of the creation of unitary patent protection with regard to the applicable translation arrangements 参照。
51) Agreement on a Unified Patent Court (16351/12) 参照。
52) 統一特許裁判所手続規則（Rules of Procedure of the Unified Patent Court）は2015年10月に採択された。
53) 上記は，発表日（2015年11月29日当時）の予測であるが，英国についてはEU離脱という不確定要素も存する（本Ⅲ-3末尾等参照）。
54) Rules of Procedure of the Unified Patent Court.
55) 上記協定83条参照。
56) 同1条及び3条参照。
57) 同7条参照。
58) 同9条参照。
59) 同8条参照。
60) 同9条参照。
61) 同32条及び33条1項参照。
62) 同33条3項参照。
63) 現在ドイツは，侵害と無効の判断を分離しているが（Bifurcation），統一特許制度の下では，上記規定によれば，同時に判断がなされる可能性も高く，ドイツにおいてもBifurcationが事実上認められにくくなる可能性も考えられる。ただし，上記の移送の余地もあり，裁判所の裁量的判断如何によってはBifurcationが維持される余地もあろう。
64) European Comission のHPなど参照。
65) Max Planck Institute for Intellectual Property and Competition Law, *The Unitary Patent Package : Twelve Reasons for Concern,* 具体的には，①（複雑さ）としては，地理的・実体法に係る特許保護の分断化，適用法規の相違，司法システムの相違，②（バランスの欠如）としては，特許法の例外や制限規定が不十分であること，強制実施権などの対抗力の不存在，特許権者が行使を躊躇う特許実施の機能不全，法適用に係る差別的効果，管轄範囲・管轄区分・裁判所組織のアンバランス等の裁判所の効果を潜在的に失わしめること，③（不安定性）としては，単一効の法的性質・重畳的構成による不明性，EU立法に基づかず単一効特許が根拠が不明であること，強制実施権の排除，EU法との不整合といった点が指摘されている。
66) 中国では，従前より，地方における中国企業への優遇がなされる等の問題もあったが

(地方保護主義)，特に沿岸部においては知財プラクティスは向上している。例えば，2014年末には，北京・上海・広州で知的財産権裁判所が設立されると共に，2015年には，第四次専利法改正案において，特許対象拡大（25条），行政ルート強化（60条），立証容易化措置（61・64条），3倍賠償（65条），ネット上の侵害救済（71条）等の規定が導入される。他方で，特許権の濫用防止（14条），当然許諾制（79-81条），国家標準特許許諾（82条）等の権利制限も規定されている（後掲（注79）参照）。

67) 例えば，優先監視国としてはインドネシアやタイ（ASAEAN 以外では中国やインド）があり，監視国としてはベトナムが存する。
68) ASEAN Intellectual Property Rights Action Plan（2011-2015）．
69) ASEAN Framework Agreement on Intellectual Property Cooperation.
70) 拙稿「前掲論文」（注5）参照。
71) 紋谷暢男「知的財産権法概論」（第3版）70頁の「(5)権利の正当行使義務等」など参照。
72) *Apple Inc. v. Motorola Inc.*, 757 F.3d 1286, (Fed. Cir. 2014) など参照。
73) 前掲（注7）など参照。
74) Executive Office of The President The United States Trade Representative, *Re: Disapproval of the U. S. International Trade Commission's Determination in the Matter of Certain Electronic Devices, Including Wireless Communication Devices, Portable Music and Data Processing Devices, and Tablet Commputers, Investion No. 337-TA-794* (August 3,2013)
75) US DOJ & US PTO, *Policy Statement on Remedies for Standards-Essential Patents Subject to Voluntary F/RAND Commitments* (January 8,2013).
76) 詳細については，前掲（注39）参照。
77) 知財高判平成26年9月20日判時2224号146頁，判タ1402号160頁参照。
78) 公正取引委員会「『(平成27年7月8日) 知的財産の利用に関する独占禁止法上の指針』の一部改正（案）に対する意見募集について」参照。なお，学会発表後（平成28年1月21日）同指針の改正が行われた。
79) なお，アジアにおいても，例えば中国では，ファーウェイ対IDC事件（2013年）やクアルコム事件（2015年）に見られるように，知的財産権の行使に対して独占禁止法の適用を認める。また，第四次専利法改正案（2015年）においても，特許権の濫用防止（14条）や国家標準特許許諾（82条）等が権利制限を規定したり，工商総局において「知的財産権濫用規定」（2015年）が設けられている。無論，後発国においても，知財法と独占禁止法の規律がなされることは望ましいことと思われるが，他方で，先進国の知的財産権の Enforcement を弱める結果にならないかといった懸念も存する。
80) C-171/13 Huawei Technologies Co. Ltd v ZTE Corp. (16 July 2015).
81) BGHZ180, 312, GRUR 2009, 694 - Orange Book Standard.
82) European Commission, *Antitrust: Commission sends Statement of Objections to Samsung on potential misuse of mobile phone standard-essential patents* (Press release 21 December 2012) 及び *Antitrust: Commission sends Statement of Objections to*

Samsung on potential misuse of mobile phone standard-essential patents（Press relese, 6 May 2013）参照。
83) Landgericht Düsseldorf, 4b O 104/12（21.03.2013）.
84) 反競争的行為を禁じる欧州連合の運営に関する条約（The Treaty on the Functioning of the European Union,「TFEU」）102条。
85) *European Commission, Consultation on Patents and Standards - A modern framework for standardisation involving intellectual property rights summary report*（Brussels, 27 octobre 2015）においては，分野により相違があり，ライセンス交渉の委ねられるべきこと，FRAND条件の明確化の是非については争いがあること等の指摘がある。またADRの活用等も言及されている。
86) Sisvel v Haier（LG Düsseldorf, 03.11.2015 - 4a O 144/14 und 4a O 93/14）参照。
87) ただし，（学会発表後の事実であるが）控訴裁判所では，上記②の判断が誤りである（侵害者の対応が不十分であったことに基づいてFRAND抗弁を否定する前に，まず特許権者がオファーについては，FRAND条件に基づくものか否かを判断すべきである）として，2016年1月13日に執行の仮停止を認めている（OLG Düsseldorf, 13.01.2016 - I-15 U 65/15 und I-15 U 66/15）。
88) なお，Competitor等の言及に鑑みると，トロールによる権利行使というだけで上記が適用されると解するのは難しいと解される。
89) 世界規模のライセンスオファーに対してドイツのみに限定したカウンターオファーが認められるか，第三者（サプライアー等）にFRAND条件の提供を任せた場合に自身のカウンターオファーたり得るかという問題も争いになっている（Saint Lawrence v Deutsche Telekom（LG Mannheim, 27.11.2015 - 2 0 106/14）参照）。
90) ただし，我が国の権利制限は，ドイツのように担保提供を問題とせず，また損害賠償請求権についても権利濫用の適用の余地を認めている点，一般条項を用いている点において，権利行使をより制限する運用がなされるリスクもあり得るが，今後の独占禁止法の適用を検討する際にも，海外における運用の在り方も適宜参考にしながら，適切なバランスを図っていく必要があると思われる。

（弁護士・弁理士・ニューヨーク州弁護士，
金沢工業大学客員教授・立教大学及び成蹊大学法科大学院講師）

論　説　　自由論題

EU競争法と加盟国競争法の衝突と調整規定
―― 理事会規則1/2003号3条2項をめぐって ――

長 尾 愛 女

Ⅰ　はじめに
Ⅱ　理事会規則1/2003号3条の概要
　1　理事会規則1/2003号3条の意義
　2　理事会規則1/2003号3条1項 ―― EU競争法と加盟国競争法の並行適用の存続 ――
　3　理事会規則1/2003号3条2項 ―― EU競争法と加盟国競争法との調整規定 ――
　4　理事会規則1/2003号3条3項 ―― EU競争法と「立法目的の異なる国内法」 ――
Ⅲ　理事会規則1/2003号3条2項に基づくEU競争法と加盟国競争法との補完関係
　1　加盟国競争法における「相対的市場力」規制
　2　加盟国競争法による「流通系列化」の規制
　3　EU競争法と加盟国競争法の「協働」
　4　EU競争法と加盟国競争法の「衝突」
Ⅳ　理事会規則1/2003号3条2項に基づくEU競争法と加盟国競争法の補完関係
　　―― フランスの場合 ――
　1　カルフール社による経済的従属関係の濫用事例の概要
　2　カルフール社による経済的従属関係の濫用事例の分析
Ⅴ　加盟国による流通系列化規制がEU競争法へ与える影響
　1　EUにおける流通系列化規制の進展
　2　フランスの流通系列化規制における「著しい不均衡」規制の導入の意義
　3　EU競争法の流通系列化規制における「著しい不均衡」規制導入の可能性
Ⅵ　おわりに

Ⅰ　はじめに

　2002年12月16日に採択された理事会規則1/2003号[1]は，欧州域内における競争秩序をより効果的に保障するために，従前の規則17/1962号[2]体制下における

EU競争法執行手続上の課題を克服するものであった。すなわち規則1/2003号は、EC条約81条及び82条の完全かつ直接の適用を加盟国競争当局及び裁判所に認めて、EU競争法執行の分権化（decentralisation）を図り、それにより欧州委員会の審査能力を効率的に活用して、EU競争法の適用事例を拡大することを目指した。その一方で、分権化はEU競争法の執行機関の多様化をもたらしたために、域内市場において、各加盟国当局及び裁判所による競争法の首尾一貫した統一的な執行を確保することが、重要な課題として認識された。

欧州委員会はこの課題に対応するために、同規則3条1項から3項において、EU競争法と国内競争法との適用関係に関する規律を設けて、2種類の法の抵触（conflict）ないし不一致（inconsistencies）の問題の解決を図った。しかし規則3条2項は、Ⅱ節で詳述するように、加盟国間取引に影響を与える単独行為に対して、EU競争法とEU競争法よりも厳格な国内競争法とを同時に適用することを許容した。そのため、EU競争法と国内競争法との要件及び効果の齟齬がもたらす摩擦・緊張関係は、同規則の制定後も存続することとなった。

理事会規則1/2003号による競争法執行手続の現代化については、我が国においても2001年1月の欧州委員会案の提案を契機として、同規則を紹介し分析する優れた先行研究の積み重ねが存在する。もっとも国内競争法とEU競争法との適用関係を規律する同規則3条に焦点を当てた議論は多くはないようである。

本稿では、規則3条の定めるEU競争法と加盟国競争法の適用関係に関する調整規定の内容を明らかにした上で、単独行為に関してEU競争法よりも厳格な単独行為規制を備えるフランス競争法の検討を通じて、加盟国競争法がEU競争法に与える影響を検討する。本稿の構成は以下の通りである。まず同規則3条の概要を説明し、3条2項第2文における単独行為に関する例外規定の意義を論ずる（Ⅱ）。次にEU競争法よりも厳格な単独行為規制の例としてフランスにおける経済的従属関係の濫用規制を分析して、同規制がEU域内におけ

る流通系列化規制を補完する可能性のあることを指摘する（Ⅲ）。そして実際に同規制が小売主導型の流通系列化を効果的に規制した事例を紹介する（Ⅳ）。最後に加盟国競争法による規制の厳格化がEU競争法に与える影響を検討する（Ⅴ）。

Ⅱ　理事会規則1/2003号3条の概要

1　理事会規則1/2003号3条の意義

　理事会規則1/2003号3条は、EU競争法と加盟国競争法との適用関係について規定する。EU機能条約（TFEU）103条1項は、理事会に「101条及び102条に示される原則の適用に有益な規則及び指令を制定する」権限を付与し、2項e）で「国内立法と本節の規定との関係」又は「国内立法と本条の適用により採択された規定との関係を定める」権限を挙げており、同規則3条の立法的根拠となる。

　旧規則17号体制下では、EU競争法と国内競争法との関係を明確化する規則又は指令は制定されてこなかった。その結果、要件及び効果の異なるEU競争法と国内競争法との抵触、不一致の問題が存続し、法的不安定性の原因となっていた[11]。この点、EU競争法と加盟国競争法の抵触の問題に関する重要な先例であるWalt Wilhelm判決[12]が存在する。同判決はカルテル事案について、欧州法の加盟国法に対する優越性の一般原則[13]に基づき解決指針を与えたが、単独行為を含むあらゆる事案に明確な解釈指針を与えてはいなかった。そのため同規則前文8項が述べるように「域内市場内において、事業者間のカルテル、事業者集団による決定、及び事業者の協調的な行動に対して、統一的な競争条件を創設するために、EC条約83条第2項e）に基づき、国内立法とEU競争法との関係を決定すること」が要請された。規則3条はこの問題の解決指針として重要な意義を有する。

2 理事会規則 1/2003号 3 条 1 項——EU 競争法と加盟国競争法の並行適用の存続——

(1) 委員会案——EU 競争法の排他的適用——

EU 競争法と加盟国競争法の抵触の問題に関して，規則 1/2003号の制定当時，大別して 2 つの見解が存在した。第 1 は加盟国間取引に影響を与える可能性ある行為に対して EU 競争法を排他的に適用する見解であり，第 2 は EU 競争法と加盟国競争法の並行的な適用を肯定する見解である。[14]

先例である Walt Wilhelm 判決は，以下のように判示して第 2 の見解を採用した。「カルテルに関する欧州法と国内法は，異なる局面における事項を考察するものである……実際，EEC 条約85条が，侵害行為が加盟国間取引から生じうることを考慮するとしても，国内法は各国固有の考慮に基づくものであり独自の枠組みにおいてカルテルを検討する。……経済現象及び法的状況の不測の相互関連性に鑑みれば欧州及び国内の局面の区別は……管轄確定を決定する基準とはなり得ない……。管轄確定は同一のカルテルが……並行する 2 つの手続の対象となることを必然的に前提とする，1 つは EEC 条約85条を適用する欧州当局の手続であり，もう 1 つは国内法を適用する加盟国当局の手続である」。

しかし2000年 9 月28日に提出された欧州委員会案[15]における 3 条は上記判決とは異なり，以下のように規定することにより，加盟国間取引に影響を与えるカルテル及び単独行為に対する欧州競争法の排他的適用を認めた。

> 「EC 条約81条の意味におけるカルテル，事業者団体による決定又は協調行為もしくは82条の意味における市場支配的地位の濫用行為が加盟国間の取引に影響を与える可能性がある場合には，欧州競争法は国内競争法を排除して適用される」。

欧州委員会案は，域内市場における公平な取引条件の創設を重視して「加盟国間の取引に影響を与える可能性のある」[16]行為に対して，欧州競争法規範を統一的，排他的に適用すべきことを主張したものであった。

(2) 修正案──EU競争法と加盟国競争法の並行適用の肯定──

しかし欧州委員会案は，経済社会委員会[17]，及び欧州議会[18]の支持を得たものの，2001年12月から2002年1月にわたる理事会審議過程において多数の加盟国による反対に遭い，大幅な修正を余儀なくされた。

反対理由の第1点目は「加盟国間取引に影響を与える可能性のある行為」に対して自国の競争法を適用する権限の留保を求めるものであった[19]。ドイツは，加盟国間取引に影響を及ぼす全ての事件について国内法を完全に排斥することは法的に疑問であり競争政策上不利益をもたらす，首尾一貫した法適用のためには，加盟国当局がEU競争法を適用すべき義務を確認しつつ，EU競争法と矛盾する限りにおいて国内競争法を排斥すれば十分であると主張した[20]。

第2点目は，委員会案は実際には適用が困難であるという批判であった。委員会案によれば，当該行為が国内競争法又は欧州競争法のいずれに服するかを決定するためには，手続の開始時に当該行為が「加盟国間取引に影響を与える」か否かを判断する必要があるが，特定の事件ではそれが困難であるという反論である[21]。ベルギー議長はこれらの批判を受けて，以下のような修正案を提案し，全構成員の同意を獲得することで解決を図った[22]。

> 「加盟国の競争当局または国内裁判所は，条約81条1項にいう協定，事業者集団による決定または81条1項にいう協調行為であって，加盟国間の取引に影響を与えるものに対して国内競争法を適用する場合は，これらの機関は，かかる協定，決定，協調行為に対して，同時に，条約81条を適用する。加盟国の競争当局または国内裁判所が，条約82条で禁止される濫用行為に対して国内競争法を適用する場合は，これらの機関は同時に条約82条を適用する。」

規則成案となった上記修正案は，委員会案と同様に，国内当局及び裁判所が「加盟国間取引に影響を与える可能性のある行為」に対してEU競争法を適用すべき義務を規定する。しかし重大な修正点として，加盟国間取引に影響を与える可能性のある行為に対して，EU競争法を排他的に適用するのではなく，「国内競争法を適用すると同時に欧州競争法を適用する」と規定して，Walt

Wilhelm 判決と同様に，国内競争法と EU 競争法の並行的な適用を肯定した。

規則3条1項が「加盟国間取引に影響を与える可能性のある行為」への EU 競争法と加盟国競争法との並行的な適用の原則を採用したことにより，2種類の競争法の調整規定が必要とされた。そこで欧州委員会案には存在しない3条2項の規定が設けられ，EU 競争法と加盟国競争法の不一致の解決基準を示している。

3　理事会規則 1/2003号3条2項──EU 競争法と加盟国競争法との調整規定──
(1)　調整の基準── Walt Wilhelm 判決──

EU 競争法と国内競争法の並行適用を肯定した Walt Wilhelm 判決は，規則3条2項における調整基準に影響を与えた可能性が高いため，以下検討する。

同判決は，EU 競争法と要件・効果の異なる国内競争法の効力につき，以下のように述べる。「EC 条約は固有の司法上の秩序を制定し，加盟国の司法制度を統合し，加盟国に欧州法の裁判管轄を課している。……加盟国が，条約の有益な効果を危険にさらす可能性のある手段を採択し又はその効力を維持することができると仮定するならば……上述のような制度の性質に反するであろう。……共同体の制度の機能を妨げ，条約の目的の実現を危険に陥れる故に，条約の執行及び適用のためにとられる行動は，加盟国の行動の効果により，ある国と他の国で異なるべきではない……結論として，カルテルに関する共同体法と国内法との間の抵触は，欧州法の優越性の原則により解決されなければならない」。

「カルテルに関する国内競争法に基づく決定が，欧州委員会によって……採択される決定と両立しないことが明確である場合は，国内競争当局は，（欧州委員会の決定の）効力を尊重する義務を負う。……同一のカルテルに関して欧州委員会が進行中の手続終結のために採用しうる決定が，国内競争当局の決定の効力に反する可能性が明らかな場合には，国内当局は適切な手段を講ずる義

務を負う」。

　同判決は，国内競争法の適用は EU 法又は欧州委員会がその適用のために執る手続と矛盾する限り排除されること，国内競争法の要件及び効果が EU 競争法に一致することを求める「統一原則（convergence rule）」を示すものといえる。

　(2)　調整の基準——理事会規則 1/2003 号 3 条 2 項——

　(a)　「カルテル」における統一原則の貫徹

　それでは規則 3 条 2 項が採用した調整ルールにおいても，上記判決と同様に「統一原則」が採用されたのであろうか。この点，同規則 3 条 2 項はカルテルと単独行為についてそれぞれ異なる解決を図った。まず，カルテル等の調整的行動に関して，同規則 3 条 2 項第 1 文は，以下のように規定する。

　　「国内競争法の適用においては，加盟国間の取引に競争に影響を与える可能性があるが，81 条 1 項の意味する競争を制限する効果を有せず，又は，81 条 3 項に規定される要件を充足し，又は同条 3 項の適用に関する規則が適用される，カルテル，事業者団体による決定，もしくは協調行為を禁止することは認められない。」

　上記規定の趣旨について，同規則前文 8 項は，以下のように述べる。域内市場におけるカルテルについて「公平な競争条件（level playing field）」を創設することが必要である。81 条第 1 項の意味におけるカルテル，決定及び協調行為に対する国内競争法の適用については，もしこれらの行為が欧州競争法の下で禁止されていないならば，国内競争当局又は国内裁判所がより厳格な国内競争法を，そのカルテルに適用することが認められるべきではない」。

　すなわちカルテルに関する規則 3 条 2 項第 1 文は，Walt Wilhelm 判決と同様に統一原則に忠実であり，この調整規定によりカルテル等の協調的行動に関する加盟国競争法の適用要件は，EU 競争法の要件に一致することとなった。同規則に関する 2009 年報告書は，カルテルに関して「2004 年から 2009 年にかけて，統一原則の適用にはいかなる重大な困難も生じなかった」と述べる。

(b) 単独行為における統一原則の例外

しかし単独行為に関する調整規定は，Walt Wilhelm 判決を踏襲せず統一原則に対する重大な例外を認める。3条2項第2文は以下のように規定する。

> 「本項の規定は，加盟国が，自国内において，事業者の単独行為を禁止し制裁する，より厳しい国内立法を採択し適用することを妨げない。」

単独行為については，加盟国競争法の適用要件・効果が EU 競争法に一致することは要求されず，統一原則の例外が認められた。すなわち各加盟国において，より要件・効果が厳格な，上乗せ，横出し規制をすることが許容される。その結果，加盟国間取引に影響を与える可能性のある市場力の濫用行為に対して，各加盟国当局・裁判所は TFEU102条よりも厳格な規制を行う可能性がある。

規則3条がカルテルと単独行為の基準に重大な相違を設けた理由に着目すべきである。単独行為に関する統一原則の例外は，カルテルとの性質の相違のみによって基礎付けられるべきではなく，同規則制定当時の各加盟国における単独行為の規制状況の観点から分析する必要がある。この点，同規則前文8項は，規則3条2項第2文の趣旨について「この（TFEU102条）より厳格な国内立法は，経済的な従属関係にある事業者に対する濫用的な行動を禁止し又は規制する規定を含む可能性がある」と述べて，加盟国における単独行為の規制状況を示唆する。同項が指摘する「経済的な従属関係にある事業者に対する濫用的な行動を禁止し又は規制する規定」とは，同規則制定以前からドイツ，フランス等が設けていた経済的従属関係の濫用規制を指すことが明白であった。

例えばフランス競争法では，EU 型の市場支配的地位の濫用規制に加えて，経済的従属関係の濫用規制（フランス商法典 L. 420-2条第2項）が1986年の価格・競争令[24]により導入され，反競争行為の一類型とされる。同規制では「市場支配的地位」の要件に代わり，行為者の取引相手方が行為者に対して「経済的従属関係」[25]にあることが要件とされる。行為者の市場力が市場支配的地位に至

らなくとも，取引相手方に相対的に優越する市場力の濫用行為が「経済的従属関係の濫用」の要件を満たせば，排除措置命令，課徴金の対象とすることができる。すなわち同規制は，取引上の相手方に相対的に優越する市場力である「相対的市場力」を規制するものである。EU競争法は市場支配的地位に至らない市場力を規制対象外としているから，相対的市場力規制は，3条2項第2文にいう単独行為に関する「より厳格な国内立法」に該当する可能性がある。

相対的市場力規制を置く加盟国はフランスにとどまらず，例えばフランスに先立ち1973年に相対的市場力規制を導入したドイツ競争法20条2項は「優越的な市場力」を有する事業者による，客観的な正当事由のない「不当な妨害」及び「差別行為」から中小事業者を保護する。[26] 2004年時点で，経済的従属関係又は優越的地位の濫用に関する特別の規定を有する加盟国としてフランス，ドイツ，イタリア，ポルトガル，スペイン[27]が存在する。食品流通分野に限定されるがアイルランドとスロヴァキアも同様の規定を設ける。ハンガリーは2006年に「顕著な市場力」の濫用を規制する規定を導入し，ラトヴィアは2008年に，チェコは2009年に同様の規定を導入した。ギリシャは経済的従属関係の濫用に関する規定を2000年に廃止したが，2005年に再度導入した。[28]

相対的市場力規制は市場支配的地位にない事業者に市場力の濫用規制を拡張するのに対して，市場支配的地位の濫用規制において市場支配的地位の評価基準をEUよりも緩和する立法例もある。このような規定も同規則3条2項第2文にいう「単独行為に関するより厳格な国内法規制」に含まれうる。例えばオーストリア競争法[29]では，事業者がその顧客又は供給者との関係において優越的な地位にある場合には，立証責任が転換されて市場支配的とみなされる。[30]

単独行為に関する各加盟国における多様な規制立法は，規則3条2項が単独行為についてカルテルとは異なる調整規定を設けた背景事情を示している。すなわちカルテルについては，欧州法の優位性に関する一般原則及びWalt Wilhelm判決[31]において支持された欧州競争法の優位性に基づく統一原則が維持

された。これに対して単独行為については，Walt Wilhelm 判決における「……国内法は，各国固有の考察に基づくものであり，独自の枠組みにおいて並行的に欧州競争法と同一の対象を検討する」，との判断枠組みを存続させたものと評価しうる。当時の競争法の執行状況として，主要加盟国であるドイツ，フランスを含めた複数の国が，その市場構造及び中小事業者保護等の政策を反映して，EU 競争法とは異なる様々な規制を設けていることを尊重して，域内市場における多元的な規制基準の存置を許容したものとみることができる。

4　理事会規則 1/2003 号 3 条 3 項──EU 競争法と「立法目的の異なる国内法」──

(1)　さらに規則 3 条 3 項は以下のように規定して，国内立法が TFEU101 条及び 102 条と異なる目的を追求する場合に，TFEU101 条及び 102 条と要件及び効果の異なる国内法規定の適用を許容する。

> 「第 1 項および第 2 項の規定は，主として 81 条または 82 条による目的とは異なる目的を追求する国内法規定の適用を禁止しない。」

(2)　では規則 3 条 3 項にいう「81 条または 82 条による目的とは異なる目的を追求する」国内法規定とはいかなる立法を指すのか。この点，同規則前文 9 項は「……他の法的な利益を保護することを目的とする国内立法規定が，欧州法の一般原則及び欧州法の他の規定と矛盾しない限り，……当該国内立法規定が，原則として市場における競争の保護以外の目的を対象とする限りにおいて，加盟国の競争当局及び裁判所は……当該規定を適用することができる。従って加盟国は，単独又は契約上の性質を有する不公正な取引行為を禁止し又は規制する国内立法規定を，本規則に基づき，その領域において執行することができる。このような性質の規定は，市場における競争活動の現実又は推定的な効果とは無関係の特別な目的を対象とする。とりわけ取引上の相手方から不当，不均衡，又は対価なき取引条件を獲得し又は獲得しようとすることの強要を，事業者に

対して禁止する規定がその例である」と述べる。

上記「取引上の相手方から，不当，不均衡，又は対価なき取引条件を獲得し又は獲得しようとすることの強要を禁止する規定」とは，フランス商法典 L. 442-6 条第Ⅰ項に列挙される不公正な取引行為に対する民事規制のような類型を念頭に置くものと思われる。[33] すなわち 3 条 3 項は，各加盟国の不公正取引行為規制や不正競争行為規制に関する立法を広く対象とすると解釈しうる。[34]

ただし，3 条 3 項が対象とする TFEU101 条・102 条と異なる目的を追求する立法と，3 条 2 項第 2 文が対象とする「単独行為に関するより厳格な国内法規制」とを峻別することには困難な問題がある。[35] 規則前文 9 項は事業者間の不公正取引行為の規制を，市場における競争の保護に関する規制と区別しているかのようである。しかしフランス商法典 L. 442-6 条の不公正条項規制は，第Ⅳ章で詳述するように経済的地位に格差のある事業者間の濫用的な契約条項の規制実績を挙げており，[36] 単独行為に関するより厳格な規定として同条 2 項第 2 文の対象と解する余地もある。[37]

以上のように適用条文が 3 条 2 項又は 3 項のいずれであるか議論の余地があるにせよ，EU は EU 競争法よりも厳格な，加盟国における事業者の濫用的行動の規制立法を，規則 3 条に基づき許容していると解することができる。

Ⅲ　理事会規則 1/2003 号 3 条 2 項に基づく EU 競争法と加盟国競争法との補完関係

1　加盟国競争法における「相対的市場力」規制

規則 3 条 2 項は単独行為に関するより厳格な国内法として，フランス，ドイツ等における経済的従属関係の濫用規制（相対的市場力規制）を許容する。これらの規制は，小売事業者主導型の流通系列化や購買力の濫用事例を効果的に規制する目的で導入された。[38] EU 域内にはカルフール，メトロのような多国籍展開する大規模小売チェーンが存在する。これらの小売事業者は巨大な購買力及

びブランドを背景として，納入事業者に対して値引要求，支払遅延，競争小売事業者への供給を理由とする差別的取扱い等の従属関係の濫用を行う可能性がある。また流通系列化の一環として，フランチャイジーに対して取引条件を押しつけ，他のチェーンへの加盟を禁止する等の濫用行為を行う可能性がある。

しかしこのような購買力の濫用行為を，TFEU102条及び加盟国競争法の市場支配的地位の濫用類型で規制することには困難な問題があった[39]。なぜなら大規模小売事業者は多種多様な製品を購買するため，上流市場である製品市場における購買者として市場支配的であることは稀である。他方で，下流市場である小売市場においても市場支配的地位を有しない可能性が高い。なぜなら，EU域内には多国籍の大規模小売事業チェーンが複数競合しており[40]，大規模小売事業者は，当該行為が行われた販売圏内における第1位の事業者であっても，市場支配的地位の基準とされる20％のシェアを充たさない可能性が高いからである。このように購買力濫用型では，納入事業者が従属状態にあり搾取されうるにもかかわらず，小売事業者は市場支配的地位を充たさないため規制が困難である。

他方で，小売事業者による購買力の濫用は，競争侵害要件の充足の点でも問題がある。すなわち濫用行為は従属する納入事業者やフランチャイジーの競争力の低下や，従属事業者自体の消滅をもたらす可能性があるが，従属事業者は中小規模であるため，その競争力の減退や事業者の消滅自体が，市場レベルで顕著な影響を与えることは稀である。したがって，従属事業者の搾取により市場が受ける影響を競争侵害の基準としてみる限り，競争侵害要件の充足は困難である。

同規則3条2項第2文は，市場支配的地位の濫用規制では対応が困難な，購買者主導型の濫用行為に対して，加盟国競争法によるより厳格な規制を許容する。これにより，納入事業者やフランチャイジーが経済的従属関係要件を充たせば，小売事業者による垂直的な濫用行為を規制することが可能となる。

2 加盟国競争法による「流通系列化」の規制

フランス，ドイツ，ギリシャ，ポルトガル等の相対的市場力規制を備える各加盟国[41]は，市場支配的地位に至らない事業者の濫用行為を規制しうる。複数の加盟国が同時並行的に小売主導型の流通系列化に対して相対的市場力規制を行うことにより，EU 域内における規制水準が実質的に底上げされうる。単独行為に関する「統一原則」の例外は，加盟国競争法による流通系列化規制が EU 競争法の規制を厳格化し促進するという効果をもたらす可能性がある。

3 EU 競争法と加盟国競争法の「協働」

欧州委員会の対応としては，国内競争法の独自の発展を許容しつつ，ハーモナイゼーションについては規則 1/2003 号が設ける統一的な競争法執行の仕組みに委ねていると解される。すなわち欧州委員会が判断した事項について，加盟国競争当局・裁判所は欧州委員会の判断に拘束され，欧州委員会と矛盾する判断をすることができないとされる優先性原則（16条2項）により欧州競争法適用の一貫性が確保されている。また EU 競争ネットワーク（ECN）を通じた事件の効率的な分配，協働と情報共有が機能している。加盟国当局が違反行為の審査を開始した場合の EU への通知義務（11条1項），EU・各加盟国間の情報交換，証拠の適用（12条1項），加盟国から EU に対する情報提供・求意見（15条1項），加盟国裁判所判決の EU への提出義務（15条2項）等を通じて，各加盟国の規制成果は EU 及び他の加盟国に共有される。それにより加盟国の一致した単独行為規制が進展し，究極的には域内市場における規制が進展することも予測される。

規則3条2項及び3項の調整規定は，国内競争秩序を発展させて規制を効果的に行うことが統一市場における競争を効率化するという EU 競争法の目的に資するという視点に基づき，加盟国競争法の多様性を維持させるために，単独行為に関するより厳格な規制を許容していると解することができる。

このような EU 競争法と加盟国競争法との構造関係には，国内競争法秩序の高次な形成が，EU 競争法秩序の高次な形成に資するという内的関連性をみることができる。規則3条2項採択後の EU 競争法秩序は，単独行為規制に関して，加盟国競争法が EU 競争法を補完する機能を営むことを予定するものといえる。

4　EU 競争法と加盟国競争法の「衝突」

もっとも，加盟国競争法の多様性の存続は，2009年報告書が指摘するように[42]，域内市場における統一的な競争法の執行の障害とも評価されうる。加盟国競争法はその執行態様によっては，EU 競争法との間で衝突，緊張関係が生じうる。例えば2009年のチェコの立法は，市場力要件を緩和した「顕著な市場力」規制[43]を行う。同法3条によれば国内における直近の純売上高が5億コルナ（200万ユーロ）超のとき「顕著な市場力」（SMP）要件を充たすが，同国の市場規模においては市場シェア1％でも同要件を充足する[44]。小売事業分野の集中が進んでいないチェコでは，SMP 要件を充たす国内事業者は存在せず，同法は実質的には海外事業者のみを規制対象とする差別的なものであった。同法は，国内中小事業者の保護を意図して多国籍チェーンを狙い打ちするものであり，域内市場における公平な取引条件の障害となると批判されている[45]。

チェコのように極端な態様による規則3条2項の例外の行使は，加盟国がより厳格な単独行為規制を行うことにより欧州競争法を補完して，より効率的に域内市場における市場力規制を行うという規則3条2項体制下の EU 競争法秩序を歪める可能性がある。欧州委員会は2009年報告書で，単独行為に関する例外は，統一的な競争条件の障害となるという問題意識を述べており，2014年報告書[46]も国内手続及び規制の相違の違いのもたらす多様性は，規則1/2003号の下でも残存しており，EU 法の効率性及び同質性の原則にとっての課題である旨を指摘する。規則3条2項に基づく EU 及び加盟国競争法の補完関係をより

効率化するためには，単独行為に関する EU 法より厳格な国内法は，域内市場における競争を歪曲する態様で市場力を行使しうる事業者のみを規制対象とするように運用されるべきである。3条2項の適用に関して EU が統一的な基準を設定することにより，EU と加盟国との協働関係を機能させることが検討されるべきであろう。

Ⅳ 理事会規則 1/2003号3条2項に基づく EU 競争法と加盟国競争法の補完関係——フランスの場合——

1 カルフール社による経済的従属関係の濫用事例の概要

加盟国競争法は実際の運用においても TFEU102条による対応が困難な流通規制を効果的に行いうるのか。この点について大規模小売事業者による流通系列化を効果的に規制した例としてフランスのカルフール社のケースがある。[47]

カルフール社が，傘下のフランチャイジーとの間のフランチャイズ契約を，従前の「Champion」チェーンよりも厳格な「カルフール・マーケット」チェーンの条項へと一方的に変更して不利益を課し，流通系列外への逸脱を妨げた行為に対して，2011年のフランス競争委員会の審決は，商法典 L. 420-2条第2項の経済的従属関係の濫用の規定を適用して規制した。保全審決に続く本案審決では，カルフール社が審決の判断を受け入れて，問題のあるフランチャイズ条項を，以下のように適法な条項に修正する旨を商法典 L. 464-2条第Ⅰ項に基づいて確約し，競争委員会がこの確約を受諾することにより終結した。

(1) 契約期間条項の修正

Champion 契約では当初7年間の契約を3年毎に黙示更新しうるとされたが，カルフール社は代替的な解決方法として，当初3年間の契約を3年毎に黙示更新しうる条項を提案した。審決は，この提案によりチェーンの不測の変更及びカルフール契約の締結が従前より長い契約期間を強要しないことを評価した。

(2) 再加盟禁止及び不競争条項の削除

カルフール契約は期限前の契約解除の場合に，解除後も再加盟禁止義務及び不競争義務を課していたため，カルフール社は，条項の削除を確約した。

(3) 優先権の修正

Champion 契約は契約期間中フランチャイザーの優先権を認めていないが，カルフール契約は契約期間中及び契約期間満了後も2年間の優先権を認める。競争委員会は「流通系列の上位者の利益を図るための……優先権又は類似条項を設けないようにすべきであり，実行中の契約に付随する強制執行を禁止すべき」との見解を示した。そこでカルフール社は「優先権はもっぱら契約期間中，当初期間，更新期間，延長期間，黙示更新期間中存続する」条項への変更を確約した。競争委員会は「流通事業者間の競争の回復が容易になる」点を評価した。

(4) 後払い加盟料の削除

Champion 契約と異なり，カルフール契約は，契約終了時に期限の到来する加盟料を予定し，その支払いを確保するためにフランチャイジーの営業権を同額分につき担保に入れる義務を課していた。競争委員会は「後払い条項は，加盟店の系列からの離脱を抑制し，加盟店の取引上の自由を制約する危険がある」旨の意見を述べた。そこでカルフール社は，同条項を削除することを確約した。

(5) 店舗の改装費用の負担

カルフール社は，カルフール・マーケットへの改装費の75％，22万5000ユーロを上限として負担することを確約した。審決は「申立会社らの負担額が……限定されることを考慮すれば……申立会社らの競争圧力を制約する性質はなく……競争力の行使を不利にするものでもない」と述べてこの確約を評価した。

2 カルフール社による経済的従属関係の濫用事例の分析

本ケースでは，カルフール社は食品流通事業者として市場支配的地位にあっ

たが，競争に対する侵害が生じたとされる地理的市場（店舗の販売圏）においては必ずしも市場支配的とはいえないため，相対的市場力規制の援用を要した。本審決では，カルフール社の確約後の条項が「代替的な解決方法」を備えるか否かが慎重に評価された。新たな契約条項が競争委員会の求める基準に充たない限り，「代替的な解決方法」の不存在＝従属性が認定され，経済的従属関係の濫用が認められるという判断枠組みが採用された点で重要な意義がある。

本ケースでは，TFEU102条及びフランス商法典 L. 420-2条第1項の市場支配的地位及び競争侵害要件を充たさないような，相対的に優越する市場力の濫用行為について，経済的従属関係の濫用規制（相対的市場力規制）により適切な規制を行ったものと評価しうる。[48]この点，上記審決に先立つ2010年に，ギリシャ当局は，同じくカルフールによる排他的調達条項，不競争条項を含むフランチャイズ契約の締結を経済的従属関係の濫用として規制している。[49]同時期に同様の規制が行われた背景には，ECN 等を通じた加盟国当局間の情報共有の可能性がある。上乗せ規制を備える各加盟国競争法が同時並行的に規制を行うことにより，EU 競争法の規制水準が底上げされうる可能性を示唆するものといえる。

V　加盟国による流通系列化規制が EU 競争法へ与える影響

1　EU における流通系列化規制の進展

規則1/2003号が許容する，各加盟国の実情に応じたより厳格な単独行為規制の許容は，各加盟国が流通分野において，相対的市場力規制等の制度を運用して効果的な規制を行うことを促進するものである。ではさらに進んで，EU 競争法自体が，統一的な相対的市場力規制を導入する可能性を想定すべきか。

EU レベルにおいても，2008年以降の食品価格の急騰を契機として，小売チェーンにおける市場の不透明性と流通系列内にける交渉力の不均衡への対応の必要性が指摘されてきたところである。[50]欧州委員会は，大規模小売事業者と

納入事業者との間の市場力及び交渉力の非対称性に着目し，小売流通系列内の濫用行為の規制を課題として挙げる。2009年10月の報告書「欧州における食品供給チェーンの競争促進[51]」では，食品流通系列内において生産事業者・加工事業者と大規大規模小売事業者等との力関係には著しい不均衡が生じ，この力関係の非対称は流通系列のあらゆる段階で不公正な取引行為をもたらし，支払遅延，取引条件・契約条件の一方的な修正などが行われていることに言及する。

この問題に対応するために，欧州委員会は，2011年2月に支払防止遅延指令の改正法を採択し[52]，各加盟国に2013年3月（16日）までに実施して2016年3月までに報告すべきことを義務付けた。またEUは，加盟国及び供給事業者団体らによって構成されるフォーラム（SCI）を設置し，同フォーラム内作業部会は2011年11月にガイドライン[53]を公表して公正又は不公正な取引行為を例示している。

また，EUは2013年1月にグリーンペーパー「欧州における食品及び非食品供給チェーンにおける事業者間の不公正な取引行為[54]」を公表して大規模小売事業者による不公正な取引行為（pratiques commerciales déloyales）を列挙する[55]。そしてこれらの行為は事業者の資本投下と技術革新の能力を減退させてEU統一市場の実現への障害となると指摘する。さらに2014年のEU報告書[56]は，食品チェーン事業者間の契約条項における不公正な取引行為を消滅させるために，EUはSCI及び加盟国と協働して対策を継続するという方針を確認する。

一連のEUレベルにおける流通系列化規制の整備は，フランス等の加盟国による単独行為規制の進展と歩調を合わせるものと評価することができる。規則1/2003号の目指す域内市場における統一的な競争法執行及び公平な取引条件の確保に向けられたハーモナイゼーションは，漸進的に進捗している。

2 フランスの流通系列化規制における「著しい不均衡」規制の導入の意義

Ⅲ節で述べたように，流通系列内における交渉力に格差のある当事者間の不

公正な取引行為について，フランスでは経済的従属関係の濫用による規制を予定していた。しかし経済的従属関係の濫用規制に対しても適用上の限界が指摘されている。すなわちフランス商法典L. 420-2条第2項の要件である「経済的従属関係」は，従属事業者が行為者との取引に代替するような技術的，経済的に同等の条件を備える他の事業者を見出すことができない場合に充足されると解釈されるが，この代替的解決方法要件及び「競争の機能又は構造に与える影響」（競争侵害要件）の厳格解釈の結果，適用肯定例は非常に少なかった。[57]

そこでフランスでは2007年の政府報告書[58]を契機として，流通系列内における取引の透明性の確保，交渉力の非対称な当事者間の濫用的な契約条項を規制するために，2008年8月の改正法[59]により新しい規制類型を導入した。「著しい不均衡」規制と呼ばれ，「従属関係の濫用」及び「競争侵害要件」の充足を不要とする。従前，同規制に関するL. 442-6条第I項2号は「従属関係の濫用」を競争侵害要件なしに民事規制していた。改正後の同号は，商業取引の一方当事者に対して「当事者の権利及び義務において著しい不均衡（déséquilibre significatif）を生じさせるような義務に従わせ，又は従わせようとすること」を，差止め，200万ユーロを上限とする民事罰及び損害賠償の対象として規制する。

立法者によれば，「著しい不均衡」要件は，フランス消費法典L. 132-1条の事業者・消費者間取引に関する「著しい不均衡」の文言を，交渉力に差のある事業者間にも導入したものである。同要件の解釈論は判例，学説上詳細に議論されているが[60]，2010年の2つのパリ控訴院判決は「著しい不均衡」要件を「対価又は法律上の理由なしに不公平な義務又は利益を与える条項である」と定義し，このうち同年10月1日の判決は「個別の条項のみならず，契約全体の経済性を考慮する[61]」という基準を述べる。「著しい不均衡」規制は，大規模小売事業者による発注拒絶，損害賠償請求権の放棄条項，売れ残り品の一方的な返品条項，不公平な支払時期の約定等の事例について，規制実績を挙げている[62]。

フランスにおける「著しい不均衡」規制は，従属関係の濫用要件，競争侵害

要件を不要として，市場力規制とは異なる不公正条項規制のアプローチを行う。それにより経済力に格差のある事業者間の垂直関係における濫用的な契約条項を規制し，実質的に相対的市場力規制を補完する機能を営んでいる。

同規定は，規則3条2項第2文の「単独行為に関するより厳格な国内法規定」又は，3条3項の「他の立法目的を追求する国内立法」として，TFEU102条が規制し得ない購買力の濫用行為等を規制しうる。この点，市場における競争自体の障害となる「反競争行為」(pratique anticoncurrentiel) と，競争そのものの機能には影響を与えないが競争相手や取引相手に損害を与える事業者の不公正な行動である「競争制限行為」(pratiques restrictives du concurrence) を峻別する規制体系に着目すれば，「著しい不均衡」規制は規則3条3項の対象であるとも解しうる。実際，前文9項は，規則3条3項にいう競争法とは異なる目的の国内規定の例として当時のフランス商法典L.442-6条の文言を引用する。しかし不公正条項規制が過度の市場力を規制し，市場において小規模の事業者をより大きな競争者から保護する機能を営むことを重視すれば，規則3条2項第2文にいう「単独行為に関するより厳格な国内競争法規定」に該当すると解する余地がある。

3　EU競争法の流通系列化規制における「著しい不均衡」規制導入の可能性

フランスにおける「著しい不均衡」規制は，EU競争法にも影響を与えるだろうか。現時点では，「著しい不均衡」規制のような不公正条項規制のアプローチによる購買力規制は，一部加盟国における動向にすぎない。しかし将来的には相対的市場力規制と同様に，各加盟国競争法への導入が進展して各加盟国が同時並行的に規制を行えば，EUレベルの規制に影響を与える可能性が認められる。事実，2009年報告書は，食品供給チェーンにおける当事者間の交渉力の格差の問題点について「著しい不均衡」の文言を用いて指摘する。同報告書は，事業者間の契約条項上の不公正な取引行為を規制するためにEUは各加

盟国の規制制度を尊重し、必要に応じてEUにおいても追加的な規制手段を執る旨を述べる。フランスの「著しい不均衡」規制はEUにおける対応に影響を与えており、加盟国競争法とEU競争法のハーモナイゼーションは着実に進捗しているとみられる。

VI おわりに

　理事会規則1/2003号3条の導入により、EU競争法と国内競争法の抵触の問題に解決指針が与えられた。しかしEU競争法の排他的適用は徹底されず、3条2項第2文により「加盟国間取引に影響を与える可能性のある」単独行為に対して、加盟国はEU競争法と並行して国内競争法を適用する権限を留保することとなった。その結果、EU競争法と国内競争法の要件・効果の相違がもたらす競争法執行上の衝突・緊張関係は、同規則制定後も存続している。

　本稿では、より厳格な国内競争法の許容により域内市場における競争条件が多様化することを、統一的な競争法適用の障害とのみ捉えるべきではなく、より厳格な国内競争法はEU競争法秩序を補完し発展させる機能を営むことを、明らかにしようとした。この点につき、フランスにおける購買力濫用型の流通系列化規制例を通じてEU競争法と加盟国競争法の関係を分析することを試みた。規則3条2項による統一原則の例外は、EU競争法が規制しえない単独行為を加盟国競争法が規制しEU競争法を補完する機能を営むという構造を、保障するものといえよう。

　さらにフランス競争法の分析によれば、市場支配的地位の濫用規制は、購買者主導型の規制において限界があり、相対的市場力規制は、大規模小売事業者による流通系列化規制において、TFEU102条を補完する機能を営む可能性がある。他方で、相対的市場力規制も、従属関係要件、競争侵害要件において限界があったため、フランスでは、これらの要件を不要とする「著しい不均衡」規制により、2008年以来、広汎な態様の不公正取引行為の規制実績を上げてい

る。「著しい不均衡」規制は，EU レベルでも近時集中的に議論されている食品流通分野における不公正な取引行為の規制を主導する可能性がある。フランスの経験は，内在的には EU レベルにおいても同様の規制まで進むことが，EU 競争秩序の高次な形成に資する可能性を示唆するものといえよう。

ただしチェコの例のように差別的な規制要件の設定は，規則3条2項が目指す EU 域内市場における競争秩序の障害となりうる。同項の適用基準につき EU レベルで対応しつつ加盟国による単独行為規制を発展させることが求められる。

規則1/2003号体制下における国内競争当局・裁判所は EU 競争法執行の主要な支柱であり，これらの機関が厳格な単独行為規制を同時並行的に行い，ECN 等を通じて規制成果を共有することにより，究極的には域内における規制の進展が予測される。ここに単独行為規制を通じて，国内競争法秩序の高次な形成が EU 競争法秩序の高次な形成に資するという内的関連性を見出すことができる。

1) Council Regulation (EC) No 1/2003 of 16 December 2002 on the implementation of the rules on competition laid down in Articles 81 and 82 of the Treaty. 本稿では「規則」と表記する。
2) EEC Council: Regulation No 17: First Regulation implementing Articles 85 and 86 of the Treaty.
3) White paper on modernisation of the rules implementing articles 85 and 86 of the EC Treaty. ホワイトペーパーは EC 条約81条3項の適用除外の届出制を廃止し，加盟国の競争当局・裁判所に81条，82条全ての直接適用を認めて，欧州委員会の負担を軽減すべきことを提言した。邦訳は朝田良作「EU 競争法の施行規則に関する EC 委員会の白書と改正案」『島大法学部紀要法学科篇』(2001年) 259頁以下を参照。
4) 分権化がもたらす欧州競争法と加盟国法との関係につき，根岸哲「EU 競争法と市場統合の総合的検討」『日本 EU 学会年報』第32号 (2012年) 18頁，須網隆夫「EU 競争法の憲法的考察――憲法的多元主義と EU 競争法の現代化――」『日本 EU 学会年報』第32号 (2012年) 65頁等を参照。
5) Communication de la commission au parlement européen et au conseil, Rapport sur le fonctionnement du règlement n° 1/2003, COM (2009) 206 final, 29. 4. 2009. Commission staff working Paper, SEC (2009) 574 final, 29.4. 2009. no. 159, p. 35.

6) これらの問題は，立法管轄権の衝突の問題，あるいは欧州競争法が適用される事案に対する加盟国競争法の適用範囲に関する抵触法の問題として分析することが可能である。前者の視点からの分析として，村瀬信也編集代表『国際経済法講座Ⅰ』（法律文化社，2012年）430頁以下（瀬領真悟執筆），後者の視点からの分析として，横溝大「私訴による競争法の国際的執行――欧州での議論動向と我が国への示唆――」『日本経済法学会年報』第34号（2013年）56頁以下，岡本直貴「独占禁止法の域外適用における『抵触法的アプローチ』」『日本経済法学会年報』第34号（2013年）99頁以下等を参照。

7) EU及び各加盟国の競争政策及び競争法執行レベルの相違は，各競争法の要件・効果の不一致として存在する。本稿では，規則3条の制定後も単独行為について存続するEU競争法と加盟国競争法との要件・効果の齟齬がもたらす摩擦・緊張関係について「衝突」として論じている。「衝突」の例として本稿Ⅲ，4のチェコ立法を参照。

8) 欧州委員会案段階の国内文献として，村上政博「EC競争法の執行手続の大改革――EUにおける統一競争法の誕生――」ジュリスト1191号（2000年）54頁以下，朝田「前掲論文」（注3），朝田良作「EU競争法施行規則の改革案とその問題点」『法と政治』53巻1号（2002年）139頁等を参照。

9) 杉浦市郎「EU競争法新実施規則について」『法經論集』165号29号（2004年）1頁以下，ジャン・フランソア・ベリス（松下満雄監訳）「EU競争法の近代化――事業者にとっての意味合い――」『国際商事法務』31巻9号（2003年）1217頁以下等を参照。

10) 根岸「前掲論文」（注4）119頁以下。

11) White paper, *supra* note 3, p. 35.

12) CJCE, 13 février 1969, Walt Wilhelm c/ Bundeskartellamt, 14/68, R, 1969-1. ドイツの化学薬品事業者らによるカルテルについて，EEC条約85条と適用除外要件の異なるドイツ競争法の適用が争点となった。

13) CJCE, 15 juillet 1964, Costa c. E. N. E. L., Affaire 6 /64. 国内評釈として中村民雄・須網隆夫編著『EU法基本判例集 第2版』（日本評論社，2010年）14頁。

14) L. Idot, *Droit communautaire de la concurrence, Le nouveau système communautaire de mise en œuvre des articles 81 et 82 CE*, Bruylant, 2004, pp. 35-36. M. Malaurie-Vignal, *Droit de la concurrence interne et européen*, 5e edition, Sirey, 2011, p. 22. J. -Fr. Bellis, *Les relations entre le droit national et le droit communautaire de la concurrence*, collection du Centre d'études Jean Renauld volume 11, 2004, p. 63. 第1の見解は「統一ゲート（guichet unique）」の理論と呼ばれる。

15) Proposition de règlement du Conseil relatif à la mise en œuvre des règles de concurrence prévues aux articles 81 et 82 du traite et modifiant les règlements (CEE) n° 1017/68, (CEE) n° 2988/74, (CEE) n° 4056/86 et (CEE) n° 3975/87 («règlement d'application des articles 81 et 82 du traité»). 邦訳は朝田「前掲論文」（注3）349頁以下を参照。

16) 同要件の解釈論については A. Decocq et G. Decocq, *Droit de la Concurrence*, 5e édition, Lextenso éditions, 2012, n° 319-320, pp. 431-434. を参照。

17) Avis du Comité économique et social du 29 mars 2001.

18) Résolution législative du Parlement européen du 6 septembre 2001.
19) J. -Fr. Bellis, *supra* note 14, p. 62.
20) 杉浦「前掲論文」(注9) 6-8頁, 29頁。規則改正案全般に関するドイツにおける議論状況については, 朝田「前掲論文」(注8) 147頁以下を参照。
21) J. -Fr. Bellis, *supra* note 14, pp. 62-63.
22) Projet de procès-verbal, 2394ème session du Conseil (Energie/Industrie) tenue à Bruxellesles 4 et 5 décembre 2001. 議長は「加盟国競争法との関係に配慮」すると述べた。J. -Fr. Bellis, *supra* note 14, p. 63.
23) Commission staff working paper, *supra* note 5, p. 49, point. 159.
24) Ordonnance n° 86-1243 du 1 décembre 1986 relative à la liberté des prix et de la concurrence.
25) 従属するとされる事業者が, 行為者との取引に代替するような, 技術的, 経済的に同等の条件を備える他の事業者を見出すことができない場合 (「代替的解決方法要件」solution équivalente) に「経済的従属関係」の要件が充足される。拙稿「フランス競争法における相対的市場力規制の導入と展開」『明治大学大学院法学研究論集』第41号 (2014年) 207頁以下, 同「フランス競争法における相対的市場力規制の基準」『明治大学大学院法学研究論集』第42号 (2014年) 315頁以下を参照。
26) 高橋岩和「優越的地位の濫用と競争法」公正取引686号 (2007年) 17頁, 田中裕明『市場支配力の濫用と規制の法理』(嵯峨野書院, 2001年) 63頁, 98頁参照。
27) Commission staff working paper, *supra* note 5, pp. 49-50, point. 163. スペインでは2007年に競争法から削除されて不正競争防止法に規定された。
28) *Ibid*, commission staff working paper. n° 162-169.
29) Sec. 4-6 of Austrian Cartel Act 2005.
30) Commission staff working paper, *supra* note 5, pp. 53-54, point. 175.
31) CJCE, 15 juillet 1964, Costa c. E. N. E. L., Affaire 6/64, *supra* note 1.
32) L. Idot, *supra* note 14, p. 40-41. 杉浦「前掲論文」(注9) 6-8頁, 29-30頁。
33) 2003年当時のフランス商法典L. 442-6条第1項第1号は「差別的で, 実際の代償によって正当化されない価格, 支払期限, 販売条件もしくは販売又は購入の履行態様を, 経済的な相手方との関係において行使し, 又は相手方から獲得し, このことによって, その相手方にとっての競争上の不利又は有利を生じさせること」を, 差止め, 民事過料, 損害賠償の対象として規制していた。
34) L. Idot, *supra* note 14, pp. 37-38.
35) Commission staff working paper, *supra* note 5, p. 55, point. 181. 2009年報告書は, 国内規定の目的が, 小売事業者の市場における競争行動よりも, 小売事業者と供給事業者の間の契約上の関係を規制することである場合, 3条3項の対象となる「競争法以外の目的を対象とする立法」といえるが, 過度の市場力を規制し, 又は小規模の事業者を市場におけるより大きな競争者から保護する国内法規定は, 競争法規定に分類されうると述べる。
36) フランス商法典L. 442-6条の規制に関する文献として, 拙稿「フランス競争法にお

ける『著しい不均衡』規制の導入と課題」『明治大学大学院法学研究論集』第43号（2015年）167頁以下，大澤彩「事業者間契約における不当条項規制をめぐる立法論的視点(1)」『法學志林』108巻4号（2011年）1頁以下，ジェローム・ファーブル（和久井理子訳）「フランスの大規模小売分野における不公正取引の規制」『公正取引』769号（2014年）40頁以下等を参照。

37) Commission staff working paper, *supra* note 5, p. 55, point. 181. R. Whish and D. Baily, *Competition Law*, 8th edition, Oxford, 2015, p. 81. は，例えばユニバーサル・サービスに関する規定や，消費者保護規制，不公正な契約条項規制，誤認広告規制が，競争そのものの保護とは異なる目的を追求するから同規則3条3項が適用されうると述べる。その一方で，例えば顕著な市場力の事前発見に関する国内規制は，競争の保護を目的とする規定に該当する可能性があるとする。

38) 拙稿「前掲論文」（注25）第42号（2014年）317-318頁。

39) フランス競争法においては，商法典L. 420-2条第1項で規制される。

40) 日本貿易振興機構「平成23年度日本食品マーケティング調査（フランス）」（2012年）at www.jetro.go.jp/jfile/report/07000921/report.pdf. によれば，小売事業者上位10社が約1％から約21％のシェアを分け合う状況がある。

41) 公正取引委員会競争政策研究センター（CPRC）報告書「諸外国における優越的地位の濫用規制等の分析」（2012年）による加盟国における従属関係の濫用規制を含む不公正な取引行為（unfair trade practices）の実体調査を参照。at http://www.jftc.go.jp/cprc/reports/index.files/cr-0214.pdf.

42) Commission staff working paper, *supra* note 5, pp. 54 -55, point. 177-179.

43) The Czech Act No. 395/2009 on significant market power in the sale of agricultural and food products and the abuse thereof.

44) Doris Hildebrand, *Article 3 (2) in fine : Time for review*, Concurrences n° 2-2015, pp. 1-3.

45) *Ibid*, p. 3. チェコの食品小売市場の規模は2011年時点で19億5000万ユーロであった。

46) Communication from the Commission to the european parliament and the council, Ten years of antitrust enforcement under regulation 1/2003, COM (2014) 453, p. 8, point 24.

47) Décision n° 11-D-20 du 16 décembre 2011. 同グループは，2011年当時，小売流通業において世界2位，EU1位，フランス1位であった。

48) アンヌ＝ソフィ・ショネ＝グリマルディ（大島梨沙訳）「競争法の課題としての流通ネットワーク」『新世代法政策学研究』17号（2012年）38頁以下は同審決における流通系列化の規制手法を評価する。

49) Hellenic Competition Commission (Epitropi Antagonismou), 6 July 2010, Case n° 495/VI/2010, Siskos Group S. A. and Akritas Development S. A. vs Carrefour Marinopoulos S. A.

50) 公正取引委員会CPRC「前掲報告書」（注41）6-15頁。

51) Communication de la Commission au parlement Européen, au conseil, au comité

économique et social européen et au comité des régions, Une chaîne d'approvisionnement alimentaire plus performante en Europe, COM (2009) 591, at http://ec. europa. eu/economy_finance/publications/
52) Directive 2011/7/UE du parlement européen et du conseil du 16 février 2011.
53) SCI, Relations verticales au sein de la chaîne d'approvisionnement alimentaire: Principes de bonnes pratiques, at http://www. supplychaininitiative. eu/
54) Livre Verte sur les pratiques commerciales déloyales dans la chaîne d'alimentaire et non- alimentaire interentreprises en europe, COM/2013/037 final, at http://eur-lex. europa. eu/
55) 「曖昧な契約条項」、「契約書面の不交付」、「遡及的な契約条件の変更」、「取引上の危険の濫用的な移転」、「情報の濫用的な利用」、「取引関係の濫用的な停止」、「供給のテリトリー制」を例示する。
56) Communication de la Commission au parlement Européen, au conseil, au comité économique et social européen et au comité des régions, Lutter contre les pratiques commerciales déloyales dans la chaîne d'approvisionnement alimentaire interentreprises, COM (2014) 472 final.
57) 相対的市場力規制の適用例、限界については拙稿「前掲論文」(注25) 第42号 (2014年) を参照。
58) Rapport de Mme Marie-Dominique Hagelsteen, *La négociabilité des tarifs et des conditions générales de vente, rapport au ministre de l'économie, des finances et de l' emploi et au secrétaire d'État chargé de la consommation et du tourisme*, 12 février 2008, pp. 29-30, at http://www. ladocumentationfrancaise. fr/
59) Loi n° 2008-776 du 4 août 2008 de modernisation de l'économie.
60) フランスにおける議論状況については拙稿「前掲論文」(注36) を参照。
61) Paris, 1er octobre 2014, n° 13-16336; Paris, 29 octobre 2014, n° 13-11059.
62) 拙稿「前掲論文」(注36) 181頁以下を参照。
63) フランス競争法はカルテル、市場支配的地位の濫用等の「反競争行為」(pratique anticoncurrentiel) を商法典第Ⅳ巻第Ⅱ編 (L. 420-1 条以下) で規定して排除措置及び課徴金の対象とし、他方「競争制限行為」(pratiques restrictives du concurrence) を反競争行為とは区別して商法典第Ⅳ巻第Ⅳ編 (L. 442-6 条以下) で差止め、民事過料、損害賠償の対象として規制する。
64) 前掲 (注33) 参照。
65) Commission staff working paper, *supra* note 5, p. 55, point. 181.
66) Communication de la Commission, *supra* note 51, p. 5.
67) 競争制限行為から生じる契約外債務の準拠法を、影響を受ける市場地国の法と規定する理事会規則864/2007号6条3項が、私訴を通じた各国競争法の執行を強化する可能性につき横溝「前掲論文」(注6) を参照。

(弁護士・明治大学大学院法学研究科博士後期課程)

論　説　自由論題

国際通商体制における規範の多層化
——プライベート・スタンダードの拡大とガバナンスのあり方——

内　記　香　子

　　Ⅰ　はじめに——問題の所在——
　　Ⅱ　米国—マグロラベリング（*US-Tuna II*）事件にみる規範の多層化
　　　1　過密化するドルフィンセーフ・ラベル
　　　2　認証制度の信頼性
　　　3　規範の多層化がもたらす課題と正統性・アカウンタビリティ
　　Ⅲ　WTOでの議論とWTO外での対応
　　　1　SPS委員会での議論及び学説の動向
　　　2　WTO外での動き——メタガバナンスの発想——
　　Ⅳ　おわりに

Ⅰ　はじめに——問題の所在—

　国際通商体制は，国家による規制と，それを規律するWTO（世界貿易機関）協定を中心に構成され，加えて近年は，EPA（経済連携協定）やTPP（環太平洋パートナーシップ）協定といった条約の役割に注目が集まっている。また，法的拘束力のある国家の法と条約以外にも，国際通商の分野においては国際規格や国際基準といったソフト・ローの役割についても議論がされてきた。[1]

　さらに最近の動向として，国際NGO，業界団体あるいは一企業が策定するプライベート・スタンダード（private and commercial standards）の台頭が注目される。国際通商の文脈においては，後述するように，食品や農産物分野で欧州を中心に展開しているプライベート・スタンダードが，途上国からの輸出の

通商障壁になっているという点に当初，注目が集まった。今は食品安全に限らず，サプライチェーン規制の一貫として，環境や労働者保護など多様な目的で策定されるプライベート・スタンダードが，通商に影響を与えるようになっている。本稿では，こうしたプライベート・スタンダードが，国際通商における規範的秩序においてどのような役割をもち，また，その台頭がいかなる課題もたらしているかについて検討する。

　プライベート・スタンダードについては，途上国の農産品の輸出についての関心から，エコノミストが早くから研究に取り組んでいたが，研究の主流は[2]，国際関係論（IR）における議論である。IR では 'civil regulations'[3] 'private regulation'[4] 'private authority'[5]等，様々な表現が用いられているが，その研究はグローバル・ガバナンスの１つの形態としての「プライベート・ガバナンス」研究として発展してきた。すなわち，「伝統的なグローバル・ガバナンスの形態は……政府による国際条約の交渉と締結を通して行われるパブリック・ガバナンス」であるところ，「NGO や企業などの私的なアクターがトランスナショナルな組織やネットワークを構築し，プライベート・レジームを通して企業の行動を制御する」プライベート・ガバナンスが増えている，と説明される[6]。その背景としては，「国際レジームを通じた問題解決への期待を失ったNGOは，企業とパートナーシップを組んで」プライベート・レジームを構築することを考えたと説明され，また企業側の動機としては「公的権力による規制ないしNGOによる事実上の規制（需要の消滅）を回避するため」あるいは「企業のイメージ……名声やブランド価値のため」に，プライベート・レジームに参加しているのである，と説明される[7]。

　本稿では，WTO で使用されている用語である「プライベート・スタンダード」を用いるが[8]，そのスタンダードを策定しているのは，NGO・業界団体・企業といったプライベート・アクターである。また本稿では，そのスタンダードの実施あるいは遵守の確認のために，「認証（certification）」制度や認証に基

づいたラベル制度といった仕組みが存在するケースを想定している（なお，プライベート・アクターによって形成されたスタンダードや認証等の制度や合意のことを「プライベート・レジーム」と呼ぶ）。認証を得られる産品とそうでない産品が存在することで，プライベート・スタンダードが通商障壁あるいは通商促進の機能をもち，それが国際通商とプラベート・スタンダードの重要な接点となるからである。この点において，例えばISO（国際標準化機構）は，パブリックとプライベートの両面をもつハイブリッドな組織，と表現されることがあるが[9]，本稿が問題とするプライベート・スタンダードは，WTO上，国際規格や国際基準として扱われることが自明ではない[10]，NGO・業界団体・企業が策定するようなスタンダードを想定している。プライベート・スタンダードの定義については，Ⅲ節の1で述べる。

　以下では，まず，プライベート・スタンダードの台頭により国際通商規範が多層化してきている状況を，米国―マグロラベリング事件を例に検討し，次に，プライベート・スタンダードの拡大に対して，WTOがどのように対応をしているのか，またWTO外でどのような対応がなされているのかについてガバナンス論の観点から，考察することとする。

Ⅱ　米国―マグロラベリング（*US-Tuna II*）事件にみる規範の多層化

1　過密化するドルフィンセーフ・ラベル

　2012年に上級委員会報告が発出されたWTO紛争，米国―マグロラベリング事件（*US-Tuna II*）は，TBT協定の事件として注目を集めたが，規範の多層化という現象を国際通商紛争の文脈で捉えることのできる興味深い例である。この事件では，米国政府のドルフィンセーフ・ラベルが問題となったが，このほかに，（TBT協定上の国際基準としては認められなかったが）国際条約であるAIDCP（Agreement on International Dolphin Conservation Program）[11]と，プライベートな次元でのドルフィンセーフ・ラベルも存在していた。つまり，

国際・国内・プライベートなレベルで、イルカ保護に関する規範が多層的に存在していたのである[12]。本節はこの点にのみ着目し、本件の体系的な判例評釈を行うものではない。

WTO紛争解決手続で問題となった本件の措置は、米国政府のラベルとAIDCPのラベルだけであったが、プライベートな次元も含めると、さらに状況は複雑であった。米国政府のイルカ保護の規制は、1972年制定のMMPA法（Marine Mammal Protection Act）に起源をもつ。MMPA法はイルカの囲い込み漁を禁止（またその漁法を使ったマグロ製品について輸入禁止）しており、それをめぐってGATT時代にはツナドルフィン・ケースが紛争となったが、さらに米国政府は1990年にDPCIA（Dolphin Protection Consumer Information Act, 16 USC 1385）によって本件で問題となったラベル措置を導入した[13]。しかし、この措置のもとになったのは、先行して存在していたプライベートなラベル、EII（Earth Island Institute）[14]によるラベルであった。EIIによる海洋哺乳類プロジェクトに賛同した3大ツナ缶企業（StarKist, Bumblebee, and Chicken of the Sea）は、米国のDPCIAが公布される少し前に、すでにEIIのイルカ保護措置に沿うことを宣言していた[15]。また、米国政府のofficial markであるドルフィンセーフ・ラベルではない、米国内の業者が使用しているalternative markのラベルが普及していた、という事情も指摘されている[16]。このような私的なラベルも、DPCIAの要件に従っている限り、使用が可能であり、政府のofficial markを使用する必要はない[17]。さらに近年は、イルカ保護に限らず、広く海洋環境への影響を考えた持続可能な漁業に対して認証を行うMSC（Marine Stewardship Council；海洋管理協議会）のエコラベルが普及をはじめており、ドルフィン・セーフのついたツナ缶と、MSCのラベルのついたツナ缶の競争関係も指摘されている[18]。

こうしたプライベートのラベルが広がりをみせる一方で、前述のとおり、1999年に効力発生した国際的なAIDCPのラベルも存在していた。AIDCPの

イルカ保護の基準は，イルカの囲い込み漁を禁止していない点で米国政府のDPCIAの基準よりも緩かった[19]。米国政府はDPCIAの基準をAIDCPのレベルにあわせて改正しようしたが[20]，EIIが原告となって米国内で訴訟となり，米国政府が敗訴したため断念[21]，DPCIAはAIDCPの基準とは異なり，保護水準が高いままになっていた。メキシコはこの後，米国に対してWTO紛争解決手続に申し立てをしたのである。

2　認証制度の信頼性

以上のようにラベルをめぐる規範が多層的であることに加えて，本件のもう1つのインプリケーションとして，認証の仕組みや方法の信頼性はどれほどのものか，またコストに見合った信頼性とはどのようなものか，という点が提起できる。結果的に，米国の政府によるラベルであっても，イルカのリスクに対応していないという判断が下され，公的なラベルであっても信頼できるとは限らず，他方，私的なラベルだから信頼性がない，ということにもならない。

本件で問題になった点は，ETP内（Eastern Tropical Pacific Ocean：東部熱帯太平洋）のマグロ漁業（大型まき網漁船によるマグロ漁）の認証方法と，ETP外の認証方法の違いである。ETP内においては，イルカとマグロが共に行動する（マグロがイルカの群れの下を泳ぐ）ことから，イルカが殺傷されるリスクが高いという理由でイルカの囲い込み漁が禁止され，さらに訓練を受けた監督官（observer）の乗船による認証が米国政府の規制では要求されていた。他方，ETP外においては，イルカとマグロが共に行動する生態がみられずイルカの混獲の可能性が低いという理由で，イルカの囲い込み漁をしていないという船長による宣言があればよく，監督官による認証は要件とされていなかった。

TBT協定2.1条の下，これが正当な規制の区別として説明できるかが，争点になったが，この認証方法では，ETP外でのその他の漁法による（イルカ囲い込み漁以外の，例えば集魚装置（FADs）操業による）マグロ漁業において，「イル

カが殺傷されたり傷つけられたりしていない（no dolphin was killed or seriously injured）」ことの保証がないとして，米国の措置は2.1条違反とされた。このとき米国政府が，イルカの混獲率の低いETP外において監督官の乗船による認証はコストが大きく，現実的ではないという主張をしたところ[23]，上級委員会は，監督官による認証が唯一の方法ではなく（イルカへの危険が小さいのであれば）船長による認証もあり得るという見解を示していた[24]。

　この判断を受けて，米国政府の履行措置（"the amended tuna measure"）では次のような認証制度が採用された[25]。すなわち，ETP内での大型まき網漁については，「イルカが殺傷されたり傷つけられたりしていないこと」と「イルカの囲い込み漁を行っていないこと」について，船長と監督官（International Dolphin Conservation Programの認定を受けた監督官）の乗船による認証が求められる。他方，ETP外の（大型かどうかは問わない）まき網漁及びその他の漁法（まき網漁以外の漁法及びETP内の小型まき網漁船による漁）については，原則として船長のみによる「イルカが殺傷されたり傷つけられたりしていない」ことの認証を求める，というものであった。ただし，この船長による認証については追加的要件があり，①ETP外のまき網漁についてはイルカとマグロが共に行動する生態がみられること，②その他の漁法についてはイルカが殺傷されたり傷つけられたりしていることが，National Marine Fisheries Serviceによって認定された場合には，船長のほか認定された監督官による認証が求められる，とされた。

　履行確認パネルでメキシコは，（ETP外のまき網漁及びその他の漁法について）船長に漁業の過程でイルカが殺傷されていないかどうか観察する技術や能力はないと主張し[26]，船長の認証能力が争点の１つとなった。パネルにおいては，船長にはそのような能力がない（したがって米国の履行措置は再度2.1条違反）とした多数意見[27]と，ETP外のイルカ混獲の低い状況では船長に認証させる方法が妥当だとする個別意見に分かれることとなった[28]。

この履行確認パネルの判断について上訴を受けた上級委員会は，同パネルが，異なる漁場で異なる漁法よるマグロ漁業がイルカにどの程度のリスクをもたらすのかを判断しておらず，したがって米国の履行措置がイルカ殺傷のリスクに対応しているかどうかを判断していないとし，同パネルの誤りを指摘するところとなった[29]。しかし，認証方法をめぐる履行確認パネルでの議論——誰が認証するのか——は上級委員会で同様に論点となり[30]，同パネルが，船長にイルカ殺傷について認証する技術はないと判断した点は，上級委員会でも支持されている[31]。

　上級委員会は，前述の①②の要件に関し，ETP外のまき網漁については「イルカとマグロが共に行動する生態がみられること」だけが要件となっていて「イルカが殺傷されたり傷つけられたりしていること」が要件になっていないこと（しかし他の漁法についてはこの要件があること）が問題であるとした[32]。上級委員会は，イルカとマグロが共に行動する生態がみられなければイルカの殺傷はないとする米国の見方に疑問を呈し，囲い込み漁をしていないまき網漁においても，元の上級委員会も述べたようにFADs等を使った漁法においてはイルカ殺傷のリスクがあることを再度，指摘した[33]。このことから，米国の履行措置は再度TBT協定2.1条違反（メキシコからのマグロ製品に不利な待遇を与えるもので，正当な規制の区別ではない）とされた。イルカの殺傷リスクをめぐって，米国政府のラベルがどこまで信頼できるものかを突き詰めた判断だったと言える。

3　規範の多層化がもたらす課題と正統性・アカウンタビリティ

　以上みたように，ドルフィンセーフ・ラベルの事例では，国際・国家・私的レベルにおいて多層的にラベルが存在し，さらに私的レベルにおいては複数のラベルが存在する状況になっていた。また，船長あるいは監督官の誰がイルカの殺傷リスクに関して認証をするべきなのか，という論点があり，それによってラベルの信頼性が異なる，という事情も分かった。つまり，ラベル制度はそ

れぞれに異なる認証の仕組みや方法によって運用されており，複数の異なる認証制度の詳細について消費者や市民は認識・区別できないのが現状である。

このような過密状況がもたらす問題点は次のようにまとめられる[34]。ラベルを使用する業者や製品を購入する消費者における「混乱（confusion）」，これらのラベルが基づいているドルフィン・セーフの基準間の「矛盾（contradiction）」，どのレベルを付与するかによって異なる「コスト」の問題，そして，ラベルの間での「競争（competition）」が激しくなることで場合によっては「底辺への競争（race to the bottom）」に向かう危険である。

こうした課題に対処するために，かつて国連やWTO等の国際制度に対して要求されてきた正統性やアカウンタビリティが[35]，プライベート・レジームにも求められるようになっている[36]。正統性に関しては「手続的正統性（あるいはインプット正統性）」という側面と，「実質的正統性（あるいはアウトプット正統性）」という側面がある。前者の側面については，プライベート・スタンダードを策定するときに，プロセスの透明性や多様なステークホルダーの参加の確保が求められ，後者の側面については，そのスタンダードによって社会的・環境保護・倫理上の問題が効果的に解決したかどうかという点が問われる[37]。

またアカウンタビリティについては，通常は制度とそのメンバーの間で問われるべき'internal accountability'が議論されるが[38]，近年は（制度内のメンバーではなく）制度外で影響を受けるアクターに対するアカウンタビリティ，すなわち'external accountability'[39]の概念が注目されている。プライベートなスタンダードやエコラベルが増加し拡散していくにつれて，（次節でみるように）通商等の文脈で影響を被る制度外のアクターが増えれば，プライベート・レジームに対しても，国際制度と同様に対外的なアカウンタビリティが求められる，と議論がされている[40]。

以上のように，規範の多層化の問題点，とりわけプライベート・スタンダードの台頭による課題が指摘されており，WTO研究者にも基準策定と正統性の

視点は共有されるようになっている[41]。それでは具体的に，WTOとWTO外ではどのような対応がなされているのか，次に検討することとする。

III WTOでの議論とWTO外での対応

1 SPS委員会での議論及び学説の動向

WTOにおいてプライベート・スタンダードが議論される契機となったのは，SPS委員会における懸念表明（specific trade concerns）であった。2005年6月のSPS委員会の場で，セントヴィンセント及びグレナディーン諸島（St. Vincent and the Grenadines）が，イギリスへの輸出産品であるバナナの取引がプライベート・スタンダードによって停滞していると懸念を示した[42]。問題となったスタンダードは，当時EurepGAPと呼ばれ，現在はGLOBALG.A.P.として知られるもので，欧州の食品業界が中心となって策定した「農業生産工程管理（Good Agricultural Practice: GAP）」に関する基準である。規律の内容は，農産物の安全性，生産マネージメント，農業をめぐる環境，農業従事者の健康の保護等，幅広い（例えば，GLOBALG.A.P.の果物及び野菜の基準は200項目を超えており膨大な量である）。GLOBALG.A.P.の基準の影響は今や欧州だけでなく全世界に拡大しており[43]，日本国内でも，農林水産省のGAPの取り組みや[44]，日本GAP協会による民間の取り組み等がある。

2007年以降，SPS委員会では'Commercial and Private Standards'という議題を設けて情報交換と議論を続けた[45]。この時期に事務局から提出された文書では[46]，プライベート・スタンダードが右記（表-1）のように分類されている。

重要な論点は，SPS協定がプライベート・スタンダードを規律するのかどうかという法的問題にあった。SPS委員会では，プライベート・スタンダード全般を扱うのではなく，あくまでもSPS協定に関連した（SPS-related issues）側面について議論することが認識され[47]，具体的には，SPS協定第13条の「非政府機関（non-governmental entities）」をめぐる議論であることが認識されていた[48]

表-1

Individual firm schemes	Collective national schemes	Collective international schemes
Tesco Nature's Choice Carrefour Filière Qualité	Assured Food Standards British Retail Consortium Global Standard - Food QS Qualitat Sicherheit Label Rouge Food and Drink Federation/ British Retail Consortium Technical Standard for the Supply of Identity Preserved Non-Genetically Modified Food Ingredients and Product	EurepGAP International Food Standard Global Food Safety Initiative ISO 22000: Food safety management systems Safe Quality Food (SQF) 1000 and 2000 ISO 22005: Traceability in the feed and food chain

（出所） WTO, G/SPS/GEN/746（24 January 2007）, "Examples of Private Standards"p. 2

（なお，WTO 紛争解決手続におけるその他のあり得る争点として，プライベート・スタンダードが「国際基準」にあたるかどうかという点があるが，本稿では扱わない[49]）。

WTO がどのような場合に政府でない民間の私的な行為を規律するかは，民間の行為に政府がどの程度介入しているか，あるいは民間の行為を政府の行為とみなせる関係性があるか，という基準によって線引きされてきた[50]。しかし，プライベート・スタンダードの議論では，WTO 加盟国政府がプライベート・レジームに認証業務を委託するといったような関係性がない事例も含まれており，その場合，具体的にはSPS 協定第13条の解釈が問題となる。

同条は「加盟国は，自国の領域内の非政府機関（non-governmental entities）……がこの協定の関連規定に従うことを確保するため，利用し得る妥当な手段を講ずる」と規定するが，この「非政府機関」という用語に，企業やGLOBALG. A. P. のような私的で商業的な団体が含まれるのかどうかが問題となる。それは解釈上はっきりしないという立場もあるが[51]，次の2つの点から，否定的な見解が主流のように思われる。

否定的な見解の根拠の1つ目は，SPS 協定交渉時に食品や農産物の安全性に関するプライベート・スタンダードが存在しなかったことから，「非政府機関」

に現在問題となっているプライベートな団体は含まれないという考えである[52]。

次に，TBT協定との比較の視点からの理由である[53]。TBT協定にも，「非政府機関（non-governmental body）」という用語があり，同協定附属書1.8はそれを「中央政府機関及び地方政府機関以外の機関（強制規格を遵守させる法的権限を有する非政府機関を含む）」と定義している。ここでいう「強制規格を遵守させる法的権限を有する非政府機関」とは，政府機関ではないが，規格を策定し，国の代表としてISOのメンバーとなるような（政府から独立した）機関と理解されている。例えば，米国規格協会（ANSI）のような機関である。つまり，（GLOBALG.A.P.のような）SPS委員会で問題となるプライベートな団体は想定されていないと解され[54]，このことからSPS協定上の「非政府機関」も，TBT協定と同様，プライベート・スタンダードを策定する団体を含まないと議論されている[55]。

SPS委員会では，委員会としてどのような対応をとるのか，議論が続けられ，2011年3月に5つのアクションが決定された[56]。本稿では，1つ目のアクションである，SPS関連のプライベート・スタンダードの定義づくり（developing a working definition of an SPS-related private standard）を紹介する。なお，ここでは単に「定義」としているが，正式には'working definition'であり，SPS委員会での議論の範囲を定めるために，食品安全を中心にSPS協定附属書A.1に関連する，プライベート・スタンダードの定義を策定するとされている[57]。

2012年10月以降，何度か定義案が提示されてきたが，最新の状況は次のとおりである。2013年6月，中国とニュージーランドを中心とした共同提案づくりをすることが議長により促され[58]，両国が共同議長（co-stewards）になり'electronic working group (e-WG)'を構成して議論をすることとなった[59]。参加国は，アルゼンチン，オーストラリア，ベリーズ，ブラジル，ブルキナファソ，カナダ，EU，日本，シンガポール，米国である。中国とニュージーランドは，先進国と途上国とで分かれる意見のとりまとめの役割をそれぞれが担っていた，と

みることができるだろう。これらの加盟国で議論がされ、2014年10月のSPS委員会では、次の定義案が提示された。

> An SPS-related private standard is a written requirement or condition, or a set of written requirements or conditions, related to food safety, or animal or plant life or health that may be used in commercial transactions and that is applied by a non-governmental entity that is not exercising governmental authority.
>
> This working definition is without prejudice to the rights and obligations of Members, or the views of Members on the scope of the WTO Agreement on the Application of Sanitary and Phytosanitary Measures.

　この定義案について2015年3月の委員会での定義採択に向けて動くこととなり、この時期が定義採択の1つの大きな機会であったように思われる。しかし、上記10月の案について e-WG に参加していた多くの加盟国が賛同するという立場の中で、EUと米国のみが反対の意見を示した。すなわち、'non-governmental entity'ではなく 'private body' の用語を使用することを求め、また written requirements or conditions という表現において requirements の用語を除くべきであるという見解を示したのである。前者の点は、この定義がSPS協定第13条の「非政府機関（non-governmental entities）」に意味を与えて、将来WTO紛争となることを懸念しての修正提案であると考えられる。後者の点は、どれほど重要な修正提案であったのか明確でないが、requirementsの用語が法的要件を意味し、プライベート・スタンダードの定義には適切ではないといった見解だったと思われる。

　カナダは、定義案に賛成できるという立場を示し、オーストラリアと日本は、EUの立場でも提示された定義案のどちらでも柔軟に対応できるという立場を示していたが、EUと米国の反対の立場は固く、意見はまとまらなかった。共同議長国は、ここでの議論の行き詰まりにより、これまでの努力が無駄になってしまうことを防ぐために、クーリング・オフの時間をとることを提案、しば

らく議論を休止することとしたのである[65]。執筆時点においては，SPS 委員会内で定義策定に関する新しい方向性は定まっていない。

2 WTO 外での動き——メタガバナンスの発想——

以前から指摘されていたことであるが，上述の SPS 委員会での議論をみてみると，WTO によるプライベート・スタンダードへの対応の難しさがみてとれる[66]。プライベート・スタンダードは SPS 協定上の問題であり WTO が対処すべきであると考える途上国と，一方で，それは SPS 協定の規律事項の範囲外の問題であると考える先進国との間の溝は埋まっていない。とりわけ先進国の懸念は，SPS 委員会内で策定した定義が，将来の WTO 紛争において SPS 協定13条の解釈に影響を与えることにあり，WTO での対応には，将来への WTO 紛争への影響の観点からどうしても限界がある。

その一方で，増加・拡大するプライベート・スタンダードへの何らかの対応が国際社会で求められているとすれば，WTO 外ではどのような対応がなされているだろうか。1つ大きな動きとして，2013年3月に，'The United Nations Forum on Sustainability Standards（UNFSS）' という国連のフォーラムができたことを指摘しておきたい[67]。これは，5つの国連機関（FAO, ITC, UNIDO, UNEP, UNCTAD）が集まって形成されたフォーラムであり，そのホームページには 'A Platform of International Dialogue on Voluntary Sustainability Standards' とある。UNFSS では，'voluntary sustainability standards（VSS）' という概念が使われており，SPS 委員会で問題とされていたプライベート・スタンダードもここに含まれる。このフォーラムの目的は，VSS を使って途上国の競争力を高め，サステナビリティ市場の拡大にある[68]。すなわち，VSS を持続可能な発展（sustainable development）の「手段」とする見方である[69]。これは，プライベート・スタンダードを途上国の輸出障壁とみる立場からの転換であり，WTO ではあまり強調されてこなかった点である。

プライベート・スタンダードの過密現象への対応として，メタガバナンスの発想がある。メタガバナンスとは，'Governance of Governance'と呼ばれ，本稿の文脈では過密化しているプライベート・ガバナンスに対するガバナンスを指す。プライベート・スタンダードの過密現象の原因は，「調整 (coordination)」の失敗と捉えることができ，そうしたガバナンスの失敗については，（プライベート・レジーム間の）仲介者となる機関の設置や（プライベート・レジームの無制限の）成長・増殖に歯止めをかける条件付け（組織生態学的なアプローチ）等の対応が考えられるとされる。

本稿の文脈では，メタガバナンスをするメタレギュレーター (meta-regulator) の存在によって，異なるスタンダードが収斂したり，手続的正統性を追求したりすることが可能となることが考えられる。実はすでに，そうしたメタガバナンスは複数存在する状況にあるが，本稿では，グローバルに影響力がありそうな2つのメタガバナンスを以下に取り上げる。

(1) ISEAL Alliance の取り組み

プライベート・スタンダードの過密現象を問題視し，正統性やアカウンタビリティを求める対応を早い時期から始めた団体としてよく知られているのは，ISEAL Alliance である。2002年にロンドンに本部をおいて活動を開始，信頼性のある認証制度にのみメンバーシップを認めている。具体的には，3つのコードを遵守した認証制度にメンバーシップを認める形で，数多くの認証制度の中から信頼できる制度の差別化をはかることを試みている。

3つのコードとは，① standard-setting code, ② impacts code, ③ assurance code である。①は2004年に策定された一番古くからある規定で，スタンダード策定過程の手続的規定である。すなわち，プライベート・レジームにおける，利害関係者の参加の確保・コンセンサスや投票の過程・スタンダードの改正手続等が審査される。②は2010年に策定され，これは，スタンダードを策定した後，スタンダードの遵守の監視・評価システム (monitoring & evaluation system: M & E）を確立することをプライベート・レジームに求め，情報・データの収集や評価，利害関係者からの情報収集の仕方などを審査する。最も新しい③のコードは2012年に策定され，認証の発行システムを評価するもので，適切な適合性評価制度や認証・認定手続を構築しているかどうかを審査する。

ISEAL のメンバーシップを取得した認証制度は，信頼できる制度としての地位や評判を得ることができ，そうでない制度と差別化をはかることができる。こうした取り組みは，認証制度間の競争を，信頼性や正統性の確保に方向付けされた「トップへの競争」に向かわせる可能性があるものと評価できる[76]。他方で，ISEAL の取り組みにも課題が指摘されている。メンバーシップが付与されるための条件レベル（すなわち上述の３つのコードの規定内容）が高いため，ISEAL のメンバーシップを得ている制度の数が（よく知られるフェアトレード，MSC，森林管理協議会（FSC）等を含めて）20に過ぎないという事実である[77]。現在，グローバルに活動している認証制度の全体の数からすると，少なすぎるという印象がある。また，ISEAL 内でもメンバーシップを評価・審査する体制について議論や論争があり，ISEAL の対内的な正統性確保の問題もあると指摘されている[78]。

(2) ITC Standards Map による取り組み

ITC (International Trade Centre) による 'ITC Standards Map' というデータベースでは，現在，約200のスタンダードの情報が扱われている[79]。データベースの目的は，多様なユーザー（生産者・小売業者から政策決定者）が持続可能な生産・通商に携わるための能力強化だとされる[80]。

データベース（無料）は使いやすく構成されている。まずユーザーは，自身のビジネスに関連する産品や生産国・輸出先等を選択する。すると，関連のスタンダードが特定され，さらに，特定された複数のスタンダード間の特徴を比較した結果がグラフ化される。比較の結果は，主として２つに分けて表示される[81]。まず，スタンダードの実態的内容（'Requirements'）が，５つのサステナビ

リティ分野（'environment', 'social', 'management', 'quality', 'ethics'）に照らして比較分析される。次に，スタンダードの手続的・制度的な特性（'Processes'）が5つの点（'audits', 'claims and labelling', 'support', 'standard', 'governance'）から比較分析される。これらの指標に照らして，結果が分かりやすく表示される。

このように，プライベート・スタンダードを比較できるデータベースは，数あるスタンダードを「格付け」する機能をもつ。[82] あるスタンダードが，様々なサステナビリティ関心に配慮したものなのか（すなわち，環境だけに特化していて，その他の社会的課題には配慮していないのではないか），手続的・制度的に正統なものなのか，といった懸念に一定の答えを提示することになり，信頼できるスタンダードとそうでないものを区別することが可能となる。

Ⅳ　お わ り に

プライベート・スタンダードの問題は，サステナビリティの問題であり，生産・販売・通商の問題でもある。マグロラベリング事件が示唆しているように，プライベート・スタンダードそれ自体がWTO紛争で争点になることは，今はないが，紛争の重要な背景と文脈を構成しており，規範の多層化は国際通商の秩序に現実的な課題をもたらしている。また本稿でみたように，プライベート・スタンダードの台頭は，WTOにおいても，WTO外においても，対応に苦慮されていることも現実である。

今後の研究の方向性として，2つのアプローチを指摘したい。まず，プライベート・スタンダードの活用という視点である。2015年9月，「持続可能な開発目標（SDGs）」の17の目標が発表され，目標12は「責任ある消費と生産の確保」を掲げている。プライベートな認証制度やエコラベルを活用して，持続可能な消費と生産パターンの確保をしてくことができるかどうかが世界的な関心となる今，東京2020オリンピックの開催もみすえて，日本国内でも議論が活発化することを期待したい。[83]

次に，国内法分野からの視座である。本稿の内容について研究報告した際，多様な国内法分野における自主規制の事例との関連性，パブリック・プライベート・パートナーシップの可能性，さらには競争法からの示唆等について[84]，コメントを頂戴した。国内でのアプローチが，国際通商レベルで問題となるプライベート・スタンダードの対応にどのように参考になるかという点も，検討していきたい。

【付記】 本稿は，ディスカッション・ペーパー「国際通商とプライベート・スタンダード—— WTO・SPS 委員会での議論と WTO 外の対応」(15-J-046, 経済産業研究所，2015年7月)を大幅に加筆・修正したものである。また本稿の内容について，2015年11月29日に早稲田大学にて開催された日本国際経済法学会で報告する機会を与えられ，参加者から報告の際のみならず，その後もメールで貴重なコメントを頂戴した。ここに記して感謝申し上げたい。本稿は，科学研究費補助金（基盤C・課題番号26380059）の研究の成果の一部である。

1) Joost Pauwelyn, "Rule-Based Trade 2. 0? The Rise of Informal Rules and International Standards and How they May Outcompete WTO Treaties," *Journal of International Economic Law*, Vol. 17, No. 4 (2014), pp. 739-751.
2) Peter Gibbon, Stefano Ponte and Evelyne Lazaro, *Global Agro-Food Trade and Standards : Challenges for Africa* (Palgrave Macmillan, 2010); Adeline Borot de Battisti, James MacGregor and Andrew Graffham eds., *Standard Bearers : Horticultural Exports and Private Standards in Africa* (International Institute for Environment and Development, 2009); OECD, *Private Standard Schemes and Developing Country Access to Global Value Chains : Challenges and Opportunities Emerging from Four Case Studies*, AGR/CA/APM (2006) 20/Final (3 August, 2007).
3) David Vogel, "Private Global Business Regulation" *Annual Review of Political Science*, Vol. 11 (2008), p. 269.
4) Tim Büthe, "Global Private Politics: A Research Agenda," *Business and Politics*, Vol. 12, No. 3 (2010), p. 5.
5) Jessica F. Green, *Rethinking Private Authority : Agents and Entrepreneurs in Global Environmental Governance* (Princeton University Press, 2013).
6) 山田高敬「公共空間におけるプライベート・ガバナンスの可能性——多様化する国際秩序形成——」『国際問題』586号（2009年）52頁。
7) 阪口功「市民社会 プライベート・ソーシャル・レジームにおける NGO と企業の協

働」大矢根聡編『コンストラクティヴィズムの国際関係論』(有斐閣, 2013年) 155-156頁。

8) 本稿で扱うプライベート・スタンダードには, 業界団体による「自主規制」を含む。欧州の食品業界団体による自主規制は, プライベート・スタンダードとして国際通商の文脈でよく挙げられる例である。しかし「自主規制」は多様である。原田大樹『自主規制の公法学的研究』(有斐閣, 2007年) 参照。あらゆる自主規制がプライベート・スタンダードとして国際通商やIRの文脈で議論の対象になるものではないが, 例えば, 原田『同書』174頁に挙げられている化学品業界によるレスポンシブル・ケアは, IRにおいてもプライベート・レジームとしてしばしば挙げられる事例である (阪口「前掲論文」(注7) 156頁参照)。国際通商の文脈で問題になり得るプライベート・スタンダードあるいは「自主規制」は, 策定されたスタンダードの遵守について, ある程度厳格な認証制度が存在し, 認証を得られる産品と得られない産品が存在することが前提にあることが指摘できる。

9) Gregory Shaffer and Joel Trachtman, "Interpretation and Institutional Choice at the WTO," *Virginia Journal of International Law*, Vol. 52, No. 1 (2011), p. 113. ISOのメンバーシップは, 各国が1メンバーとされており, 政府の機関でなくともプライベートな団体もメンバーとなることが可能である。International Organization for Standardization, *ISO Membership Manual* (2015), p. 6, available at 〈http://www.iso.org/iso/iso_membership_manual.pdf〉 (as of May 30, 2016).

10) SPS協定上, 国際基準の定義については明記されているが (附属書A.3), TBT協定上は国際基準の定義はないところ, それについて米国—マグロラベリング事件の上級委員会が詳述している。国際基準とは, 国際標準化機関により承認されたもので, その機関が, ①標準化の分野において認められた活動をしていることと, ②少なくともすべてのWTO加盟国の関係機関が加盟することのできる機関であること等が挙げられている。内記香子「WTO・パネル上級委員会報告書解説⑥ 米国—マグロラベリング事件 (メキシコ) (DS381) ——TBT紛争史における意義——」(RIETI PDP 13-P-014, 2013年8月), 31-35頁参照。

11) Agreement on International Dolphin Conservation Program, 〈https://www.iattc.org/AIDCPdocumentationENG.htm〉 (as of May 29, 2016).

12) こうしたレジームの過密現象は「レジーム・コンプレックス」と呼ばれている。Yoshiko Naiki, "Trade and Bioenergy: Explaining and Assessing the Regime Complex for Sustainable Bioenergy," *European Journal of International Law*, Vol. 27, No. 1 (2016), pp. 129-159.

13) Lauren Sullivan, "The Epic Struggle for Dolphin-Safe Tuna: To Be Continued-A Case for Accommodating Nonprotectionist Eco-labels in the WTO," *Vanderbilt Journal of Transnational Law*, Vol. 47 (2014), pp. 865-869.

14) EII, 〈http://savedolphins.eii.org/campaigns/dsf/〉 (as of May 29, 2016). See also, Carola Glinski, "Private Norms as International Standards? Regime Collisions in *Tuna Dolphin II*," *European Journal of Risk Regulation*, Vol. 3, No. 2 (2012), p. 556.

15) Forest L. Reinhardt, *Down to Earth : Applying Business Principles to Environmental*

Management (Harvard Business School Press, 2000), p. 33.
16) Panel Report, *U. S. -Tuna II (Mexico)*, WT/DS381/R (Sep. 15,2011), para. 7.535 ("The United States further argues that none of the US canners uses the official dolphin-safe label mark, since they have developed their own dolphin-safe logos.").
17) *Ibid.*, paras. 2.27-2.29.
18) Alice Miller and Simon Bush, "Authority Without Credibility? Competition and Conflict Between Ecolabels in Tuna Fisheries," *Journal of Cleaner Production*, Vol. 107 (2014), pp. 137-145.
19) Panel Report, *U. S. -Tuna II (Mexico)*, *supra* note 16, paras. 2.40 and 7.729. AIDCPでは、イルカの囲い込み漁は禁止されておらず、監督官の乗船によるイルカが殺傷されていないことの証明でよいとされていた。
20) William J. Clinton: "Statement on Signing the International Dolphin Conservation Program Act," August 15,1997. Online by Gerhard Peters and John T. Woolley, *The American Presidency Project*, ⟨http://www.presidency.ucsb.edu/ws/?pid=54540⟩ (as of May 30, 2016).
21) Panel Report, *U. S. -Tuna II (Mexico)*, *supra* note 16, para. 2.19. 米国内での訴訟 (*Earth Island Institute v. Hogarth*, 494 F. 3d 757 (9th Cir. 2007)) の過程について詳しくは、Trish Kelly, "Tuna-Dolphin Revisited," *Journal of World Trade*, Vol. 48, No. 3 (2014), pp. 505-508.
22) Appellate Body Report, *U. S. -Tuna II (Mexico)*, WT/DS381/AB/R (May. 16, 2012), para. 292.
23) *Ibid.*, para. 293.
24) *Ibid.*, para. 296.
25) Appellate Body Report, *U. S. -Tuna II (Mexico)* Recourse to 21.5 of the DSU by Mexico, WT/DS381/AB/RW (Nov. 20,2015), paras. 6.10-6.11.
26) Panel Report, *U. S. -Tuna II (Mexico)* Recourse to 21.5 of the DSU by Mexico, WT/DS381/RW (Apr. 14,2015), para. 7.198.
27) *Ibid.*, paras. 7.233, 7.246.
28) *Ibid.*, paras. 7.272, 7.276 ("Put simply, my opinion is that where the probability of dolphin mortality or serious injury is smaller — because, for instance, the degree of tuna-dolphin association is less likely — the United States may accept a proportionately larger margin of error [in the case of captain certification].").
29) AB Report (21.5), *supra* note 25, para. 7.169.
30) *Ibid.*, paras. 7.256 and 7.257 ("……*who* is to make the required certifications (captain *and* observer).").
31) *Ibid.*, para. 7.258 ("We recall, in this regard, the Panel's finding that captains, in comparison to observers, do not necessarily and always have the technical skills required to certify that no dolphins were killed or seriously injured.").
32) *Ibid.*

33) *Ibid.*, para. 7.260.
34) Luc Fransen, "The Politics of Meta-governance in Transnational Private Sustainability Governance," *Policy Science*, Vol. 48, No. 3 (2015), p. 295. See also, Luc Fransen and Thomas Conzelmann, "Fragmented or Cohesive Transnational Private Regulation of Sustainability Standards? A Comparative Study," *Regulation & Governance*, Vol. 9, No. 3 (2015), p. 261.
35) WTOの正統性とアカウンタビリティについて, Joanne Scott, "European Regulation of GMOs: Thinking about Judicial Review in the WTO," *Current Legal Problems*, Vol. 57, No. 1 (2004), pp. 130-131.
36) Julia Black, "Constructing and Contesting Legitimacy and Accountability in Polycentric Regulatory Regimes," *Regulation & Governance*, Vol. 2, No. 2 (2008), p. 145 ("Role legitimacy is particularly relevant when considering the role of non-state regulators, as not all organizations will be perceived as legitimate in performing regulatory roles.").
37) Daniel Bodansky, "Legitimacy in International Law and International Relations," in Jeffrey L. Dunoff and Mark A. Pollack (eds), *Interdisciplinary Perspectives on International Law and International Relations : The State of the Art* (Cambridge University Press, 2012), p. 330. See also, Gregory Shaffer (ed.), *Transnational Legal Ordering and State Change* (Cambridge University Press, 2012), p. 34.
38) Robert O. Koehane, "Global Governance and Democratic Accountability," in David Held and Mathias Koenig-Archibugi (eds), *Taming Globalization : Frontiers of Governance* (Polity Press, 2003), p. 141.
39) *Ibid.*, p. 141 ("accountability to people outside the acting entity, whose lives are affected by it.").
40) Doris Fuchs *et al.*, "Actors in Private Food Governance: The Legitimacy of Retail Standards and Multistakeholder Initiatives with Civil Society Participation," *Agriculture and Human Values*, Vol. 28, No. 3 (2011), p. 358; Frank Biermann and Aarti Gupta, "Accountability and Legitimacy in Earth System Governance: A Research Framework," *Ecological Economics*, Vol. 70, No. 11 (2011), p. 1857; Lars H. Gulbrandsen and Graeme Auld, "Contested Accountability Logics in Evolving Nonstate Certification for Fisheries Sustainability," *Global Environmental Politics*, Vol. 16, No. 2 (2016), p. 43. 邦語文献として, 原田大樹「グローバル化時代の公法・私法関係論――ドイツ「国際的行政法」論を手がかりとして――」浅野有紀他編『グローバル化と公法・私法関係の再編』(弘文堂, 2016年) 41-42頁も参照。
41) Carola Glinski, "Competing Transnational Regimes under WTO Law," *Utrecht Journal of International and European Law*, Vol. 30, No. 78 (2014), p. 60; Joost Pauwelyn, "Non-Traditional Patterns of Global Regulation: Is the WTO 'Missing the Boat'?," in Christian Joerges and Ernst-Ulrich Petersmann (eds), *Constitutionalism, Multilevel Trade Governance and Social Regulation* (Hart Publishing, 2006), p. 212.

42) WTO, SPS Committee, "Summary of the Meeting Held on 29-30 June," G/SPS/R/37/Rev,(18 August, 2005).
43) Yoshiko Naiki, "The Dynamics of Private Food Safety Standards: A Case Study on the Regulatory Diffusion of GLOBALG. A. P.," *International & Comparative Law Quarterly*, Vol. 63, No. 1 (2014), pp. 137-166.
44) 農林水産省ホームページ「農業生産工程管理（GAP）に関する情報」⟨http://www.maff.go.jp/j/seisan/gizyutu/gap/index.html⟩ (as of May 29, 2016) 参照。そこではGAPとは「農業生産活動を行う上で必要な関係法令等の内容に則して定められる点検項目に沿って，農業生産活動の各工程の正確な実施，記録，点検及び評価を行うことによる持続的な改善活動」と説明されている。
45) SPS委員会での議論の経緯 (2011年3月まで) について邦文での紹介として，農林水産省消費・安全局食品安全政策課のホームページ「自主及び商業基準（プライベートスタンダード)」⟨http://www.maff.go.jp/j/syouan/kijun/wto-sps/ps.html⟩ (as of May 29, 2016) を参照。
46) WTO, SPS Committee, "Private Standards and the SPS Agreement," G/SPS/GEN/746 (24 January, 2007).
47) なお GLOBALG. A. P. についても，食品の安全を規律している側面は SPS 協定の問題になるが，経営マネージメントや農業従事者の健康の保護の側面については SPS 協定の問題ではないと考えられるので，スタンダードの一部の側面のみが SPS 協定に関わっていると理解できる。See, SPS Committee, *ibid.*, G/SPS/GEN/746, para. 18 ("……some elements of private standards address matters outside the scope of the SPS Agreement. For example, EurepGAP standards contain chapters dealing with, amongst other topics, worker health, safety and welfare and waste and pollution management.").
48) *Ibid.*, paras. 16-17; SPS Committee, "Summary of the Meeting of 18-19 October, 2007," G/SPS/R/46, p. 26, para. 141 (2 January, 2008).
49) Glinski, *supra* note 14, pp. 550-551.
50) Rex J. Zedalis, "When Do the Activities of Private Parties Trigger WTO Rules?," *Journal of International Economic Law*, Vol. 10, No. 2 (2007), pp. 335-362.
51) Gretchen H. Stanton, "Food Safety-related Private Standards: The WTO Perspective" in Axel Marx et al. (eds.), *Private Standards and Global Governance : Economic, Legal and Political Perspectives* (Edgar Publishing, 2012), p. 244; Jan Wouters and Dylan Geraets, "Private Food Standards and the World Trade Organization: Some Legal Considerations," *World Trade Review*, Vol. 11, No. 3 (2012), p. 485.
52) Denise Prevost, "Private Sector Food-Safety Standards and the SPS Agreement: Challenges and Possibilities," *South African Yearbook of International Law*, Vol. 33 (2008), p. 19; Tracey Epps, "Demanding Perfection: Private Food Standards and the SPS Agreement," in Meredith Lewis and Susy Frankel (eds.), *International Economic*

Law and National Autonomy（Cambridge University Press, 2010), p. 89.
53) なお TBT 委員会では，SPS 委員会のように本格的にプライベート・スタンダードの問題は扱われていない。TBT 委員会では，2009年の TBT 協定の運用と実施に関する第 5 回 Triennial Review において，数か国からプライベート・スタンダードによる通商障壁についての懸念が示されたが，プライベート・スタンダードという用語が不明確であることと，これが TBT 協定の実施にどのような関連性があるのか分からないという点が指摘されている。Committee on Technical Barriers to Trade, "Fifth Triennial Review of the Operation and Implementation of the Agreement on Technical Barriers to Trade under Article 15.4," (G/TBT/26), (November 13, 2009), para. 26. TBT 委員会では加盟国がそれ以降この問題にそれほど関心をもたず，また，TBT 協定には附属書 3 「標準化機関（中央政府機関であるか地方政府機関であるか非政府機関であるかを問わない）」に適用される「適正実施規準（Code of Good Practice）」が存在することからそれで対応できる，という認識が加盟国にあった。Wouters and Geraets, *supra* note 51, pp. 486-487; Committee on Technical Barriers to Trade, "Sixth Triennial Review of the Operation and Implementation of the Agreement on Technical Barriers to Trade under Article 15.4," (G/TBT/32), (November 29, 2012), para. 7.
54) なお，この点には反対の見解もあり，TBT 協定上の「非政府機関」にはプライベートな団体も含まれるという見方もある。例えば，Alessandra Arcuri, "The TBT Agreement and Private Standards," in Tracey Epps and Michael J. Trebilcock (eds.), *Research Handbook on the WTO and Technical Barriers to Trade* (Edward Elgar Publishing, 2014), p. 505; Christian Vidal-León, "Corporate Social Responsibility, Human Rights, and the World Trade Organization," *Journal of International Economic Law*, Vol. 16, No. 4 (2013), pp. 905-907を参照。
55) Epps, *supra* note 52, pp. 88-89; Joanne Scott, *The WTO Agreement on Sanitary and Phytosanitary Measures : A Commentary* (Oxford University Press, 2007), pp. 305-306. See also, Arthur E. Appleton, "Private Climate Change Standards and Labelling Schemes under the WTO Agreement on Technical Barriers to Trade," in Thomas Cottier, Olga Nartova, and Sadeq Z. Bigdeli (eds.), *International Trade Regulation and the Mitigation of Climate Change* (Cambridge University Press, 2009), pp. 146-147.
56) 5つの内容は，①SPS 関連のプライベート・スタンダードの定義（working definition）を策定する；②プライベート・スタンダードに関して，SPS 委員会とコーデックス委員会・IPPC（国際植物防疫事務局）・OIE（国際獣疫事務局）が常に情報交換する；③WTO 事務局は他の WTO 内の委員会でプライベート・スタンダードについて議論されているときはその内容を SPS 委員会に通知する；④WTO 加盟国はその領域内で活動するプライベート・スタンダードの団体に対して SPS 委員会の活動やコーデックス委員会等が設定する国際基準の重要性について情報共有・意見交換する；⑤SPS 委員会はコーデックス委員会・IPPC・OIE と共に国際基準の重要性を通知する可能性を探る，となっている。WTO, SPS Committee, "Actions Regarding SPS-Related Private

Standards (Decision of the Committee)," G/SPS/55 (6 April, 2011). 紙幅の点から本稿では扱わないが，プライベート・スタンダードに関して，WTO と，コーデックス委員会・IPPC・OIE とがどのように協力できるかという視点は，もう1つの対応策として注目される。
57) See, WTO, SPS Committee, G/SPS/55, *ibid.*, "Action 1."
58) WTO, SPS Committee, "Summary of the Meeting of 27-28 June, 2013," G/SPS/R/71, p. 20, para. 12.5 (28 August, 2013).
59) WTO, SPS Committee, "Summary of the Meeting of 16-17 October, 2013," G/SPS/R/73, p. 26, para. 11.7 (15 January, 2014).
60) WTO, SPS Committee, "Second Report of the Co-Stewards of the Private Standards E-working Group on Action 1 (G/SPS/55)," Submission by the Co-stewards of the E-working group on Private Standards, G/SPS/W/281 (30 September, 2014).
61) WTO, SPS Committee, "Summary of the Meeting of 15-17 October, 2014," G/SPS/R/76, p. 23, para. 11.9 (2 December, 2014).
62) WTO, SPS Committee, "Report of the Co-Stewards of the Private Standards E-working Group on Action 1 (G/SPS/55)," Submission by the Co-stewards of the E-working group on Private Standards, G/SPS/W/283, p. 2, paras. 8-9 (17 March, 2015).
63) *Ibid.*, para. 11.
64) *Ibid.*, para. 10.
65) WTO, SPS Committee, "Summary of the Meeting of 26-27 March, 2015," G/SPS/R/78, para. 11.5 (21 May, 2015). また，WTO news, 26 and 27 March 2015, "Food Safety Body Agrees to e-working Group 'Time Out' on Definition of Private Standards,"〈https://www.wto.org/english/news_e/news15_e/sps_26mar15_e.htm〉(as of May 29, 2016) を参照。
66) Stanton, *supra* note 51, p. 251; Wouters and Geraets, *supra* note 51, p. 488.
67) United Nations Forum on Sustainability Standards (UNFSS),〈http://unfss.org/〉(as of May 29, 2016).
68) UNFSS, "What is the UNFSS?"〈http://unfss.org/about-us/〉(as of May 29, 2016) ("The UNFSS approaches VSS as a strategic policy issue, linked to the internalization of environmental and social costs, as well as the promotion of developing countries' competitiveness in and access to growing 'sustainability' markets.").
69) Frank Grothaus, "Objectives and Challenges of the United Nations Forum on Sustainability Standards: The Emerging Intergovernmental Forum of Dialogue on Voluntary Sustainability Standards, a Joint Initiative of FAO, ITC, UNCTAD, UNEP and UNIDO," in A. Meybeck and S. Redfern (eds.), *Voluntary Standards for Sustainable Food Systems : Challenges and Opportunities* (FAO, 2014), p. 27.
70) Fransen, *supra* note 34, p. 295.
71) Bob Jessop, "Metagovernance," in Mark Bevir ed., *The Sage Handbook of Governance* (Sage, 2011), p 115. メタガバナンスのあり方について，三浦聡「国連グ

ローバル・コンパクトの意義——ガバナンス論からの考察——」『日本国際経済法学会年報』18号（2009年）20-21頁。
72) Fabrizio Cafaggi, "Transnational Private Regulation: Regulating Global Private Regulators," in Sabio Cassese ed., *Research Handbook of Global Administrative Law* (Edward Elgar Publishing, 2016), p. 219.
73) *Ibid.*, p. 222; Fransen, *supra* note 34, p. 297. 本稿で紹介する2つのメタガバナンスは分野横断的なものであるが，例えば食品の分野に特化したメタガバナンスについては，Paul Verbruggen and Tetty Havinga, "The Rise of Transnational Private Meta-Regulators," *Osgoode Legal Studies Research Paper Series*, Paper 5（2014）を参照。
74) ISEAL alliance, "Our History," 〈http://www.isealalliance.org/about-us/our-history〉（as of May 29, 2016）.
75) ISEAL alliance, "Our Codes of Good Practice," 〈http://www.isealalliance.org/our-work/defining-credibility/codes-of-good-practice〉（as of May 29, 2016）.
76) Marie-Christine Renard and Allison Loconto, "Competing Logics in the Further Standardization of Fair Trade: ISEAL and the Símbolo de Pequeños Productores," *International Journal of Sociology of Agriculture and Food*, Vol. 20, No. 1（2012）, p. 58.
77) ISEAL alliance, "Our Members-Full Members," 〈http://www.isealalliance.org/our-members/full-members〉（as of May 29, 2016）.
78) Allison Loconto and Eve Fouilleux, "Politics of Private Regulation: ISEAL and the Shaping of Transnational Sustainability Governance," *Regulation & Governance*, Vol. 8, No. 2（2014）, pp. 178-179.
79) ITC Standards Map, 〈http://www.standardsmap.org〉（as of May 29, 2016）.
80) ITC Standard Map, "Overview, " 〈http://www.intracen.org/itc/market-data/standards-map/overview/〉（as of May 29, 2016）.
81) ITC Standard Map, "Participating Standards," 〈http://www.intracen.org/itc/market-data/standards-map/participating-standards/〉（as of May 29, 2016）.
82) こうした指標による格付けやランク付けの機能について，内記香子「〈書評論文〉増加する指標とグローバル・ガバナンス」『国際政治』（近刊）を参照。
83) 東京2020オリンピックにおいても木材や食品の調達基準についてプライベート・スタンダードの活用がなされるものと考えられる。大会組織委員会，「持続可能性」，〈https://tokyo2020.jp/jp/games/sustainability/〉（as of 10 August, 2016）.
84) 例えば，公正取引委員会「事業者団体の活動に関する独占禁止法上の指針」においては，自主規制等の活動を行おうとする際には関係する事業者からの意見聴取の十分な機会が設定されるべきこととされ，手続的な観点からの指摘がある。

（大阪大学大学院国際公共政策研究科准教授）

〈文献紹介〉

Andrea Hamann,

*Le contentieux de la mise en conformité dans
le règlement des différends de l'O. M. C*

(Brill|Nijhoff, 2014, xvi + 840p.)

佐 藤 弥 恵

　本書『WTO紛争解決における実施の争点』は，Andrea Hamann（パリ第二大学准教授（Maître de conférence）を経て，現在ストラスブール大学教授）が2012年12月にパリ第一大学パンテオン・ソルボンヌに提出し受理された博士論文をもとに，現行WTO紛争解決の実施段階のメカニズムを，理論上および実践上の観点から包括的に考察したものであり，序論，2章4節からなる本論，そして結論によって構成されている。

　序論において，HamannはWTO紛争解決を，国際司法裁判所（ICJ）をはじめとする国際法上の他の司法制度と異なる独自の司法制度とみなすが，その根拠として，判決（パネル・上級委員会の決定）の実施に対する司法的コントロールの存在をあげている。まず，司法（juridiction）の定義ついて，Hamannは，Santulli, Ascensio両教授の伝統的な定義に依拠したうえで，「法の適用によって義務的な決定をくだし，紛争を終わらせるメカニズム」とみなし，ここから，さらに組織的（organique），形式的（formel），事項的（matériel）の3つの基準を導き出す。すなわち，組織的な基準とは，公正かつ独立した裁判機関，形式的基準とは，公正かつ公平な裁判手続，そして事項的基準とは，（一方的提訴を導く）紛争の存在と法の適用であり，HamannはWTO紛争解決のメカニズムは，全体的にこれらを充たしているとする。しかしながら，本書においてHamannが「司法」として注目するのは，決定を下した後のメカニズムについてである。Hamannは，一般に，国際司法は，関係国に判決の実施を強制するメカニズムを備えておらず，判決の実施にかかわる事項は，むしろ政治的機関の権能に属するとし，たとえばICJについて，国連憲章94条を参照する。一方，WTO紛争解決は，判決の実施を当事国の完全なる裁量に委ねず，司法的な手続によってコントロールしているところに特徴があり，WTO紛争解決の真の争点はその実施段階のメカニズムにあるとし，本書において検討する論点として，実施期間の決定，実施方法のコントロール，譲許の決定の3点をあげている。

　以上のように，一般国際法上の司法に比してのWTO紛争解決のメカニズムの特徴を明らかにし，本書で扱う論点を抽出したうえで，Hamannは，第1章において，WTO紛争解決の実施段階のメカニズムの司法化を詳細に証明している。まず，パネル・上級委

員会報告の実施をコントロールする手続は，政治的かつ司法的な二面性をもつとする。その政治的側面として，Hamann は紛争解決機関（DSB）による多角的監視システム（DSU21条6項）をあげ，これは当該紛争が解決する，すなわち，完全なる実施が実現するまで永続するものであることを指摘する。一方，司法的側面としては，実施の内容に対するコントロールの存在をあげ，これは DSU21条5項の実施措置の有無やその WTO 法整合性にかかわる仲裁手続，DSU23条に明記されている実施にかかわる一切の一方主義（unilatéralisme）の禁止に特徴づけられるとみなす。また，DSU21条5項は，その具体的な手続の規定を欠いているので，最初のパネル・上級委員会手続，それらにかかわる他の規則原則（立証責任，機密取扱い，専門家への意見聴取等）が当該手続にも適用され，このように，WTO 紛争解決においては，手続が一般化（banalisation）されていることを指摘する。また，DSU21条3項(c)と22条6項の仲裁は，付託が一方的であり，仲裁人，仲裁手続，適用法の選択について，紛争当事国の裁量の余地は乏しく，その決定は義務的とされていることから，一般国際法上の仲裁とは異なり，Hamann はこの点も，WTO 紛争解決の司法化の現れであるとみなす。

一方，Hamann は，以上のような紛争解決の実施段階のメカニズムの司法化は，WTO のシステムそのものの性質を明らかにしているとして，さらに，一般国際法に照らし，WTO 法上の加盟国の義務の性質の議論を行っている。国際法上の義務は，その目的となる利益の性質によって分類されるとし，まず，ICJ 判決，国連総会決議に依拠して，共通利益（intérêt commun）の概念を明らかにする。そして，ILC 国家責任条文草案より，たとえば *jus cogens* から生じる義務が *erga omnes* であり，それぞれの枠組みの中における共通利益から生じる義務を *erga omnes partes* であるとし，WTO 法の目的は，WTO 枠内の共通利益を保護することにあり，ゆえに WTO 法上の義務は，*erga omnes partes* としての多角的性質をもつものとみなす。その WTO 法上の根拠については，すでに他の複数の論文で議論されているところであるので割愛するが，Hamann は，WTO 法の締約国になるという「多角的な協力」によって，世界の経済的さらには政治的安定のための秩序を構築できるという点を，特に指摘していることが注目されよう。また，紛争解決に関して言えば，GATT23条における紛争の付託要件等から，これは，いわゆる民衆訴訟（*actio popularis*）の様相を呈しているとしている。ただし，そうであるにもかかわらず，WTO 紛争解決は，基本的に二国間関係のメカニズムであり，これは特に実施段階において顕著であることを認め，WTO 法は，性質と制度が完全には一致していないことを指摘している。

次に，司法化にとって不可欠な要素として，Hamann は，判決の実施を当事国に強制するメカニズムをあげ，WTO 紛争解決は，司法化された強制のメカニズムを備えているとして，第2章では，この点を論証している。Hamann によれば，司法化された強制のメカニズムは，パネル・上級委員会報告を実施させることへの圧力（pression）とそ

れを実施しないことに対する制裁（sanction）から成る。まず，実施への圧力は，実施の追跡と監視であり，これは時間的な圧力として合理的な期間，物理的な圧力として実施の内容のコントロールを意味している。いずれも第一義的には，当事国の意思に委ねられてはいるが，恣意的裁量の余地は十分に限定されている。まず，合理的な期間について，当事国間で意見が食い違った場合には，仲裁に付託されることが義務づけられている。Hamann は，具体的な実施期間について，過去の仲裁裁定を詳細に分析し，行政措置か立法措置か，一般的な手続か特別な手続か，国内的な措置で足りるか対外的な措置が必要か，経済状況への特別の配慮が必要か，途上国かどうか，によってそれぞれの判断を必要とするが，比較的短期間のものとなっているとみなす。また，実施の内容へのコントロールは，DSU21条5項より，実施措置の存在の有無とそのWTO法整合性の判断を，パネル・上級委員会が行う，すなわちWTO自身が行うことを意味する。Hamann は，過去の21条5項のパネル・上級委員会報告を分析し，実施の判断にかかわるパネル・上級委員会の権限は，最初のパネル・上級委員会が審理した対象協定の条文に限定されず，完全かつ全体的な実施，そして迅速な紛争の解決というWTO法の要求から，広く他の条文についても審理することが認められるとし，これは実施に対する十分な圧力となるとみなす。

　一方，DSU21条5項のパネル・上級委員会が不履行と判断した場合，申立国は「譲許その他の義務の停止」を行うことはできる。これは，いわゆる国際義務違反に対する制裁（sanction）にあたるが，WTO法の場合は，一般国際法と異なり，制裁の発動についても，多角的なコントロールを及ぼしている。この点を明らかにするにあたり，Hamann はまず，ILC国家責任条文草案を参照し，対抗措置（contre-mesures）を例に，一般国際法上の制裁は，違法行為の存在，内容，実施にかかわるすべてにおいて，基本的に当事国の裁量に委ねられていることを指摘する。一方，WTO法上の譲許の停止は，手続的にはDSBの承認を必要とし，内容的には22条3項で原則が定められており，異議が申し立てられた場合には，仲裁によって解決することが義務づけられている点において，当事国の裁量の余地は十分に限定されており，司法化されていると言える。ただし，Hamann は，WTO法上の譲許の停止は，そのレベルが利益の無効化侵害のレベルと同等のものでなければならないとされているので，これは懲罰を目的とするものではなく，この点で，ウィーン条約法条約60条における対抗措置とは異なることを指摘する。すなわち，WTO法上の譲許の停止は，違反国と申立国の二国間関係を借りながら，違反国に義務の履行をせまり，それによって，WTO法の完全かつ全体的な実現を保障しようとしているのである。このことは，WTO法上の義務の性質にも合致し，ゆえにWTO紛争解決において，実施のメカニズムは遡及効をもたず，制裁の内容は一般国際法上の賠償とは相容れないのであり，Hamann は，この点を，さらに過去のDSU22条3項の仲裁判断から，実証的に明らかにしている（ただし，同時に，補助金協定について

は，懲罰的制裁の余地があるとみなしている）。また，以上のようなWTO法上の譲許の停止にかかわる手続的・内容的コントロールから，Hamannは，これを「制度的な制裁（sanction institutionnelle）」ともみなし得るとしている。

　本書において，Hamannは，WTO紛争解決の司法化を，特にその実施段階において明らかにしており，それにより，WTO紛争解決を，伝統的な国際法からかい離した類をみない司法的メカニズムとして特徴づけている。まず，本書の着眼点である国際法上の司法的決定（判決）の効果的な確保というのは，国際法における主要な論点の1つであることから，WTO法以外の専門家にとっても，本書は非常に興味深く読めることは間違いないであろう。また，WTO紛争解決メカニズムを，詳細かつ正確に紹介しており，教科書としても十分活用できるものと思われる。さらに，司法化や国家責任の概念について，一般国際法とその先行研究を丹念に分析したうえで検討を行っており，WTO法を一般国際法から完全に独立・乖離させ，独自の解釈に基づいて結論しているわけではない。さらに，WTO法の解釈についても，参照している先行研究の量から，理論的な側面における説得力は言うまでもなく，関連するパネル・上級委員会報告，仲裁裁定も十分な量を分析しており，実証的な研究という意味においても，本書の価値は認められるであろう。全体的に，先行研究の分析の詳細さ，一般的な学説，解釈の説明の正確さから，Hamannの一般国際法およびWTO法に対する極めて高い見識がうかがえるとともに，さらに随所で，独自の解釈も明確に示しており，本研究に対するHamannの成熟度もみて取れる。あえて1点，指摘するとするならば，本書においては，司法の概念が核となり，序論で伝統的な司法の概念の説明がなされ，それに基づきWTO紛争解決メカニズムの司法化の証明がなされているが，国際司法の概念に判決の強制のメカニズムまで含まれるのかどうかという議論が，正面からはなされていないように思われることである。もちろん，この点についてのHamannの見解は，本書を読めば明らかであり，紙面と時間の都合上，致し方のないところでもあり，本書の価値にかかわることではない。実際，本書は，フランスにおいて複数の賞を受賞しており，その内容的な価値については，あらためて言及するまでもないことであるが，形式的な面においても，フランスのアカデミズムを見事に体現しており，一見の価値があるであろう。最後に，形式的な価値に関連して，本書におけるフランス語の質の高さをあえて強調し，法学分野におけるフランス語の学習にも広く薦めたい1冊である。

（一橋大学EUスタディーズインスティテュート研究員）

Sungjoon Cho,

The Social Foundations of World Trade:
Norms, Community, and Constitution

(Cambridge University Press, 2015, xiv + 250p.)

松 隈 　 潤

1　本書の概要

　本書は，WTO 加盟国を社会的アクターととらえることにより，WTO を社会的観点から分析した研究である。

　著者の Sungjoon Cho 教授は，現在，イリノイ工科大学シカゴ・ケント法科大学院において国際経済法の研究・教育に携わっているが，韓国政府のコンサルタントとしてWTO の交渉過程に参与した豊富な実務経験をも有している。

　著者はそのような実務経験をも踏まえて，WTO においては計算，戦略，利益といった要素のみでは説明しきれない諸事情，すなわち社会的側面が存在すると指摘している。たとえば戦略的観点からみるにせよ，加盟国は WTO の規範の中で行動する必要があり，交渉担当者は関連する WTO 法を学び，WTO の言語（規範）を使用する。著者はこのような社会的側面が加盟国の行動に影響を与え，加盟国間の相互作用が WTO の構造を形成していると考える。

　もちろん本書において，著者は WTO を合理主義的観点から分析することができないと論じているわけではなく，社会的観点からの建設的批判によって，理解を補完することができると論じているのである。著者は WTO の実践における特定の社会的側面を説明するために，構築主義等，様々な理論的視角を用いて分析を行っている。

2　本書の構成と内容

　以下，本書の構成と内容について述べ，指摘されている諸問題について考察する。

　第1章は序論として「世界貿易システムの再構築」と題しているが，本書全体の概要を示す章となっている。著者は従来型の主権国家間の相互取引関係を合理的選択理論に基づいて把握する契約モデルでは，21世紀における世界貿易を十分には分析できないと考えている。すなわち契約モデルは，現在の，製品がひとつの国家において完成せず，複数の国家において付加価値が付与されていくグローバル・バリュー・チェーン（GVC）が存在する実態には対応することができない。ドーハ・ラウンドの停滞は，伝統的な契約モデルに基づく手法の限界であるとみることができる。すなわち，そこにおいては「開発」といった規範に関する考慮が十分ではなかったため，「開発」を慈善の

ようなものとしてとらえ，加盟国が共有された規範的基礎を構築できなかったことが問題であった。著者が提唱する「社会的枠組み」とは，理念や規範が国家行動を導くことを意味しており，著者は共同体の概念を用いて，「世界貿易共同体 (The world trade community)」を構想している。共同体においては参加者間のコミュニケーションが重要であるため，WTO規範は参加者にとっての共通言語となり，WTO紛争解決システムは仲裁的な機能にとどまらず，共通の貿易法を形成することに貢献する。著者によれば，貿易とは社会的事象としてとらえるべきものである。

　第2章は国際機構に関する多くの分析枠組みのうち，主として合理的選択理論と構築主義を比較しつつ論じている。国家は社会的アクターであると考える著者は，本書においては構築主義の立場をとり，「社会的枠組み」の観点から，力や利益のみではなく，文化や規範といった理念的要素の存在を重視しているのである。著者は加盟国の社会的ダイナミクスが国際機構の集団的アイデンティティーを構築すると考えている。著者によれば，合理的選択理論による分析が「合理的選択」とみなすものの中にも，規範的，文化的要素は存在している。

　第3章は「世界貿易共同体」について論じている。GATT/WTOのシステムは歴史の中で進化してきているが，今日，貿易と非貿易的価値を調整するといった点においては伝統的な契約モデルのみでは問題に対処できない。そこにおいては，「統合」といった社会的・文化的ダイナミクスが必要とされるわけである。持続可能な世界貿易システムの構築のためには，基盤となるものが必要であるが，著者は加盟国の社会的・集団的アイデンティティーが加盟国の行動を形成すると考えている。

　第4章は規範と論議 (discourse) について取り上げ，「世界貿易共同体」の対内的オペレーションについて検討している。著者は「世界共同体」内のダイナミクスについて分析するにあたり，論議による相互作用と，言語と規範による象徴化に着目する。交渉国等の参加者にとって規範に基づく論議は他の参加者の行動について評価することを可能とする。多数国間貿易は，契約からシステムへと進化しており，このことによって貿易交渉は豊かになり，透明性を高め，結果的に参加者間の社会的な結びつきを強めている。社会的観点からは，このことが共同体内におけるアイデンティティー，安全，快適さといった要素を提供する。WTOの強化された紛争解決システムは特徴的なものであり，貿易交渉の潜在能力を示すものでもある。紛争当事者は規範が構築した方法に基づいて論議を行うが，貿易規範はコミュニケーションのための言語のように使用されるわけであり，第三国もこれに参与することとなる。紛争解決の枠外においても政府間プロセスを通じて，交渉が行われる。共同体において重要なことはその活動における規範的文脈に参加者たちが自覚をもつことであり，これがWTOに規範的な基盤を生み出す。貿易規範は主権国家の契約によってのみ成立するものではなく，自己生成的なものである。今後，より明確化された国際貿易に関する基本法を構築することが必要となるが，

これはすでに WTO 加盟国によって共有されている規範を可視化するものである。すなわち規範が言語であれば，基本法は文法のようなものであるととらえることができる。

　第5章では，「世界貿易組織法（The world trade constitution）」と題して，「世界貿易共同体」の対外関係について論じている。ここにおいて著者は共同体外のダイナミクスについて検討している。WTO共同体の対外関係を概念化するために，著者は「世界貿易組織法」の考え方を提示する。対外関係としては，各国国内法との関係，地域貿易協定との関係，多数国間環境条約との関係等が主要な課題となる。著者は各国の国内法システムとの関係においては統一性がみられ，また地域貿易協定との関係においては連邦法的な関係がみられるが，多数国間環境条約との関係においては多様であると論じている。

　第6章では，評価として，「世界貿易共同体」の正統性を論じている。すなわち，本書において提示された新たな「社会的枠組み」が正統であるか否かという点である。正統性をめぐっては様々な議論があり，法的な観点からは法的有効性の問題であるが，道徳的・哲学的観点からは道徳的妥当性ということになる。社会学的観点からは社会的受容性の問題となろう。本書において著者は正統性について社会学的観点をとる。すなわち，共同体メンバー間において，オペレーションが文化や規範によってかたちづくられた社会的文脈から望ましいもの，あるいは適切なものであるかという一般認識の問題である。よってWTOの正統性は対内的，対外的ダイナミクスといった社会的な側面に連関している。対内的正統性は規範と審議によって形成されたWTO共同体の対内的ダイナミクスが共同体内部のアクターにとって受け入れ可能なものであるかという点である。他方，持続可能性といった要素は対外的正統性に関するものである。対外的正統性はWTOの周囲の非貿易システムとの社会的関係において，対外的ダイナミクスが長期的に持続可能であるかという点に関するものである。正統性が揺らいでいるとすれば，そのような前提が存在していないということを意味するが，それではいかにして信頼醸成を行うことができるであろうか。開発途上国の能力不足により，前提条件が成立しておらず，開発途上国が加盟国の多数を占めている現状においてWTOの正統性は揺らいでいる。主権国家間の伝統的なガヴァナンスが今日，持続可能ではなくなってきているのである。この点ではWTO自体の社会的価値がグローバルな公的次元において認知されているかという問題がある。今日，国家のみが正統性の淵源ではなく，市民社会等も存在しており，たとえば一般市民が貿易と非貿易事項の関係について論議するといった際にこの観点は重要である。

　第7章では，結論として，「世界貿易共同体」の構築について検討している。ドーハ・ラウンドの頓挫が合理的選択モデルに与えている影響は大きく，世界貿易システムには新しい考え方が必要である。そのため本書において著者は共同体の概念を用いて「社会的枠組み」の観点を導入するわけである。WTOに関する共同体モデルは加盟国に対し

てWTOの本質を再考する機会を与える。「世界貿易共同体」の構築のためには3つの点が重要となる。それらはコミュニケーション能力の強化，公的教育，そしてリーダーシップである。2013年のバリにおけるWTO閣僚理事会の成果はひとつの可能性を示唆している。貿易促進協定のパッケージの提示は，加盟国においてGVCに関する認識が進んできていることを示している。世界貿易システムは単なる契約ではなく，共同体たり得るのである。「貿易のための援助」のプログラムにおいて，WTOの規範や慣行に関する教育や訓練に財源をあてることが重要であり，情報の共有もまた重要である。ジャクソンが示唆しているように，「地球的貿易システム」というべきものが存在しており，これに基づいて個別の経済的決定がなされているからである。

3　コメント

　本書において著者は法学，政治学，社会学等，幅広い分析手法を駆使して，世界貿易について検討する際の学際的な枠組みを提供している。そこで著者が重視しているのは，社会的，規範的な力であり，交渉参加者が共有している考え方や推定である。興味深い点として指摘できることは，多くの交渉参加者によって共有されているとする「世界貿易に関する把握の仕方」が変化することによって，貿易交渉が実際にはどれだけ影響を受けることになるのかという点であろう。著者は学術的な理論，またそれに基づく加盟国内の認識の変化が，交渉過程に参加する者の意思決定に影響を与え得ると考えている。そこで，著者は政策提言として，一般市民に対してもWTOに関するさらなる教育を行うことが重要であるとし，WTOの紛争解決事例を一般市民にとって読みやすいものとする必要があり，加盟国がWTOセンターといったものを設立することも一案であると指摘しているのである。評者はそのような要素を過小評価するものではないが，実際の交渉過程への影響という点についてはさらなる検討が必要ではないかと考える。

　本書において著者は古い契約モデルが新しい貿易の現実に適合しないとし，そのような古い枠組みが維持されるならば，世界貿易システムにとっては重大な規範的問題となるので，そのことへの対応として新しい「社会的枠組み」を提示しているとする。しかしながらここにおいて留意すべき点は，著者自身が明確に指摘している通り，「社会的枠組み」は，契約モデルを代替することを意図しているものではないという点であろう。単純化したモデルに依拠することはできないわけであって，合理的選択理論に基づく契約モデルによる理解を補完することを意図しているとする著者の視点はバランスのとれたものであるといえる。合理的選択理論はWTO加盟国の選好を固定的なものと考えるが，構築主義はWTO加盟国の行動を社会的要素，すなわち規範や集団的アイデンティティーに帰属させるとする基本的な把握の違いはあるも，著者自身が，社会的観点を強調しすぎることは危険であり，加盟国は単純に規範といった社会的要素にのみ従っていると主張しているわけではないとしている点は見落としてはならないであろう。

　それを前提としたうえで，著者の構想する「世界貿易共同体（The world trade community)」はさらなる検討に値する概念である。著者はこの概念を単なる「願望」ではなく，一定の「実在」を伴うものとして認識していると考える。そこにおいては適切な用語の問題も含め，定義について検討することが必要となろう。たとえば，今日しばしば用いられる Global Community という概念も「国際社会」という日本語で説明することは一案であろうが，これを「地球共同体」とすると，「実在ではなく願望ではないか」との批判が強まるといった問題である。

いずれにせよ既存のモデルにチャレンジすることにより，WTO に関して新たな代替的な視点を提供している本書は高い学術的評価を受けるものであろう。

(東京外国語大学大学院総合国際学研究院教授)

Malebakeng Agnes Forere, *The Relationship of WTO Law and Regional Trade Agreements in Dispute Settlement: from Fragmentation to Coherence*

(Wolters Kuwer, 2015, 232p.)

梅 島　　修

1　はじめに

本書は，2015年5月現在で350件を上回る数の地域貿易協定（RTA）がWTOに通報されている現状から，RTAによる世界貿易制度の細分化を憂慮して，WTO法とRTA法とを一体として首尾一貫した世界貿易ルールをもたらす手段を検討し提案するものである。具体的には，現在のWTO法とRTA法の関係，それらの紛争解決制度の関係を検討して，WTOとRTAの紛争解決制度の間に機関的な関係を形成し，両制度に基づく判断を相互に確認，認証する方法を提案している。なお，本書は，2013年にベルン大学の審査に合格した著者の博士論文を基礎としたものである。

2　本書の概要

本書は3部構成で，第1部「基礎」，第2部「WTOとRTAとの関係」，第3部「改革提案」から成り立っている。

第1部では，第1章で，市民，市町村，州，国家，地域，国際機関という複層的統治機構（multilevel governance）において，より広域を統治する機構は狭い範囲を統治する機構を補完する地位（subsidiarity）にあると分析する。したがって，WTOはRTAを補完すべき地位にあると論じる。第2章では，WTO紛争の19%はRTA締約国間の争いであると指摘し，かかる事実はRTAがWTO下での多国間貿易体制を構成する要素である証拠であるとする。第3章では，RTAの問題がWTO紛争解決機関に持ち込

まれた4件（*Brazil - Tyres, Mexico - Taxes on Soft Drinks, Argentina - Poultry Antidumping Duties, Turkey - Textile*）を検討し，いずれのパネル，上級委員会も，RTAパネルの判断を無視してWTO法のみに基づいて結論に至っているとする。特に，*Mexico - Taxes on Soft Drinks*では，米国のNAFTA違反に対するメキシコの対抗措置がWTO紛争解決機関によりWTO協定不整合とされており，紛争解決の細分化，フォーラムショッピングを招いているとする。*Argentina - Poultry Antidumping Duties*では，メルコスールパネルで敗訴した措置についてブラジルがWTO紛争解決に提訴して勝訴したと指摘する。これらにより，RTA締約国はRTAとWTOの板挟みになっているとする。かかる困難を解決するためには，RTAの要請に基づきWTO紛争解決機関がRTAの規定を含めて判断を下すことが望ましいとする。第4章では，このようなRTA法上の問題を無視するWTOの姿勢は，RTAの上位組織であるWTOに対する複層的統治機構と補完性の原則からの要請に反するとし，WTO紛争解決機関は通商問題についてRTAのコモンローを創設する機関となるべきとする。

　第2部ではWTOとRTAの法的関係を検証する。第5章では，RTAとWTOとは別途に成立していることを確認した上で，GATT 24条，GATS 5条はRTAに対し最恵国待遇の例外を認める一方で義務を課している点，また，WTOのRTA委員会はRTAを審査する権限を有している点から，WTOはRTAの上位規律であるとする。しかし，WTOはRTAの機能，RTA締約国の権限を制限するものではないところから，水平的な関係にもあるとする。かかる関係を鑑み，WTOはRTAを牽制する立場にあるとし，かかる牽制をWTO紛争解決手続まで広げるべきであるとする。

　第6章では，「紛争解決に関する規則及び手続に関する了解」（DSU）条項を検討して，現行の条項ではRTA条項，RTAに基づく抗弁，そしてRTA違反がWTO紛争解決機関において検討されることは見込まれないと分析し，このような状況は，RTA毎に異なる貿易ルールを形成し，世界貿易体制を細分化してしまうと論ずる。RTA紛争はWTO-plus条項の遵守が問題となるものである（WTO-minus措置は，WTO協定との整合性の問題である）から，RTA紛争をWTOが取り扱うことは世界貿易の自由化というWTOの方向性に一致するものであり，将来のWTO協定改正のテストケースともなると論ずる。また，RTA法はGATT 24条の適用範囲の問題でもあり，RTA法はWTO法の後法であり，さらに，地域主義は国際法の法源であるから，RTA法をWTO法の解釈に勘案すべきであるとする。以上から，世界貿易体制の一翼を担っているRTAをWTO紛争解決機関の審理で無視することは正義の実現から重大な誤りであるとする。

　第7章では，第2部の議論をまとめて，WTO協定には，世界貿易体制に関わるすべての機構との関係を明確にする規定が必要であるとする。すなわち，WTOはRTAの上位概念であることを明示的に規定し，DSUを改正してRTA問題をWTO紛争解決で

審理できるようにする法的枠組みが必要であると主張する。

　第3部では，WTO紛争解決制度の改革を提案する。第8章では，第1案として，WTO紛争同様にRTA問題をWTOパネル，上級委員会で審理する方法を，第2案として，上級委員会をRTA仲裁の控訴審とする方法を提案している。第1案は，ひとことで言えば，WTO紛争解決機関の世界貿易裁判所化である。このため，非WTO加盟国であるRTA締約国がWTO法のRTA法に対する優越及びWTO紛争解決機関の管轄権を認める場合，WTO紛争解決機関の利用を許容すべきとする。ただし，RTAに基づくWTO-plus条項に関する問題は，RTA法の解釈であるから，RTA仲裁に判断を委ねるべきとする。さらに，RTA自体に機関として当事者適格を与えるべきとする。

　第2案は，上級委員会が控訴審としてRTA仲裁判断についてWTO法との整合性を審理するとするもので，WTO法のRTA法に対する優越を明確とするものであるとする。また，現在の上級委員会は差し戻しができない一方で事実審理を行えないため不完全な結論で終わる事例が見られるとして，上級委員会に事実問題及び法的問題の双方を検討する権限を与えるべきであるとする。さらに，上級委員会は，RTAの問題も含めて審理し，最終的な結論を下す機関とすべきであるとする。

　これら2案に加え，締約国間の政治的パワーの相違を考えると，WTO紛争解決機関において，RTA違反とされた事項について通常のWTO紛争と同様の履行監視を行うことが望ましいとする。RTA側も，WTOパネル・上級委員会の結論を締約国に直接適用するようにすべきであるとする。

　第9章では，RTA仲裁の控訴審として上級委員会を利用する場合に，上級委員会に予備的判断（preliminary ruling）及び勧告的意見（advisory opinion）という付託管轄（referral jurisdiction）機能を持たせることを提案している。予備的判断は，RTA仲裁廷が問題点を上級委員会に付託してWTO法の解釈の提供を受けることを想定する。その判断は当該RTA紛争当事国のみならず，全WTO加盟国及びRTA締約国を拘束する。勧告的意見制度では，RTA仲裁廷がWTO解釈に関わる意見を上級委員会に求める。上級委員会が発出する勧告的意見に拘束力はないものの，示される解釈はすべてのWTO加盟国に適用されるもので，極めて重要であるとしている。

　第10章では，結論として，本書は世界貿易裁判所を設立して，すべての国際貿易紛争に調和のとれた判断を示し，WTO法，RTA法，各国の国内法を首尾一貫したものとすることを目指しているものであるとしている。そのため，RTAはWTO紛争解決機関の管轄権を承認し，国際貿易体制におけるヒエラルキーを明確とすべきとする。世界貿易裁判所は，すべてのRTAに対するコモンローを創設するものであるとし，WTO紛争解決機関がこの役割を担うに最もふさわしいとする。なお，この提案はWTOに財政負担をかけるものであるから，RTAはWTOに対して資金提供を行うべきであるとしている。

3　本書についてのコメント

　増加する自由貿易協定（FTA），特に TPP を始めとする広域 FTA の出現により，関税の自由化そして新たな国際貿易に対応するルール作りの場が FTA/RTA に移行し，WTO 加盟国に対する最恵国待遇は実質的に最低国待遇に変貌しているとさえ言われている。本書は，このような状況を踏まえ，WTO 法と RTA 法との関係を，国際経済法全体における地位から整理し，さらに具体的な WTO 事例を挙げて，WTO は RTA に優越する上位組織であるにもかかわらず，その役割を果たしていないと断じている。そして，RTA 毎に異なる貿易ルールが形成されてしまうことを回避するためには，WTO 紛争解決機関がすべての貿易紛争を整合的に解決し，RTA の規定を踏まえた統一解釈を示すことが最も望ましいとして，その方策を示している。

　このように，本書は，今後新たな問題として想定される RTA 法と WTO 法との相克，特に，各 RTA 仲裁廷が WTO 法について異なる解釈を行ってしまう状況に備えて，現時点からどのように対処しておくべきか，詳細な検討を行ったものとして評価できる。

　著者から，かかる問題の解決策が提案されているが，今後，さらに，仲裁廷に対し WTO がどこまで支援又は介入すべきかという観点からも検討がなされるべきではないかと思われる。本書が RTA 問題を審理しなかったとして掲げた WTO 紛争 4 事例のうち，*Turkey - Textile* 上級委員会は，トルコの繊維制限措置よりも貿易を制限しない方法があるところから当該措置が WTO 協定に反すると判断したものである。他の 3 事例でも，RTA 整合性の主張は WTO 非整合の抗弁にならないと判断したに等しい。これらは，WTO 紛争解決機関が，筆者の求める RTA 法に対する WTO 法の優越に基づき事例を処理していることを示しているものではないか。言い換えれば，それら事例は，RTA 締約国に対し，RTA 及び WTO 双方に整合する政策を採用することを求めているものであって，RTA 締約国が筆者の言う「一方の整合性確保は他方の違反となる」状態に置かれているとまでは言えないのではないか。問題は，そのような事例において RTA 仲裁が独自の WTO 協定解釈を行うことを防ぎ，WTO 協定の統一的解釈を確保するために，WTO として，どのような制度を RTA に提供し又は義務づけるべきかという点ではないかと思われる。

　筆者は，また，非 WTO 加盟国，さらに RTA 自体に WTO 紛争解決機関における当事者適格を与えるべきと主張するが，それらの WTO 協定における法的地位，それらに対して勧告の実施を強制するための手段，対抗措置などについて，紛争解決機関の履行監視以外に分析がなされていないことは残念である。さらに，WTO 紛争解決機関は WTO 加盟国間の紛争を迅速に解決するために制度設計されているが，この制度に，WTO 協定の条項の一般的解釈を行う機能と権限を持たせることが馴染むものであるかの検討も必要であろう。

　このように，本書の提案にはさらに詰めるべき点が数多く残されていると思われるも

のの，本書は，RTA の拡大により今後想定される事態に WTO としてどのように備えておくべきかという重要な問題を提起しており，提案された解決策は今後の検討のための良いたたき台となるものと言えよう。

(外国法事務弁護士，ホワイト&ケース外国法事務弁護士事務所パートナー)

Ilaria Espa,

Export Restrictions on Critical Minerals and Metals:
Testing the Adequacy of WTO Disciplines

(Cambridge University Press, 2015, xxiii + 379p.)

張　　博　一

1　本書の問題意識

2000年代初め以降，自国国内産業構造の変革と経済の多元化をはかる途上国による重要金属鉱物資源に対する輸出制限の動きが注目を集めている。本書は，著者（世界貿易研究所上級研究員）がボッコーニ大学に提出した博士論文を基礎とし，輸出制限措置をめぐる経済的，政策的観点を踏まえつつ，WTO 法規律について詳細に検証したものである。

昨今の天然資源の輸出制限をめぐる議論の背後には，資源輸入国と資源保有国の対立がある。すなわち，輸出制限は国際市場価格に影響を及ぼし，供給安定性を害するため，天然資源へのアクセスを確保するためにより厳格な規律が必要であるとする輸入国と，資源国は正当な公共目的を達成するための十分な政策空間を維持する権利，持続可能な発展の権利を主張する途上国の利害の対立である。本書は「WTO 諸規則は，輸出制限措置の乱用を防ぐための効果的で十分な，信頼できる法的枠組みを提供していない」（34頁）という一般通念に疑問を投じ，現在の輸出制限の拡散は輸出に関する WTO 諸規則の欠陥によるものであるかを検討する。

2　本書の概要

本書は Introduction 及び 3 部に分けられ，各部は 3 つの章から構成されている。Introduction では19世紀以降に実施された様々な輸出制限措置を概観し，2000年代のコモディティブームに端を発する現在の輸出制限は対象範囲の広さと持続期間の長さ，そして理論的根拠においてこれまでのものとは性質を異にする新しい事象であるとする。

第 I 部 Minerals and Metals Critical to the World Economy and the Recent Proliferation of Export Restrictions では，重要金属鉱物をめぐる近年の輸出制限の現状

を提示する。

　第1章は，天然資源や原材料といったこれまで互換的に用いられてきたいくつかの用語の定義を整理し，そのなかで本書の研究対象となる「重要金属鉱物資源」の特徴として，先進技術分野にとって必要不可欠であること，地理的に集中していること，代替可能性が低いこと，リサイクル率が低いことを挙げる。そして今後，これらの重要鉱物金属資源に対する需要は世界の総生産量を超過することが予想されるため，従来の資源輸入国は資源の獲得と高付加価値加工製品の輸出の2つの面で，新興国と競争することとなるだろうと指摘する。

　第2章では，重要金属鉱物資源に対する輸出制限措置の種類と傾向を確認している。輸出制限措置は大きく課税措置，数量措置，行政措置に分類でき，近年最も早く拡大した貿易制限措置である。特に金融危機以降，輸出税を課す国は途上国を中心に増加している。他方で，重要鉱物資源に限定してみた場合，輸出税と輸出数量制限のいずれに関しても，限られた資源保有国がその立場的優位を利用して国際市場をコントロールするために集中的（vertical phenomenon）に輸出制限措置を導入している傾向が見て取れる。

　第3章は，輸出制限の経済的効果及び輸出制限の背後にある資源保有国の政策目的について論じる。まず，経済学的観点から，輸出制限は需要に対する供給不足とそれに伴う国際市場価格の上昇をもたらすのみならず，世界全体の厚生を下げ，輸出制限国内での川上産業から川下産業への雇用移転などの効果を生じさせる。次に，輸出制限を採る国の政策目的として，資源を国内産業の構造転換を図る発展手段，また，全体の採掘量を減らし有限鉱物資源の保存に実現すると同時に，採掘によって生じる環境破壊や健康被害も減少する環境保護手段，さらに政府の財政収入や違法な輸出を取り締まる手段などが挙げられる。

　第Ⅱ部 Existing WTO Disciplines on Export Restrictions は，重要金属鉱物資源に対する輸出制限措置の拡散と，WTOに内在する制度的「欠如」との関係性に着目し，輸出税，輸出数量制限，そして輸出制限の禁止に対する例外規定に関するWTO規則について順次検討を加えている。

　第4章では，輸出税に適用されうるWTO諸規則についてまとめている。まず，加盟国は輸出税を賦課する自由が認められていることから，輸入税と輸出税に関する規定の間に一定の非対称性が見受けられる。他方で，GATT28条での輸出税の自主的削減や譲許表の修正規定は輸出税にも適用されるなど，輸出税に関するWTO規則は無意味であるという一般通念に反し，全体として様々な規則を備えていると述べる。また，1994年以降の新加盟国は個別にWTOプラスの義務として輸出税の撤廃・削減を約束しており，その内容や文言，方法も多岐にわたる。このような状況下で，輸出税を用いた輸出制限の拡散は，一般的削減を約束した中国を除き，'合法'的に行われている。

　第5章は，輸出数量制限を扱う。GATT11条は輸出禁止や輸出割当のみならず，実質

上輸出制限効果をもつ広い範囲の措置を包括的に禁止する。他方，輸出数量制限にも GATT13条や17条の要件を満たすことを条件に一定の例外が認められる。しかし，GATT11条2項(a)は「不可欠」「危機的」「一時的」の3要件を満たす必要があり，中・長期的に枯渇の危険性を有する重要金属鉱物資源に対する輸出制限を正当化するのは困難である。その他，国際収支擁護のための輸入数量制限や輸入急増による国内産業への重大な損害を防止，セーフガード措置はいずれも「輸入」に関する規定である。このように，数量制限の一般的禁止に関しては，輸入と輸出はほぼ対称的に規定されているが，輸出数量制限の例外はほぼ援用できない状況にある。著者によると，このような厳格な規定では，WTO加盟国に輸出税の譲許交渉を行うことを躊躇させ，輸出税における加盟国間の待遇の差をますます拡大させる要因となる。

第6章は，GATT20条の一般的例外に関連する2つの問題を検討する。1つは加盟議定書における義務違反のGATT20条の適用可能性であり，もう1つは，GATT20条一般的例外の各号要件を満たす基準である。まず，加盟議定書とGATT20条の関係について，過去の判例から，援用の可否に際しては加盟議定書での「明示的な文言上のつながり」を重視していることが導かれる。しかし，筆者はこのような特定の文言が挿入されているか否かによって判断する手法は，かえってGATT20条を適用できる数量制限を積極的に用いることを促すこととなり，「輸出税は数量制限より望ましい」という原則に背くと懸念する。次に，重要金属鉱物資源に対する輸出制限に関連するGATT20条の(b)(g)(i)(j)各号の要件及びGATT20条柱書について，これまでの判例に照らしてそれぞれ分析を加えているが，WTO加盟国がGATT20条を使って正当化することは困難であると結論づける。

第Ⅲ部 Regulatory Prospects では，第Ⅱ部で摘出された輸出制限に関するWTO規則の問題点を踏まえつつ，現行の規定を改革するための道筋を探る。

第7章では，著者はより現実的な改革案を提示するためには，輸出制限をめぐる輸入国と資源国の対立の基本構図を明らかにする必要があるとして，それぞれの主張を再度確認している。具体的には，資源国は輸出制限を「発展のための手段」と位置づけており，天然資源に対する恒久主権，輸出急増に対するセーフガードとしての機能，一次産品の価格不安定性の軽減の観点から輸出税の正当性，あるいは数量制限に対するGATT20条例外の援用の必要性を主張している。これに対して，輸入国側から輸出制限措置は近隣窮乏政策にあたり，グローバル・バリューチェーンの崩壊をもたらす点や，実質上補助金に相当する効果をもつといった問題点が指摘される。

第8章では，ドーハ・ラウンドでのEUを中心とする非農業産品に対する輸出制限に関する新しい協定を策定する試みがなされた経緯と内容について紹介している。EU案は当初すべてのWTO加盟国による非農業産品に対する輸出税の完全撤廃を基本とし，そのうえで途上国には例外条項の適用を認め，段階的に削減することを予定していたが，

途上国から反発され，2008年1月の改正案では，加盟国は交渉したレベルを超えない輸出税を譲許表に記載する「合意した解決（negotiated solution）」に修正された。しかし，ドーハ・ラウンド交渉が停滞するなか，過去数年間議論に進展はみられていない。

最後に，第9章では今後の展望として，透明性と予見可能性を高め，公平な競争の場を再建する制度改革は全WTO加盟国の利益となるとの観点から，著者は輸出制限に関してより一貫性がありバランスがとれた規則を設計する道筋を探る必要性を強調する。その際に，資源国と輸入国双方の妥協を可能にするための「基本的要素」として，透明性の向上，輸出税譲許交渉，途上国の政策裁量を認める柔軟性，セーフガードとしての輸出税の容認，を考慮に入れるべきとし，法改正に大きな期待を寄せている。

3 若干の評釈

本書は，近年の重要金属鉱物資源に対する各国の輸出制限という現象について，詳細にまとめた概説書であると位置づけるのが妥当であろう。まず，豊富な統計資料や報告書を用いて現状を緻密に分析し，資源保有国対資源輸入国の構図を明確にすることで，輸出制限をめぐる問題の所在を適切に描き出している。続けて著者は，当該現象に関してWTO法は如何に対処しうるのかとの問題関心のもと，関連するあらゆる法規則を仔細に検討することにより，「輸出制限にかかる規則は僅少である」とする従来の理解を覆すことに成功している。近年，中国原材料事件と中国レアアース事件を素材として，パネル・上級委員会の判断を解説し，そのうえで，加盟議定書とGATT20条例外の関係，GATT20条各号の要件解釈，あるいは天然資源に対する恒久主権の位置づけといった論点を個別に扱う論稿が多いなかで，本書は書籍であることの強みを生かし，輸出税，輸出数量制限，例外条項に関する各々の規則を相互関連させ，輸出税の撤廃義務を負う国と負わない国，GATT20条例外を援用しうる国と援用しえない国といった幾層にも重なるWTO制度に内在するアンバランスを提示している。そのことにより，問題は輸出制限に関する規則が無いことではなく，それらの規則に一体性がないことにあると突き止めた点は非常に興味深い。

しかし，やや辛辣ではあるが，本書を学術書よりもあえて概説書と評した理由は，その理論面の欠如にある。輸出制限に関わる現状の概覧，法規則の説明，改正案の提示という一連の論述は，読者の知識及び理解を深めるには役立つが，議論全体を貫く理論軸が明確ではない。また，本書冒頭で著者が行った課題設定（WTOの関連諸規則は，輸出制限措置の濫用を防ぐための法的枠組みを提供しているのか）とその後の議論展開が乖離している印象を受ける。すなわち，現行WTO法体制のもとでの輸出税は多くの場合「違反」に当たらず，輸出制限措置の多用をもって「濫用」と断ずることはできず，法規定自体に欠陥があるわけではないため，課題設定に疑問を感じる。著者の問題関心は法規則の実効性よりも，加盟国間に義務の差異が存在するWTO制度設計の不備にあり，そのことは第Ⅲ部で立法論や政策提言に終始していることからも窺える。しかし，

柔軟性を十分に兼ね備えた EU 提案をもってしても資源国と輸入国の利害対立を調整できないことからすれば，立法論は実現的な解決策であるとは思われない。資源国による輸出制限の真意が「資源の国内優先利用による産業構造の転換」である限りにおいて，輸入国からの容認は得られず，手詰まり状態は打開できないだろう。

　最後に付言すると，本書は，副題が示すとおり，WTO に焦点を当てたものであるため，二国間・複数国間協定については一切言及していない。しかし，日シンガポール EPA，日インドネシア EPA など，WTO のもとで輸出税を禁止されていない国の多くがその二国間・複数国間協定で輸出税の禁止を約束し，あるいは鉱物資源章を設け，個別に輸出制限に対する手当を行っていることに鑑みれば，今日の国際経済法研究において WTO 規則の検討のみでは現状を十分に説明するのは極めて困難であり，このことは輸出制限にも該当すると言えよう。

（同志社大学法学部助教）

Emily Reid,
Balancing Human Rights, Environmental Protection and International Trade: Lessons from the EU Experience

(Hart Publishing, Oxford, 2015, xl + 324p.)

伊　藤　一　頼

　本書は，著者 Emily Reid 氏がサウザンプトン大学に提出した博士論文をまとめたものである。著者は現在，同大学において EU 法の准教授を務めている。本書の主題は，WTO の文脈で一般に「非貿易的関心事項」と呼ばれてきた経済的価値と非経済的価値の調整問題について，EU（以下，EC 時代も含めて EU と表記する）が同様の問題をどのように扱ってきたかを分析し，それを踏まえて WTO における法実践の特質と今後の展望を明らかにしようとする点にある。非経済的価値の具体例として，本書では人権保障と環境保護を取り上げている。以下，本書全体の内容を概観したのち，評者の所感を述べることにしたい。

　第 1 章は序論として，経済的価値と非経済的価値を，持続可能な発展という理念の下で調和的に捉えるという本書の構想について説明する。そして，研究の方法論として，EU において発達した調整の技法を，必ずしもそのまま使える「モデル」としてではないものの，WTO の実践に活かすという方向性を提示する。

　第 1 部は，第 2 章～第 5 章からなり，EU の経験に関する検討を行う。まず第 2 章では，EU において人権・環境が主要な政策目的としての位置づけを得るに至った経緯を

概観する。人権に関しては、EU が尊重の姿勢を示すようになった当初の理由はやや受動的であり、EU による市場統合が、各加盟国の憲法上の基本権を制約するものではないことを示すためであったという（1970年の *Internationale Handelsgesellschaft* 判決が嚆矢）。その後、2000年に EU 基本権憲章が作成され、それが2009年発効のリスボン条約下における EU 条約6条1項により法的地位を与えられたことで、人権保障は EU の主要な政策目的となった。一方、環境保護に関しては、各国間の環境基準の相違を解消して公平な競争条件を整えることが当初の関心事であったが、その後、人権保障に比べれば早い段階から、環境保護それ自体が自律的な政策目的として理解されるようになった。

　続いて第3章は、人権保障・環境保護という非経済的価値が、EU 域内の自由市場の形成という経済的価値との間で、いかにして調整されるかを考察する。まず自由経済と人権の調整問題について、EU 司法裁判所（以下、欧州司法裁判所の時代も含めこの呼称を用いる）が初めて直接的に扱ったのは、2002年の *Schmidberger* 判決であった。これは、オーストリアが、デモにより幹線道路が30時間も封鎖されることを禁止しなかったことが物品の自由移動の原則に違反するとして提訴された事例である。これに対して裁判所は、集会の自由は絶対的権利ではないため、権利の本質を損なうような、規制目的に照らして不均衡な権利制約でない限り、自由経済を確保するための規制は許容されうると判示した。他方で裁判所は、物品の自由移動に対する規制についても、規制の目的と手段の間に比例性がなければならないとした。著者によれば、これは自由経済と基本権保障の間で、比例性テストの双方向的な適用がなされているのであり、各々がお互いに対してバランスを失わないよう確保している。そして著者は、こうした審査手法は「持続可能な発展」の原則を実践的に表現したものであるという。つまり、自由経済・人権保護・環境保全の3つの価値が、いずれも絶対的には優越せず、むしろ相互に依存しており、衝突があるときには非序列的な形でバランスをとる、という考え方である。こうした価値調整の方法は、自由経済と環境保護の関係が問題となった事案においても、（環境保護を一義的に優先したように見える *Preussen Elektra* 判決のような例外はあるものの）原則として踏襲されていると著者は述べる。

　続く第4章・第5章では、EU が第三国との対外関係において、自由貿易と人権・環境とをどのように調和させているかが検討される。まず第4章は、前提的問題として、EU 自身がいかなる範囲で対外関係を扱う権限を持つのかを整理する。この点、一般的に EU 司法裁判所は、EU の目的の達成にとって必要と解される事項については、EU 自身が対外関係に関与する黙示的権能を認めてきたが、いずれにせよリスボン条約以降は、人権・環境は EU の目的として明示的に規定されている。これを踏まえて第5章では、EU の対外関係における人権・環境の扱いが具体的に検討される。人権に関しては、1990年の第4次ロメ協定で人権条項が置かれ、また同協定の95年改正により、人権条項

の違反国に対する協議および制裁（協定義務の停止）の仕組みが導入された。さらに 2000 年のコトヌ協定では，緊急性がある場合に，協議を経ることなく「適当な措置」を とることが認められた。EU が締結する他の条約も，原則として常に人権・民主主義条 項が置かれることになっているが，かかる条項の違反を実際に問題にするかどうかは， 相手国によって差がある。著者によれば，これは人権条項を絶対化せず，相手国の個別 の状況に応じて柔軟に運用する姿勢の表れであるという。また環境保護に関しても， 1993 年以降，EU が締結する条約に「持続可能な発展」の原則がほぼ常に規定されるよ うになったことが説明される。こうした人権・環境の第三国への要求を通じて EU は， 経済価値と非経済価値のバランシングの問題を EU 域内から国際平面へと拡張したとい うのが著者の見方である。

次の第 2 部は，第 6 章～第 9 章からなり，国際組織とりわけ WTO において，経済価 値と非経済価値の調整がどのようになされているかを EU との比較も交えて検討してい る。第 6 章は導入的な内容であり，WTO 協定の構造，基本原則と例外規定，紛争解決 手続の概要，WTO 協定と他の国際法との関係，などが概説される。

第 7 章では，WTO における貿易自由化と環境保護の衝突に関する問題が扱われる。 著者はまず，GATT 時代のパネルに付託されたいくつかの紛争を分析し，そこではパネ ルは環境保護よりも貿易自由化を偏重しているように見えるが，これらの紛争では環境 保護の要素は保護主義の口実として機会主義的に用いられていたにすぎないと指摘する。 他方，WTO 時代に扱われた「貿易と環境」に関する紛争では，真に環境保護を目的と する貿易制限措置が表れてきた。そこでパネル・上級委員会が依拠した主たる判断基準 は，加盟国が政策目的として選択した環境保護の水準自体は所与として扱い，当該目的 を達成するうえでより貿易制限的でない規制手法が存在しないかを審査するという「必 要性テスト」である。著者によれば，これは規制目的の重要性と規制により損なわれる 利益の重要性との比較衡量に踏み込んでいない点で，「バランシング」とは必ずしも言 えないが，WTO の紛争解決制度は事実上の強制管轄権を得たことでより正統性を強く 意識せざるをえず，主観的になりがちな比較衡量はあえて回避しているのだとされる。 EU と比較した場合，EU では環境保護も自由市場と並ぶ主要な政策目的として位置づ けられており，それゆえ双方向的な比例性テストが適用されるが，WTO ではあくまで も貿易自由化が主たる目的であり，それが判断基準のあり方にも表れているという。

第 8 章では，WTO における貿易自由化と人権保護の衝突に関する問題が扱われる。 著者は，人権の種類は多様であるとしつつ，ここではケーススタディとして労働者の権 利を取り上げている。つまり，労働者の権利を侵害する状況下で生産された産品に対し， 貿易制限措置を合法的に発動できるかという問題である。著者はまず，無差別原則の適 用の前提となる産品の「同種性」の判断において，当該産品が労働者の権利を保障する 形で生産されたかという「生産工程・生産方法（PPM）」の違いが考慮される余地があ

るため，同種性が否定され差別が認定されない可能性もあると述べる。また，もし原則規定の違反が認定され例外条項を援用する場合には，GATT20条(a)やGATS14条(a)が規定する公徳（public moral）の保護のために必要な措置として正当化することが考えられる。しかし著者は，書籍や映像作品のように産品それ自体が輸入国の市民の風紀を乱すような性質を持つ場合はともかく，ここでの仮想事例のように，産品それ自体は公徳への懸念を含まず，むしろ産品の製造過程である他国内の労働基本権保障のあり方に関して輸入国の市民が抱く懸念を根拠とするような場合は，当該他国の政策に直接干渉する域外適用の要素が含まれるため，例外条項の援用は認められないだろうと述べる（もし認められるとすれば，それは当該人権が国際法上の強行規範であるか普遍的に承認された規範である場合であろうという）。

　第9章は本書全体の結論となっており，第1部で述べたEUの経験は，経済的価値と非経済的価値とが相互に依存しており，部分的にではなく全体的に考える必要があること，その際に「持続可能な発展」の概念が基盤になることを示しているとする。そのうえで，(i)WTOの目的を「持続可能な発展」へのコミットメントを軸に再構成すること，(ii)かかるコミットメントを具体化しうる実質的な司法上の手法を発展させること，(iii)そうしたアプローチを支えるうえでEUの経験からいかなる教訓が導き出せるか分析すること，を課題として掲げている。

　以上が本書の概要である。経済と人権・環境との調整問題に関し，EUとWTOを対比しようとする著者の視点は興味深く，EUにおいてそれらの非経済的価値がどのような経緯で政策目的となり，経済的価値との間でどのような調整原理を発展させてきたのかについての著者の整理は参考になる点が多い。特に，もともとドイツの裁判所が発達させた法理である比例性原則は，いまや各国の裁判所のみならず，EU司法裁判所，各種の国際人権裁判所，果ては投資仲裁においてまで導入されており（たとえば拙稿「投資仲裁における比例性原則の意義」経済産業研究所ディスカッションペーパー（13-J-063）を参照），対立する政策目的の間でバランスを図るための原理として普遍的な意義を獲得しつつある。したがって，比例性原則を内在的に考察し，またそれを各種の法分野に導入することの含意や限界を明らかにしていく作業は，価値調整問題の研究手法として大いに有望であると思われる。本書では，EU司法裁判所が異なる価値の間で「双方向的な比例性テスト」を適用しているとの指摘が注目されるが，取り上げる事例の少なさと理論的考察の不在がやや惜しまれる。もっともその点は，本書からの示唆を受けた研究者各人が取り組んでいくべき課題かもしれない。

　EUとWTOを対置する本書の視角については，各々のレジームで政策目的や規範構造が異なる以上，価値調整問題への対処のあり方に違いが出ることは当然であって，著者自身も，EUの経験はWTOにとっての直接的なモデルとはならないと認めている。ただ，WTOにせよ投資協定にせよ，価値調整問題の処理に必要な原理を当初から備え

ていたわけではなく,国内法で先行して発達した法理を借用しながら対処してきたことは事実である。その意味で,これらの国際的制度で用いられている価値調整原理をより正確に理解しようとすれば,国内法やEU法との間の「比較法」的な視点を深化させていくことが求められるだろう。本書では,そうした視座が十分な効果を発揮するほどに方法論が洗練されているとはまだ言えず,また欧州の法伝統を無批判に偏重する姿勢にも疑問はあるが,研究の方向性自体は正鵠を射ており,今後の発展に期待したいところである。

なお,細かい点ながら,著者が第8章において,GATT20条(a)等に規定される公徳保護の対象は,他国内での生産工程・生産方法に関わる事項には及ばないと論じている点につき,近時のEC—アザラシ製品輸入禁止事件ではパネル・上級委員会がそうした域外的な射程を許容していることが注目される。これを契機に,WTOにおいて人権保護のための貿易制限を例外条項により正当化しようとする事例が増加する可能性もあり,価値調整の問題は今後もますます重要な争点になっていくと思われる。

(北海道大学大学院公共政策学連携研究部准教授)

Muthucumaraswamy Sornarajah,
Resistance and Change in the International Law on Foreign Investment

(Cambridge University Press, 2015, xx + 451p.)

猪 瀬 貴 道

1 本書の概要

本書の著者であるシンガポール国立大学のM. Sornarajah教授(以下,著者)は,国際投資法分野の先駆的体系書のひとつである『*The International Law on Foreign Investment*』(1994年初版,2010年第3版,以下,前書)により,この分野の創始者の1人であり著名な研究者と評価される。前書初版の公刊時期における国際投資法は,国際法の1分野として発展の過程にあったが,著者は,発展途上国の利益と先進国の利益との間の緊張関係を根底に抱える国際投資法について,国内法,投資家と国家間の契約を基礎とする仲裁(以下,投資契約仲裁),国際法という異なる性質の分野の資料に基づいた体系を示した。前書の目的は,「紛争の性質決定」と「受容可能な解決の定式化」であるとされる。上述の通り前書も版を重ねているが,「抵抗と変革」という言葉がタイトルに付加された本書は,前書初版から20年を経ての「続編」とも位置づけられるものである。

国際投資法は，前書初版の公刊後に大きな「発展」を遂げている。すなわち，投資条約（二国間投資条約 BIT，投資章を含む自由貿易協定 FTA／経済連携協定 EPA）締結の広まりとそれら投資条約の紛争処理条項に基づく投資家＝国家間仲裁（以下，投資条約仲裁）利用の増加，そして投資条約仲裁判断例の蓄積である。この状況は，著者の視点によれば，発展途上国にとって「受容可能な解決」を導くことに失敗している。その結果，投資条約体制あるいは投資条約仲裁体制には，多くの批判があり，反動が生じている。ラテンアメリカでは ICSID 条約から脱退する国家が現れ，オーストラリアは自国の投資条約における投資条約仲裁手続を廃止した。また，EU もリスボン条約以降投資政策を変更している。

著者は，投資条約体制は崩壊したと評価している。その前提で，本書は，投資条約体制の問題点を描き，可能な修正を提言するものである。本書は，8章構成をとっている。以下では，本書の構成を紹介するとともに，若干の評釈を加える。

2　本書の構成

第1章「Introduction（導入）」においては，投資条約体制の基盤として「ネオリベラリズム（neoliberalism）」を位置づけ，外国投資の国際法の形成過程を概観するとともに，本書の構成を示す。

第2章「The precursor of neoliberalism: internationalization of foreign investment contracts（ネオリベラリズムの前兆：投資契約の国際化）」は，投資契約の国際化の理論を扱う。ここでは，問題の概観，外交的保護および国家責任との関係を論じた後，資源ナショナリズムに基づく石油国有化により紛争が生じた *Abu Dhabi* 事件（1951年），*Qatar* 事件（1953年），*Aramco* 事件（1958年）およびいくつかのリビアにおける国有化紛争における仲裁，投資契約仲裁における ICSID 条約42条1項を素材に，投資条約体制が確立する前の外国投資の国際法の状況を批判する。リビアにおける国有化紛争のひとつである *Texaco v. Libiya* 事件（1977年）において René-Jean Dupuy が示した「契約の国際化」の理論について，その内容はともかくとして，投資契約における法理論として「確立」されてきた過程を批判する。さらに，投資条約体制後の問題として，投資契約仲裁と投資条約仲裁の相互作用として，*SGS v. Pakisutan* 事件および *SGS v. Philippines* 事件を取り上げ，「アンブレラ条項（投資契約等の国家による約束の履行を条約義務として定める条項）」，また，契約の国際化において重要な役割を果たす「安定化条項（適用法規を契約締結時点の法に固定する条項）」について，規制的収用との関係から検討し，投資条約仲裁における「正当な期待」との差異を明らかにする。これらの検討を通して，投資契約仲裁のこれからの可能性について述べる。

第3章「Creating jurisdiction beyond consent（合意を超えた管轄権の創設）」は，投資条約仲裁が「相互性を欠く仲裁（arbitration without privity）」であることが，投資条約仲裁体制に対する反動の原因となっていると指摘する。投資条約上の投資家＝国家

間紛争処理条項が，投資受入国側の仲裁付託の一方的かつ相手を特定しない申込（同意）とみなされ，投資家が一方的付託（申立）を行うことで仲裁合意が成立するとみなす実行である。それを制限するものとして，投資の定義における経済発展要件，投資実施における受入国法上の合法性要件などを検討した後，投資条約仲裁の管轄権を拡張する見解を批判する。まず，政府債などの金融商品への条約の対象となる投資の拡張，より有利な投資条約をもつ国家に子会社を設立することによる投資家の国籍の拡張，およびMFN条項による拡張について，それぞれ代表的な仲裁事例を取り上げて批判的に検討する。著者は，仲裁人の役割の拡張を批判する。仲裁人は制度を創設する権限はないとし，それをなすことは，投資条約仲裁体制に対する抵抗を導くと主張する。

第4章「The emasculation of expropriation（収用の無力化）」では，収用の拡張の基礎を考察し，この文脈における拡張主義が弱められた範囲を確認する。まず，収用の拡張を「収用と同等の効果をもつ措置」および「間接収用」という概念を通して正当化する投資条約仲裁の事例は，収用の争点に関わるイラン＝米国請求権裁判所の判断を根拠としていると述べる。そして，「規制的収用（regulatory expropriation）」の問題を検討する。この問題については，米国出自のルールが投資条約に導入されたが，その後のNGOsによる批判，WTOにおける議論等を経て，投資条約仲裁事例においても「補償不要の規制」が区別されるようになり，投資条約における規律も変化したと指摘する。しかし，そのような収用規定の傾向については，「合理性（reasonableness）」や「比例性（proportionality）」の概念によって補償の必要な収用から除外される規制を限定することによる抵抗があり，「財産（property）」概念の変化とともに，「完全な補償（full compensation）」から「適当な補償（appropriate compensation）」への移行などにより，調整が図られうるが，条約の規定文言が変更されない限り困難が残ると指摘する。

第5章「Fair and equitable treatment: conserving relevance（公正衡平待遇：妥当性の維持）」では，投資条約仲裁において最も広く用いられる待遇基準である公正衡平待遇基準について検討する。著者は，仲裁人が外国投資家の利益を保護するために収用規定に依拠することができなくなった結果，公正衡平待遇の拡張解釈が必要となったと指摘する。収用規定の代替としての必要性は，PSEG Global Ltd. v. Turkey事件において明示的に強調されたと述べる。本章は，公正衡平待遇基準での判断要素となる「正当な期待（legitimate expectations）」概念の検討を中心に進められる。「正当な期待」は当初は非常に広く捉えられていたが，徐々に縮小し，様々な制限が課せられるようになったことが示される。また「正当な期待」による「正統性の危機（legitimacy crisis）」の問題も指摘する。著者は，本章の結論として「正当な期待」は不確実性を生じるもので，投資仲裁にさらなるダメージを与えると主張する。

ここまでが，外国投資に対する保護を拡大する方向に導く様々な投資条約上の理論あるいは外国投資の国際法における理論の時系列的検討とその問題点の指摘であり，これ

以降が，本書の主題であるそれらの理論に対する「抵抗と変革」についての記述となる。

　第6章「Backlash through defences（防御を通した反動）」では，責任（liability）への防御を探求する。それは投資条約および国際慣習法上の「国家安全保障（national security）」および「緊急避難（necessity）」という形に現れる。著者は，これらの防御を，ネオリベラリズムに基づく拡張主義への反動として理解する。本章の焦点は，投資条約仲裁事例および学説の検討に置かれる。「国家安全保障」および「緊急避難」という伝統的な概念を出発点として，「人権」，「天然資源の恒久主権」および「発展の権利」，近時の「国際環境法」上の義務，さらに「文化的権利」および「先住民の権利」などと（投資条約上の）投資保護との関係を検討する。

　第7章「The search for balance（均衡の探求）」では，外国投資家の利益と国家（投資受入国）の公益とを両立させうるかという問題を検討する。バランスを図る条約の例として，ASEAN投資条約のほか，いくつかのモデル条約を取り上げるとともに，投資条約仲裁における「比例性原則（proportionality rule）」を検討する。しかし，著者は，バランスを図る投資条約や投資条約仲裁における比例制原則は，問題の適切な解決とならないと指摘する。

　第8章「Resistance and change in international investment law（国際投資法における抵抗と変革）」においては，問題解決のための著者の主張が述べられる。まず，「変革」について「投資保護が強調される1990年に開始される急増（explosion）期」「2004年米国モデル条約のような現代的モデル条約が投資受入国の利益に関心を払う論争（conflict）期」「2008年に開始される不確定（uncertainties）期」の3期に分けて議論する。次に，「ありうる修正（possible reforms）」として「投資条約制度を失敗したものとして終了することの承認」「仲裁前の審査メカニズムの創設」「仲裁機構の責任」「契約上の保護方法への回帰」「投資仲裁における法的代理のコントロール」を検討する。さらに，抵抗の理由を提示すること，NGOsやラテンアメリカ諸国のような抵抗を根拠づける源泉（sources）の検討を通して，抵抗と変革の理論を評価する。最後に，本章は，抵抗と変革の概念が外国投資に加えて国際法の他の分野に関連することができると指摘する。

　3　評　釈

　投資条約およびそれに基づく投資条約仲裁は，1990年代後半から急速に展開されたものである。投資条約の多くは二国間条約であり，投資条約仲裁も原則として先例拘束性はないが，モデル条約の存在，最恵国待遇規定の存在，共通のフォーラムとしてのICSID，仲裁判断の公開の一般化と先例への参照・言及の一般化などにより，投資条約（仲裁）体制という1つのレジームを形成しているとも評価される。仲裁判断の蓄積，学術的関心の高まりにより，数多くの研究成果が出されている。他方，個々の投資条約仲裁事例は投資家と投資受入国との間の紛争処理に主眼を置き，投資家に与えられる条

約上の保護の投資受入国による違反の有無，違反があればその救済を判断してきた。結果として，投資家に手厚い保護と救済を認める傾向が強い。それに対して，近時様々な「反動」が指摘されている（Michael Waibel, *et al.*, *The Backlash against Invetment Arbitration*, Kluwer law Int'l, 2010などを参照）。

　本書の第２章〜第５章は，投資条約体制の問題点が，投資家（あるいは外国投資）に対する保護を拡張する方向を支持する理論から生じていることを明らかにしようとするもので，時系列的に「契約の国際化」「仲裁管轄権」「収用」「公正衡平待遇」における理論について事例と学説の豊富な検討を通した説得的な考察がなされている。また，本書の提言する修正が，究極的には投資条約仲裁制度の廃止であるということも，実際にラテンアメリカ諸国によるICSID条約からの脱退やオーストラリアにおける投資条約政策の見直しが生じていることを考えれば，現実的なものと評価できる。

　しかし，本書の主張の基礎にはイデオロギー的批判（米国の覇権とネオリベラリズムへの批判）があり，批判内容の評価は別として，投資条約体制の現状分析としては若干の違和感がないわけではない。たとえば，投資条約仲裁への批判対象として強調される仲裁判断例の中には，投資条約体制において広く受け入れられているものではなく例外的なもので，その後の批判の対象とされたものが含まれており，取り上げる意図や取り上げ方に疑問がある。また，公益防御の議論，バランスを図った投資条約の試み，上訴などの紛争処理機関の整備について否定的に評価するとともに投資条約体制をすでに消滅した（あるいは消滅不可避の）過去のものであるかのように扱うことには必ずしも同意できない。この点で，本書は「生者への検死（a post-mortem of what still looks pretty much allive）」とも捉えられる（Harm Schepelによる書評（26 *EJIL* 1050 (2015), at 1052))。

　ただし，以上のような本書に対する評価は，紹介者の読解や知識の不足による誤解の可能性もあると付言しておきたい。現状の投資条約体制が様々な困難な問題に直面していることには疑いがなく，本書は，それらの問題について学術的観点および実務的観点の双方から批判的かつ包括的に明確化するものであり，投資条約体制への建設的な批評としての価値は非常に高い。また，本書で提案される修正についても，その適否については今後の実行からさらなる検討がなされると考えるが，「急進的な伝統主義者（a radical traditionalist）」（Schepel, *op. cit.*）の立場からの重要な視座を示すものといえる。

（北里大学一般教育部准教授）

Claus D. Zimmermann,

A Contemporary Concept of Monetary Sovereignty

(Oxford University Press, 2013, xxx + 260p.)

川 名　　剛

1　はじめに

経済社会のグローバル化が急速に進む今日，特に国際金融の領域では，金融技術とコンピュータ技術の高度化によって国家と国境を容易にまたいだ活動がなされている一方，これに端を発した通貨金融危機の影響は甚大かつ広範に及ぶようになっている。筆者はこれまで一貫してグローバル化の深化における国際通貨金融システムの公正・安定に関して法律学の立場から様々な研究を行ってきたが，通貨金融に対する主権のあり方も重要なテーマのひとつであった。通貨主権の根本は通貨発行権であるが，通貨が流通するとそれは金融に対する規制権限の問題となり，金融政策，外国為替政策，通貨の交換可能性，金融監督体制を包含する。また，通貨の価値は財政政策にも影響を与える。このような多面的な通貨主権の現代的意義について広範に検討したのが本書である。

2　本書の概要

本書では，主権について，独立した国家の最高かつ減じることのできない地位と，独立した国家の権能から生じる様々な主権的権限の両面から捉える。そして，主権の実証的（positive）側面と規範的（normative）側面から通貨主権の現代的概念を検討する。実証的側面とは，現代の国家や政府が特定の結果に影響を与えたり決定したりする実際の権能を認めることであるとし，実際的現実的な面をいう。一方，規範的側面とは，主権に含まれ不断に発展する主権的価値に立脚するものであり，法的観念的な面をいう。経済社会の変化が激しくなりその影響がグローバルに広がってくると実証的側面が注目され，主権の浸食や喪失といった議論が多くなる。しかし，規範的側面に着目すると，時代の変化に応じた主権の変化発展と捉えることができるとする。

第1章「通貨主権の概念の再検討」では，これまで純粋に実証的な概念として形式的な国家の権能の静的なカタログとして捉えられてきた通貨主権を，経済社会環境の変化に対応して動的に捉えるべきものとして歴史的に再検討する。16世紀頃の古典的な通貨主権理論では，通貨主権は独占的な権力基盤による強制の枠組みとして現実化したのであり，専制君主の絶対的な通貨主権が認められた。17世紀にかけては，社会契約説などに依拠して通貨主権も権利とともに一定の義務も伴うとの理論が主張された。グローバル化の進んだ現在では，通貨主権を直接規律する国際法はIMF協定と通貨統合くらい

で実際にはほとんどが経済的制約であり，その影響が実証的には多面的かつ急速なため，現代の通貨主権は「本質的に定義の定まらない概念（essentially contested concept）」であるとする。しかし，通貨主権が規範的にどのような価値を含むかは，その時代における通貨主権の所在すなわち通貨主権の真の保有者は誰かという根源的な問題を伴うものであり，国家主権自体の在り様の変化とも関連する。かかる視座の下で現代の通貨主権を概念的に意味づけると，これまでの幾多の金融危機を経て，現代の通貨主権の構成価値として通貨の安定，金融システムの安定，金融の健全性が重要であり，そのために通貨主権を実効的に行使するには主権の独立性よりも国際機関や国際協調を媒介とした協同的主権を観念するのが適切であるとする。もっともそれは拘束力がある国際法ではなく協力の義務を契機としていることから，補完性の原則に依拠しているとする。

　第2章「国際通貨法のハイブリッド化の進展」では，国際通貨法の領域において以前のような国家の意思による自由な関与の範囲が狭まり，かつ国際経済法の3領域（通商，投資，通貨金融）が交錯しているとして，IMF協定とその他の国際協定との関連，IMFや世銀のコンディショナリティなどの制度的政策決定の規範的影響，民間セクターの関与など様々な要素の混交を検討する。IMF協定以外の通貨金融に係る国際協定としては，OECD資本移動自由化規約，二国間投資協定（BITs），WTO/GATSの金融サービス協定などがある。通商も投資も通貨金融もマネーを媒介として行われるが，その使用局面が異なるため様々な形の協定で規定される。その中で各々を関連づける取り組みが個別に行われている。また，国際金融の問題が国内の金融財政政策と関係してくるとコンディショナリティやサーベイランスといった制度的政策決定のメカニズムを通じて国内法上の規律を浸透させたり，ユーロカレンシーやデリバティブ取引の存在が大きくなると民間の商慣習法（lex mercatoria）を包含した「トランスナショナル通貨法」を観念する必要が出てきたりする。このように公法私法，国内法国際法，ハードロー・ソフトローが垣根を越えて交錯するようになってきており，現代の国際通貨法はハイブリッド化した法の典型例とする。

　第3章「為替レートの乖離と国際法」では，1971年の平価システム崩壊後，国際的な金融危機の大きな原因となっている為替レートの乖離を規律するための国際法を検討する。中心となる国際法はIMF協定であるが，平価の維持の制度を有していた原協定と異なり，第二次改正4条では加盟国が為替取極を選択し，為替相場制度の安定のための協力義務を規定した。これにより文言上は加盟国の自主性を大きく認めたものとなったが，現実には各国の自主的な行動では為替相場制度の安定の維持が困難であり，サーベイランスの強化等による対応が進められてきた。また，為替レートが通商の競争力に関わるので，WTOで過小評価された実効為替レートが補助金となるかという文脈で対処しようとしてきたが，そのような為替レートが政府の措置によって維持され，輸出補助金たる法律要件を満たすと証明するのは難しい。これに関して米国は一方的救済措置の

ための国内法の制定を試みるが成立せず，IMFとの協力を規定したGATT15条も相互の優先性や強制力が明確でない。このような中で世界金融危機後は，G20を通じた政策協調を通じて乖離の回避を試みているがなお途上である。結局のところ，現代の通貨主権の文脈では，前章までに見たように，為替レートへの対処が国家の自主性ではなく国際的な協同対応ないし規制に委ねることが金融の安定という共有の価値の実現に適切であり，そのような価値が通貨主権に規範的に包含されて初めて法的に対処することが可能となるとする。

第4章「通貨主権の地域化の進展」では，欧州経済通貨同盟（EMU）に代表される通貨同盟における通貨主権の現代的意義を検討する。マンデル・フレミングのトリレンマでは，固定相場制，自由な資本移動，独立した通貨政策は同時に成立しないとされるが，T. パドアスキオッパの「調和しない四重奏」では，これに自由貿易を加えてこのうちの3つしか両立しないという。すなわち，自由貿易と自由な資本移動を最初の目的として出発した欧州統合が通貨統合を進めるには独立した通貨政策を放棄する必要がある。EMUでは中銀間協力，各国通貨間の変動幅削減，単一通貨導入というステップを経て欧州中央銀行（ECB）とユーロを導入したが，財政の調整が不十分な状態にある。2011年以降，安定成長協定（SGP）の監視手続きや制裁措置等の改革を進めたが，最近ではギリシャをはじめとする南欧諸国の財政破綻とユーロ離脱の危機が生じている。この危機に対しては暫定的なファシリティによって対応し，現在は恒久的な欧州安定メカニズムが導入されているが，財政危機への支援策に過ぎない。現代の通貨主権との関係では，財政規律への国際約束及び通貨同盟の参加・脱退がどのように捉えられるかが問題となる。実証的には欧州経済の結びつきが強まる中で通貨同盟が構築されたが，規範的には各国は主権的権限の行使としてこれに加盟したのであって通貨主権を放棄したのではない。それ故，通貨同盟からの脱退は条約規定の有無にかかわらず通貨主権の行使として可能というべきであるという。もっともその方法が一方的破棄の場合に自国と世界の経済にもたらす悪影響もまた主権的権限の行使の文脈で考えられなければならない。それ故，通貨同盟の参加と脱退それ自体は通貨主権の権限として残るとしても，その態様や行使方法に通貨の安定という共有の価値が包含されるならば，古典的な条約の破棄・脱退のような権限行使とは異なる意味を現代の通貨主権は持つという。

第5章「世界金融危機に端を発した国際金融アーキテクチャーの再編」では，世界金融危機後のG20, 金融安定理事会（FSB），IMFの役割について検討する。G20はアジア金融危機後の1999年に設立された20か国財務相中銀総裁会議を首脳レベルに格上げしたものであり，2008年11月以降毎年開催されている。あくまで参加国の国内政策や改革課題を調整するフォーラムであるが，新興国を含む主要国首脳の間で枠に捉われない議論ができるとされる。一方，設立根拠法がないため正当性に欠けるとの懸念もある。FSBは，組織としてはスイス民法上の法人であるが，国家ではなく財務省や金融庁などの国内機

関とIMFやバーゼル銀行監督委員会などの国際機関が混合して参加し，あえて法的権利義務を創設しないことを明示して，柔軟かつ実質のある議論を行う体制を整えている。また，IMFでは，共同基準・規範イニシアティブによる基準の再整理と遵守状況に関する報告書の作成，金融セクター評価プログラム（FSAP）の改革，新興国の関与を拡大するためのクオータと理事構成の見直しなど，新たなグローバル環境に対応する改革を行った。これらの実行はすべて，通貨金融の安定という現代の通貨主権の根本的に重要な価値の推進が主権的権限の適切な行使の基準になっているという。そして，そのような意思を伴った実行であるという意味で，かかるソフトローや非公式な政策協調の方が，説明責任，補完性，正当性の面において，法的拘束力のある規則の導入よりも妥当性があるとする。

3　コメント

今日のグローバル化に伴う国家主権の問題は，国際経済法のみならず，人権や環境など国際法の多くの分野で考察の対象となっている。それは，国家主権の概念が元来，対内的には最高，対外的には独立の権力として，侵すことのできない自己決定権の観念を根底に持ちながら，国際社会の緊密化の中で各国がそれぞれに自己決定することが国際社会ひいては各国自身の正義と幸福をもたらすのか，そしてその正義と幸福を享受するのは抽象的な国家というよりも国民のはずであるということが認識されているからである。国際通貨法における国家主権の概念を考えることは，国家の決定に依存しないマネーの動きが国際社会に大きな影響を与え，各国の正義と幸福を著しく侵しうるという意味で，国際法における最も先進的かつ困難なテーマであるといえる。しかも，本書は，通貨だけでなく金融や財政の問題にも言及を試みており，極めて野心的である。

もっともこのような試みに挑戦するには多くの根源的な壁がある。第1に国際経済環境の変化の激しさである。2008年の世界金融危機からすでに8年を経て金融の世界からすると昔日の感があるが，法的にはなおFSBを中心として漸進的に取り組みが行われている。一方でFinTechや仮想通貨など新たな技術が流布し始めているが，世界的な規制はほとんど未整備である。第2にテクニカルな通貨金融の問題にどの程度立ち入るかである。国際法の観点からはテクニカルな問題はある意味瑣末であるが，これらを検討しないと実質的な問題解決の示唆にならない。しかも，国際通貨金融の領域は特に高度かつ専門的である。しかし真実は細部に宿るのもまた真理である。第3にこのような状況にある国際通貨金融の領域を国際法の概念で規定することに対する距離感である。主権が絶対的なものでなく国際社会の変化を受けて変容する「国際法上の」概念であるというのは現代国際法学の共通認識と考えられるが，その変化が激しい国際通貨金融の領域では，通貨主権は「本質的に定義の定まらない概念」と規定せざるをえない。そしてハイブリッド化した国際通貨金融法では国際法によらない機構に依拠することが多くなっている。

このような国際法からの乖離は個々の実行の正当性に疑義を生み出しうる。しかし，一方でこのようなソフトな機構を通じた意思決定が現実的な意味で国際社会が価値を共有し，実効性を実現し，私人を含めた正当性を確保できたとするならば，そこで行われる主権的権限の行使と制約が，現代の通貨主権の概念を確定していくといえる。このプロセスは慣習法の形成に近いが，国際通貨金融のもたらす危機（実証的側面）を，国民を包含するという意味での国家の多くが価値共有した（規範的側面）ときに，普遍性ある現代の通貨主権が規定されたということができるであろう。

(㈱マネジメント・ソリューションズ　エグゼクティブ・ディレクター）

Stuart H. Deming,
Anti-Bribery Laws in Common Law Jurisdictions
(Oxford University Press, 2014, xxii + 474p.)

荒　木　一　郎

『英米法系における贈賄防止法』と題する本書は，米国ワシントン DC に本拠を置いて活動している弁護士である Deming 氏の著作であり，英米法系の各国が OECD 外国公務員贈賄防止条約（OECD Convention on Combating Bribery of Foreign Public Officials in International Business Transactions。以下，「OECD 条約」という）をどのように国内法化して実施しているか（後述のように，米国の場合は国内法が先にあったわけであるが）を体系的にまとめたものである。著者によれば，本書は，弁護士，社内弁護士，会計士，コンサルタントその他の専門家であって，英米法系の贈賄防止法体系に服する個人又は企業に対して助言したり，そうした個人・企業を代理したりする立場にある者への指南書として書かれたものである。

本書は全部で 8 章から成り，総説に続いてまず第 1 章で OECD 条約の内容が紹介され，続いて各国の法体系がアルファベット順に，第 2 章オーストラリア，第 3 章カナダ，第 4 章アイルランド，第 5 章ニュージーランド，第 6 章南アフリカ，第 7 章英国，第 8 章米国という形で紹介されている。各国の法制度の説明の順序は，OECD 条約の条文を英米法的に再構成したもの（後述）に準拠している。巻末には，OECD 条約の本文とコンメンタールに続いて各国法の条文が附属書として添付されている。

周知のとおり，ロッキード事件等を契機に，米国は1977年，外国公務員に対する商業目的での贈賄行為を違法とする「海外腐敗行為防止法」（Foreign Corrupt Practices Act。以下，「FCPA」という）を制定した。その後，米国政府は，米国企業にとっての「水平な競技場」を求める経済界・議会の意向を受け，FCPA と同等の内容の立法に向

けての各国への働きかけを強化した。こうした働きかけを受けた各国においても，海外市場での商取引の機会の維持・獲得を図るには，製品やサービスの価格・質による公正な国際競争の機会を確保することが必要であり，贈賄，すなわち不正な利益供与という腐敗した行為は防止すべきであるという問題意識が高まった結果，1997年に OECD で条約交渉が開始され，同年中に条約本文がコンセンサスにより採択されて，1999年に発効した。さらに，国際連合の場においても腐敗防止への取り組みが進められ，2003年には「腐敗の防止に関する国際連合条約」(United Nations Convention against Corruption) が採択された。なお，日本は，OECD 条約（締約国数41）については世界で2番目に早く批准したものの，国連腐敗防止条約（締約国・機関数178）については（国会承認は2006年に得たものの）未批准である。ただし，本書も指摘するように，先進国における外国公務員に対する贈賄防止立法の指針は，少なくとも当面の間は，OECD 条約が中心となると見られている。その理由は，OECD 条約の方が「商取引又は他の不当な利益を取得し又維持するために，外国公務員に対して行う贈賄行為」に的を絞って規定されており，また，OECD による定期的フォローアップにより，各国の国内法による着実な実施が図られているからである。本書では，国連腐敗防止条約は今後徐々に重要性を増すであろうと指摘しつつも，このような現実に鑑み，OECD 条約を各国比較の基準としている。

　実務家向けのハンドブックとしての色彩が強い本書ではあるが，その構成を見ると，OECD 条約を基準としつつも，英米法的な考え方が強く反映されているようである。考えてみればそれも当然で，米国人の立場からすると，OECD 条約は FCPA をマルチ化したものだという意識があるのだろうと思われる。そのことは，OECD 条約の解説の仕方を見ても明らかである。OECD 条約の実体規定は，(1)外国公務員に対する贈賄の定義（第1条），(2)法人の責任（第2条），(3)制裁（第3条），(4)管轄権（第4条），(5)出訴期限（第6条），(6)資金洗浄（第7条），(7)会計（第8条）という順序で構成されているが，本書では，(1)管轄権，(2)犯罪の構成要件，(3)適用除外（抗弁），(4)制裁，(5)資金洗浄，(6)税額控除，(7)会計・記帳という，より実務的な構成になっている。

　管轄権 (jurisdiction) が最初にくるのは，FCPA の域外適用を念頭に置いてのことだと思われる。もちろん OECD 条約には域外適用に関する条文はなく，属地主義を原則とし，属人主義については各国の法原則に従って決定されることとされている。なお，本書第2章以下の各国の法制度の説明でも，域外適用について述べられているのは米国の制度の解説においてのみである。

　犯罪の構成要件については，基本的には OECD 条約第1条の規定の解説にとどまっている。興味深いのは，適用除外（無罪の抗弁ができる場合）の解説である。①出訴期限（時効），②現地法が支払いを許容又は要求する場合，③善意かつ合理的な業務上の支出，④便宜供与のための支払い (facilitation payments)，⑤強迫 (duress) が挙げられ

ている。①は OECD 条約の条文に示されているとおりであるが，②と④は OECD による公式コンメンタール（条文採択と同時に採択されたもの）で初めて明らかになる例外事由であり，③と⑤については条文にもコンメンタールにも根拠はない。これはむしろ FCPA の運用の実情から導かれる実際的な例外規定と考えるべきであろう。

制裁と資金洗浄については，ほぼ OECD 条約の構成に添った形で説明されているが，ここで興味深いのは会計の規定の前に税控除の項目が入っていることである。外国公務員に対する賄賂を税控除の対象としてはならないという趣旨であるが，このことは OECD 条約では直接的には要求されていない。ただ，条約採択に先立って1996年に採択された OECD の勧告（Recommendation on the Tax Deductibility of Bribes）でその趣旨が求められており，OECD コンメンタールにも言及があるので，実務家向けのハンドブックとしては重要な指摘なのだろうと思われる。

ところで，日本を含む大陸法系諸国における贈賄防止法について，本書のような実務的指南書はないのだろうか。評者が調べた限りでは，本書に相当するハンドブックは見当たらなかった。もちろん OECD 条約に対する詳細なコンメンタール（前述の公式コンメンタールとは別のもの）は存在する。本書とほぼ同時期に刊行された Mark Pieth *et al.*, eds. *The OECD Convention on Bribery : A Commentary* (Cambridge University Press, 2nd Edition, 2014) には大陸法系諸国を含む各国の実施状況が紹介されているし，何より OECD による定期的フォローアップで各国に対する勧告が出されているので，それを参照すればよいということかも知れない。特に日本については，つとに実施が不十分であるとの指摘がなされているところなので，そもそもハンドブックを作るだけの実務の蓄積がないということもあろう。

2016年6月に公表された OECD の文書によれば，「2002年以来，OECD の国際商取引における贈賄作業部会は日本に対して，国外で事業活動を行う日本企業の贈賄を防止する取り組みや，国際商取引における外国公務員に対する贈賄の防止に関する条約（OECD 贈賄防止条約）の実施を強化するよう継続的に要請してきました。しかしながら日本では，不正競争防止法が1999年に改正され，国際事業で優位性獲得を目的とした外国公務員への贈賄が違法となったものの，同年以降に外国公務員贈賄で起訴されたケースはわずか4件に過ぎません。贈賄作業部会は，OECD 贈賄防止条約で要求されているように，外国公務員への贈賄で有罪となった企業や個人が不正収益をロンダリング（洗浄）などの手口で保有できないようにするため，日本に対しては組織的犯罪処罰法の改正を繰り返し要請してきました。また，日本企業による外国公務員贈賄を摘発，捜査，起訴できるように，警察と検察のリソースの組織化を図る行動計画の策定を提言しました。OECD の高官級ミッション団は2016年6月29日から30日まで東京を訪問し，これら急を要する課題について外務省，経済産業省，法務省，警察庁および国税庁の高官らと協議しました。」という厳しい指摘がなされているところである。

さらに言えば，実際問題として外国公務員に対する贈賄について厳格な態度で臨んでいるのは FCPA を域外適用している米国や2010年に制定した贈賄防止法を積極的に運用している英国であり，当面は本書を通じて英米法系における贈賄防止法の運用について詳しく学び，それを参考にすることが求められているのかも知れない。

(横浜国立大学大学院国際社会科学研究院教授)

Arnaud Nuyts/Nikitas E. Hatzimihail (eds.), *Cross-Border Class Actions: The European Way*

(Sellier European Law Publishers, 2014, xx + 327p.)

横 溝　　大

Ⅰ　2006年の消費者契約法の改正により適格消費者団体による差止請求制度が導入されて以来，我が国でも主として消費者契約をめぐる紛争に関し民事上の集団的救済手続の整備が着実に進展しているが，その国際的側面については，これまでのところ抵触法（広義の国際私法）的観点からの検討に十分な関心が払われているとは言い難い（筆者なりの序論的考察として，拙稿「集団的消費者被害救済の国際的側面——抵触法的考察」千葉恵美子＝長谷部由紀子＝鈴木將文編『集団的消費者利益の実現と法の役割』（商事法務，2014年）439頁）。欧州委員会からの助成の下，欧米の著名な専門家が参加して行われた，ブリュッセル自由大学国際私法ユニットとキプロス大学国際私法・商法・比較法制史研究所との2年間の共同研究プロジェクト（責任者は編者の2人）の成果である本書は，集団的救済の国境を越えた円滑化につき，抵触法に関する現在のEU法の枠組みがどの程度対応しているかを検討し，その課題を明らかにしようとしたものであり，同じサヴィニー型抵触法体系を備える我が国にとって，少なからず参考となる。以下，本書の概要を述べた上で(Ⅱ)，我が国への示唆と留意点について若干のコメントを加える(Ⅲ)。

Ⅱ　本書の目的は，国境を越えた集団的救済に焦点を当てつつ，欧州市場に対する私法的規整手段について抵触法的観点から包括的に検討することにある（同書1頁以下。なお，本書において市場規整［market regulation］とは，市場に関る当事者間の個別的利益を超えて集団的利益を追求するための政策の集合と定義される。同書4頁）。本書は，序論及び3つの部から構成される。

1　まず，L. Gorywoda, N. Hatzimihail 及び A. Nuyts 3氏の共著である序論では，EU において民事訴訟が市場に関する重要な規整手段の1つとして捉えられている現状を踏まえ，個別的・集団的利益の双方を参照しつつ，市場取引の枠組みを示しこれを規

整する法制度群として私法を捉えるという本書の視角が示されると共に（同書4頁），抵触法がこのような私法の規整的側面にこれまで十分な注意を払ってこなかった点が，国際裁判管轄に関する Brussel I 規則の集団的救済に関する対応の不十分さを例に示される。

2　続く Part A「集団的救済についての国際私法」では，国境を越えた集団的救済に関し，現在の EU 抵触法の枠組みが適切なものとなっているかという点が，抵触法の中心的3分野である国際裁判管轄，外国判決の承認執行，準拠法選択それぞれについて検証される。

国際裁判管轄につき，Hess は，集団的救済につき加害者である被告の住所地以外の管轄原因の適切性を検討し，損害発生地は損害毎に個々に決定されるため集団的訴訟の管轄原因として不適切であること，ECJ の先決裁定によれば（Henkel 事件），消費者契約に関する管轄原因は消費者本人が個別に請求した場合にのみ適用され，消費者団体が訴えを提起した場合には適用されないこと等を指摘し，Brussel I 規則は主として個別当事者間の訴訟を対象にしているために集団的救済の要請に十分に対応しておらず，集団的救済に関し競合する国家システムを EU レヴェルで調整するためには，特別法を導入するのがより良い解決であると主張する。Nuyts も同様に，消費者契約，契約，不法行為に関する管轄原因が集団的救済においては十分に機能しないことを指摘し，さらに，複数国で手続が並行して進行する場合には，それぞれの国において原告が通常異なることから，国際的訴訟競合に関する規則が一般には適用されないであろうとして，現行の Brussel I 規則の不十分さを指摘する。

また，外国判決承認執行に関して，Fentiman は，外国での手続に参加しなかった被害者が法廷地において訴えを提起し，被告がクラス・アクション等の集団的手続に関する外国判決の後訴遮断効を抗弁として主張した場合を念頭に，その承認可能性について検討し，集団的救済に関する外国判決が手続的公正に関する正統な懸念から一般には効力を否定されることを確認しつつも，コミティの原則からすればそのような拒絶には慎重でなくてはならず，外国判決の承認執行に関する伝統的な枠組みは，集団的救済の特別な状況に十分に対応していないと指摘する。

さらに，準拠法選択に関し，Michaels は，集団的救済手続においても，被害者が異なる国々に居住している場合には，二当事者間の関係を対象としている既存の準拠法選択規則では複数国の法が準拠法として指定されることになり被害者の利益とならないことを確認しつつ，集団的救済手続においても準拠法を1つにするための方策として，原告の代表による一方的な準拠法選択の可能性を広げること，また，とりわけ調和化した EU 法が問題となる場合には，法廷地法が適切な準拠法となり得ること等の提言を行っている。

3　「集団的救済への新たな視角」と題された Part B は，抵触法に限定されること

なく様々な視角から集団的救済を論じる 4 本の論文を収める。まず，Athanassiou は，集団的救済が競争政策に関して有する意義とその問題点について論じる。また，Gorywoda は，集団的救済に関する EU の法制度の進展とその特徴について，分かり易く整理する。さらに，Karayanni は，イスラエルにおけるクラス・アクション制度の発展とその特徴を明らかにする。最後に，Radicati di Brozolo は，米国で活用されているクラス仲裁に関する主たる論点について紹介する。

4 Part C「国境を越える集団的救済についての事例分析」では，分野毎に集団的救済に関する現行法上の取扱いとその問題点が検討される。すなわち，Hellner が競争法違反に基づく集団的な損害賠償請求について，Beilfuss と Añoveros Terradas が損害賠償による集団的消費者救済について，Posnow-Wurm が差止めによる集団的消費者救済について，Kapetanaki が証券取引上の不正に関する国境を越えたクラス・アクションについて，Corneloup が金融市場における開示違反に基づく損害賠償請求について，それぞれ個別に検討するのである。最後に結語として，Hatzimihail が，全体を総括した上で，国境を越えた集団的救済に関する個別の EU 法の必要性について言及すると共に，EU 以外の国々（たとえばインド）との研究協力をも示唆しつつ，集団的救済がグローバル・ガヴァナンスのための重要な道具となり得ることを確認して，本書を締めくくる。

Ⅲ 本書は，欧州市場を規整する手段の 1 つとしての集団的救済手続という視角の下，現行の EU 抵触法の枠組みが，国境を越えた集団的救済の円滑化に適切に対応しているか否かを包括的に検討した初めての試みであり，EU において重要な理論的・実務的意義を有すると共に，我が国抵触法にとっても一定の示唆を与え得る。以下，我が国抵触法に対する示唆についてより具体的に述べた上で⑴，本書での議論を参考とする際注意すべき点について触れる⑵。

1 集団的救済の国際的側面に関し，従来我が国で論じられてきたのは，米国クラス・アクションによる裁判上の和解・判決の承認の可否であった（安達英司「米国クラス・アクションによる裁判上の和解・判決の承認について」民訴雑誌48号（2002年）201頁，同「米国クラス・アクション判決（和解）の承認・執行と公序」成城法学（2002年）255頁，同「わが国における米国クラス・アクション上の和解の承認適格」青山善充他編『現代社会における民事手続法の展開 上巻』（商事法務，2002年）245頁，道垣内正人「外国裁判所によるクラス・アクション判決（和解）の日本での効力——Google Books をめぐる問題を例として——」NBL925号（2010年）20頁等）。だが，「消費者の財産的被害の集団的な回復のための民事の裁判手続の特例に関する法律」（消費者裁判手続特例法）の施行に伴い，特定適格消費者団体が外国事業者を被告として我が国裁判所において共通義務確認の訴え（消費者裁判手続特例法 2 条 4 号）を提起する場合には，国際裁判管轄や準拠法選択も今後は問題となる。国際裁判管轄との関係では，消費者契約に関する訴えについての国際裁判管轄規定（民訴法 3 条の 4 第 1 項， 3 条の

7第5項）が上述の訴えにも適用されるか否かがまずもって問題となるし，また，もし適用されない場合には，民訴法3条の3に挙げられる管轄原因が我が国の国際裁判管轄を肯定するのにどの程度有効に機能するかが検証されねばならない。消費者契約に関する管轄原因や債務履行地，不法行為地等いくつかの管轄原因は日欧において類似しており，本書でのEU抵触法の解釈に関する議論は，これらの規定を解釈する際にある程度参考となろう。また，多数の消費者契約において異なる準拠法を指定する準拠法条項が用いられていた場合の共通義務確認の訴え（消費者裁判手続特例法3条1項5号）の可否や，共通義務確認訴訟において準拠法を統一する可能性についても，本書における議論（同書124頁以下及び128頁以下）が一定の示唆を与えるだろう（筆者の見解については，拙稿・前掲441頁以下参照）。

とは言え，日欧抵触法における個々の具体的ルールの相違には勿論留意しなければならない。また，より根本的には，日欧の間には，その前提において以下のような相違がある点に注意すべきである。

2　1つは，EUにおいては域内市場の統合という目標があり，その統合を促進すべく抵触法が規整手段の1つとして道具主義的に利用されるようになっているという点である。我が国は，そのような目標をEUと共有していないのであるから，私的利益だけではなく公的利益をも国境を越えて保護・実現するために，抵触法が国境を越えた集団的救済の促進に寄与すべきかどうかという問題については，我が国固有の観点から別途検討されねばならない（EU抵触法の質的変化と我が国抵触法上の対応につき，拙稿「レギュレーションと抵触法――EU抵触法の質的変化を中心に――」国際私法年報17号（2016年）113頁参照）。

また，集団的救済のあり方に関しグリーン・ペーパー等も含め様々な方法で加盟国実質法間の調和化が目指されているEUと異なり，我が国が調整せねばならない他の法秩序における集団的救済制度と我が国の制度との間には調和化のための制度的基盤が存在せず，その相違はより大きい可能性がある。このような現状においては，民事訴訟において外国団体等の原告適格や集団的救済に関する外国判決の承認執行を一定の条件において認めるといった従来の抵触法的方法よりも，むしろ二国間条約等による共助体制の構築により国境を越えた執行を実現する方が適切であり得る（拙稿・前掲「集団的消費者救済」452頁）。このように，集団的救済の国境を越えた実現に我が国も積極的に貢献すべきであると判断した場合にも，どのような方法によりこれを実現すべきかという点について，やはり我が国固有の観点から別途検討する必要があろう。

Ⅳ　上述の点に留意する必要はあるものの，本書は，我が国抵触法において集団的救済手続の国際的側面を検討する際に大いに参考になる。共同研究の常として，個々の論稿のレヴェルに若干のばらつきがあることは否定出来ないが（時間的余裕がない場合には，序論とPart Aの4つの論稿をまず読むことを薦める），そのような問題点を考慮し

てもなお，本書は精読される価値がある。この問題に関心を持つ研究者・実務家に一読を薦めたい。

(名古屋大学大学院法学研究科教授)

浅野有紀・原田大樹・藤谷武史・横溝大（編）
『グローバル化と公法・私法関係の再編』

(弘文堂，2015年，ix + 370頁)

森 田 章 夫

Ⅰ　本書は，経済や社会の「グローバル化によって生じた公法・私法関係の変容に焦点を当て，グローバル化に対応する法理論の現状，グローバル化による法制度や法実務の変容を分析した上で，グローバル化時代の公法・私法関係を整序する法理論を模索することを目的」としたという，極めて重厚な研究書である。「グローバル化がもたらす法学への影響に関心を持つ」研究者が，「公法・私法間で共通の理論的プラットフォームを形成することを目的」としたという，編者である藤谷武史准教授（東京大学社会科学研究所）を代表者とする「グローバル化に対応した公法・私法協働の理論構築——消費者法・社会保障領域を中心に（科学研究費・基盤研究 B）」研究プロジェクトを基礎としている。すでに，研究成果の一部分は，『社会科学研究』第65巻第2号（2014年）に示されていたが，これを継続・発展させ，編著者，大西楠・テア，興津征雄，小畑郁，村西良太の計8名による成果として著されたものである。

Ⅱ　本書によれば，グローバル化は一般に，「何らかの現象や活動が地球規模化すること」であるが，「かつて国家の枠内で展開されてきた経済活動が現在では国境を越え（広義のグローバル化）」，これに起因する様々な社会的課題を解決するために様々な課題が発達し，結果として，「国家の単位で仕切られた〈社会〉と，当該社会に妥当しこれを規律する〈法〉秩序，の一対一対応が崩れる状況（狭義のグローバル化）」が生じるとする。特に，(1)国家法秩序の自律性の相対化，(2)非国家主体による規範形成の増大による法の多元化という結果となって，国家法さらには法の捉え方に大きな変容がもたらされるという。

これに対して，本書は，「公法と私法」，「法規範の生成」，「法規範の実現（執行）」という3つの問題群に対して，分散と統合という2つのモメントからグローバル化の諸問題を切り分け，以下の3部構成を通じて，考察を展開する。第1部「グローバル化理論の現状分析」は，先行する諸外国・諸法学領域における最新の議論状況を参照し，国家単位の法秩序観に規定されてきた法理論の「グローバル化」への対応可能性を探求する。

第1章・第2章は，相補う形で「公法学において国家の概念が持つ意味」という問題系を描く。第1章「グローバル化時代の公法・私法関係論」（原田大樹）は，公法・私法関係論が，「政策実現過程のグローバル化」に対応した展開可能性を問い，ドイツ「国際的行政法」論を手がかりとした検討を経て，グローバル・レベルで「行政法と民事法の組み合わせによる問題解決」を展開するために求められる国家の新たな役割を，「連携」と「正統性」概念に着目して提示する。第2章「グローバル行政法とアカウンタビリティ」（興津征雄）は，グローバル行政空間を，アカウンタビリティを基軸とする手続的な法原理によって規律を試みる「グローバル行政法」プロジェクトを，内容紹介とともに，(1)国家中心思考に還元されない固有の意義と，(2)基軸となる「アカウンタビリティ」概念を法学的に検討することにより，「国家なき行政『法』」の存立可能性を探る。

続く2章は，私法の観点から，グローバル化の下で「国家」が法に対して有する意味変容に迫る。第3章「法理論におけるグローバル法多元主義の位置付け」（浅野有紀）は，「グローバル法多元主義」が，法と社会の各機能領域への多元化を加速させるグローバル化の現状を適切に把握しており，特に私法の伝統的方法論と親和的な方法論によって多元的法併存を調整でき，さらに個人に対する実質的な自律・自由の保障可能性から，理論としての優位性を備えると擁護する。第4章「グローバル化時代の抵触法」（横溝大）は，伝統的な公（法）私（法）二元論を単純にグローバル文脈に延長する発想が限界に直面することに鑑み，抵触法をグローバル・ガバナンスの手段として再構成する近時の抵触法理論を積極的に評価し，各国固有の抵触法が協調してグローバルな規整的権威の適切な調整等，手続的な目標の実現を目指すべき，と提言する。第5章「グローバル化による近代的国際／国内法秩序枠組みの再編成」（小畑郁）は，グローバル化は，規制の実効性と一貫性の矛盾という深刻なジレンマを国内法秩序にも突きつけるが，国際／国内法秩序の完全な自律性を断念し，種々の中核的諸原理を重畳的に適用する方法を「おそらく唯一の脱出口」として提示する。

第2部「グローバル化の実証分析」では，第1部の枠組みを意識しつつ，具体的法制度・法実務に焦点を当てて，グローバル化の影響・変容を分析する。第6章「財政・金融のグローバル化と議会留保」（村西良太）は，欧州債務危機に対する超国家的な政策的対応（欧州安定メカニズム（ESM））は憲法秩序，就中デモクラシーとの間で緊張関係を引き起こしたが，議会留保の理論と制度を発展させることでこれに対応しようとした，ドイツ公法学の最新の動向を紹介・検討する。第7章「国際知的財産法制に関する分配的正義および人権の観点からの考察」（浅野有紀）は，グローバル化の下で強化される国際知的財産法制に伴う分配的側面を批判的に検討し，国際的矯正的正義論とそれに基づく私的なイニシアティブ（Health Impact Fund）の事例に，国際的分配的正義実現に向けた契機を見出す。第8章「グローバル化と『社会保障』」（藤谷武史）は，国家

文献紹介　249

単位の法秩序に規定された「社会保障」が，グローバル化への対応を迫られる中で，国家単位に完結しない分散的再分配機構の複合領域として再構成することに活路があるという試論を提示しつつ，法理論上の課題を指摘する。第9章「グローバル化時代の移民法制」（大西楠・テア）は，「多元的システム」論に準拠して，国際法・ヨーロッパ法・国内法の多層構造および市民社会との協働による公的任務の水平的分化によって枠付けられつつ同時に「再国家化」の契機も示すドイツの移民法制の動態を，包括的かつ実証的に描き出す。

　続く2章は，広義のグローバル市場と消費者保護の問題に関わる。第10章「インターネットにおける非国家的秩序の様相」（横溝大）は，ICANNによる非国家的規範秩序が実は，公共政策上の関心を有する国家の影響・相互作用の下での展開を実証し，国家から完全に自律した非国家的規範秩序と捉えるべきでなく，国家と非国家主体を横断するグローバル・ガバナンスの観点から，様々な利害調整に適合的な組織・紛争解決手続のあり方を検討すべきと説く。第11章「国際消費者法への展望」（原田大樹）は，国家枠組を前提に構築されてきた消費者法が，消費者市場のグローバル化により実効性を失う可能性を指摘し，EUの状況・経験を参照しつつ，このような問題解決の法的スキームとして複数の制度構想を検討する。

　第3部「グローバル化と公法・私法関係論の展望」は，これまでの検討を踏まえつつ，私法学・公法学の対話を通じて，グローバル化への法理論の対応可能性や公法・私法相互関係の今後の方向性を探る，本書の課題設定に応答する2篇の論文である。まず，第12章「私法理論から法多元主義へ」（浅野有紀）は，グローバル化の下での多元的法状態の台頭は法の本来的在り方に反するものではなく，むしろ人々の活動・紛争の多様性に適合的な解決場所を提供し，法機能を高めるとして積極的に位置づける。その上で，私法理論の思考様式によって法多元主義に新たな法理論的基礎を与える。公法・私法関係については，公法自体がすでに行政国家の下で多様な規制手段に開かれつつ，機能領域ごとに断片化する契機を有していたことを指摘し，公法的要素も（私法的発想に親和的な）機能的法多元主義における考慮に取り込み得るという公私協働論の見通しが示される。その上で，法多元主義に必然的に伴う法抵触問題については，問題を紛争解決局面ごとに敢えて分断し解決すべき対象を限定した上で，個別具体的かつ暫定的な解決を繰り返す国際私法的な法抵触対処方法が有益という見通しを示す。第13章「グローバル化と公法・私法の再編」（藤谷武史）は，グローバル化が法（学）に突きつける挑戦の本質が「〈国家〉と〈社会〉と〈法〉の関係の相対化・流動化」にあるという本書の基礎認識を改めて示した上で，グローバル化に対応する法理論の課題を，法の〈正統性の調達〉と〈多元性の調停〉の両契機に集約して提示する。さらに，従来〈国家〉という単位に結びつけられてきた諸機能を救い出すことが，（公法／私法という区分にかかわらず）グローバル化の下での法（学）の再編成にとって基底的な意味をもつ，という見通

しを示す。

　最後に，法は元来，多様性を容れつつ（〈分散〉の契機），アナーキーを避ける（〈統合〉の契機）という，相互に緊張関係を孕む両契機を何らかの形でバランスさせることが，グローバル化の下でも必要となることから，本書はそうした法秩序（観）の「再編成」の試みであるとし，締めくくられる。

　Ⅲ　本書の重要な意義としてまず挙げられるのは，「グローバル化」の挑戦という，一層混迷を加える最新の状況の下，国際社会と国内社会の結節点をなす国家の法的な役割（法的機能）につき，透徹した洞察を加えたことで，特にその最大の特徴は，詳細な実証的分析方法に加えて，理論的観点にも深く踏み込んだ点にある。国際法と国内法のほぼ全分野にわたる研究者がこの課題に取り組んだ点で，共同研究のあるべき姿と言えよう。以下，紹介者の専門である国際法的観点から，本書をより一層深く理解する一助としてのコメントを加えたい。

　(1)　まず，国家法秩序の自律性の相対化についてである。歴史的展開も踏まえて，国内法と深く連動する，国際社会の基本的な構造変化をまず確認したい。従来，国内法は，厳密な意味での領域性を貫徹できない，国際性（外国性・渉外性）を有する事象（以下，便宜上，「国際事象」）に対して，様々に対応してきた（広義の「抵触法」的解決）。重要な点は，「近代国家」が領域国家として成立し，国家領域内の執行権の独占がそのまま国際法上も「排他性」として認められながらも（この領域主権の限界が，国際協力の動因ともなる），立法作用については排他的ではなく，「域外適用」が可能なため，国内法の競合・抵触の可能性が残されたことである。

　他方で，国際社会の特質上，国際事象に対する一方的な処理方法の限界が認識されるとき，国際法の介入が要請される。しかし，これら国際法が成立しない間は，なお依然として，管轄権の競合とその矛盾・抵触により生じる「域外適用紛争」が潜在・顕在する。このようにして本書も随所に扱う抵触法と国際法の交錯は，法多元主義の重要な一形成要因である。

　一方，国際法と国内法の法的関係については，「等位」ではあるものの，「調整」が求められる（「等位理論」，「調整理論」。国内経済法の国際的「調整」に関する詳細な先駆的業績として，中川淳司『経済規制の国際的調和』（有斐閣，2008年））。そして，国際法の定立に際しては，国際的対立が当然のことながら生じ得る（この点の描写例として，第7章）。しかし，どのような「受容」方式を取るにせよ，「固有」の国内法が維持できない場合（これに対して，大国が自国国内法を国際法に「浸透（spillover）」させる場合もあり，論者により「一方的国内措置」とも呼ばれるが，ドイツとEUの文脈で，第6章参照）），「国際化」の外在性が意識されざるを得ず，その正統化（その詳細な議論は，第1章）に各国は腐心する。その場合も，国際社会が必要としてきた国際法は，国内法への影響に注目すると，以下のような異なる機能を理解することが重要である。①まず，

国際紛争を処理ないし防止する基準として，国家権限を画定する，伝統的な国際法が用いられる。さらに，より一層の国際協力が必要とされる場合には，各国の国内法の実体的相違を棚上げにし，相互主義を基盤として協力が図られる（e. g. 伝統的な「司法共助」）。これら「共存の国際法」は，多数国間条約の形式をとったとしても，その内容は「相互主義的（bilateral）」である。②近代国家はさらに，産業革命の果実を享受するにつれ，早くも上記類型の処理・協力方法に限界を感じ，国境を越える諸活動に対して統一的な「国際基準」を必要とした（「私法」分野での私法統一条約，公法分野での「国際法上の国際行政法」の成立）。事項別の「国際的公共事務（service public international）」を達成するため，各国国内法の調整を図るこのような国際法（客観法の性質をもつ「協力の国際法」）は，多くの場合，「多辺的国際制度」（国際委員会・国際組織）を創設し，その実施にあたらせる。その際，各領域毎の不均等な発展レベルを反映して，機能的な国際化が進展する（「機能分化（functional differentiation）」）。その内容として，各国は国際的公共事務を分担する形で，国内法の改編や維持が義務づけられ，これにより，「執行」機能を維持しながら，従来「固有」の法機能を変化させる（これによって，国家は内容を変えながらも依然として正統性を維持することから，論者によっては，「再国家化」，「正統性の強化」等とも評される）。一方，このような国際法の機能が増大するにつれ，国際法の「断片化（fragmentation）」とも呼ばれて議論される諸問題が強く認識される。すなわち，1つには，機能分化した専門分野間の（多元主義からする，「水平的」ないし「機能的」）未調整問題，もう1つは，一般法と地域法（とさらに国家法）（多元主義からする「垂直的」ないし「共同体的」）という多層化で，特に EU については，その影響力ゆえ（本書も，第5, 6, 8, 9, 11章等，多くの章が取り上げる），いずれも，複雑かつ困難な多層構造問題を生み出す原因となっている。

　(2) 非国家主体による規範形成の増大による法の多元化については，今日の「非国家行為体（non-state actors）」と多辺的国際制度を区別して注目すべきであろう。

　前者は，国際化と異なるグローバル化として紹介される，「私的主体によるグローバル・デファクト・スタンダード形成を国家法秩序が事実上不可避的に受容する」，今日の「非国家行為体」に代表される「部分社会」の「非国家法」（本書では特に，「グローバル行政法」（第2章）の一部や，インターネット秩序（第10章）等）が問題となる。これについては，近代国家法の法的対応には，2種類を区別すべき点を指摘すべきであろう。一方では，国家にとって重大な利害関心事項でない，消極的・事実上の放任である。他方では，積極的な政策に基づく放任・委任であり，たとえば，「私的自治」に委ねられた「私法」は，執行の局面において国家による強制が顕在化することから，背後に自由主義経済等の政策が存在することが理解できる。よって，国家の利害関心からどの程度「自由」か（インターネット秩序については，実は，国家から完全には「自由」でないことが的確に指摘される）及びその根拠が，焦点となることが理解できる。言い

換えれば，およそ国家の能力を超えてそれらが形成され，国家は受忍せざるを得ないのか，「国家の（消極的ないし積極的）容認ないし放任」によって成り立っているのか，もし後者であるならば，その「容認ないし放任」を支える根拠（規制程度（の緩やかさ）とともに，規制内容の合理性や一般性等）が，極めて興味深い点である。

　多辺的国際制度に関しては，ソフトロー機能の飛躍的増大が重要である。特に，条約プロセスが到底間に合わない，あるいは国際協力遂行が必須ながらも，条約の固定化作用が望ましくないと認識される場合が注目される。すなわち，正式の条約でないにもかかわらず，①その国際的な作成手続や内容に基づく「一般性」により，多くの国内法に受容される結果として対抗力（他国に強制し得る効力）を獲得する場合や，②「義務」を受容して国際協力を図る場合が増加している。これにより，国内法上の「正統化」問題が，より一層深刻な問題となっていることが，本書により身近に学び取れるのである。

＊

　評者は，法学上，「グローバル化」現象の多くは「国際化」の延長線上にあると従来考えていたが，より根本的な質的変化が生じているのか，本書により大きく興味関心を惹起された。評者の能力を超えた大作ゆえの読み間違いによる不見識や紙幅の制限による舌足らずな表現を危惧するが，筆者と読者のご寛恕を心よりお願い申し上げ，本書が「グローバル化」に関する法学上の必読文献であることを再度強調し，筆を置くこととする。

（法政大学法学部教授）

編 集 後 記

　第9期（2016～2018年）編集主任を仰せつかった。三期引き続きで躊躇はあったが，気持ちを新たに学会年報の学術水準をより一層高めるよう努力する覚悟でお引き受けした。今期編集委員会のメンバーも，各専門分野から川島富士雄（副主任），内田芳樹，駒田泰土，福永有夏，宮野洋一，横溝大の各氏にご就任いただいた。ここにご紹介するとともに，会員諸氏には新編集委員会をよろしくお願いしたい。

　新編集委員会では，本号も例年号にならい昨年秋の第25回研究大会の報告を中心に編集することとしたが，新たに次の2点を年報の編集方針として決定した。第1に，論説原稿の字数を従来の18000字から20000字に増加させることにした。第2に，文献紹介の本数を従来より倍増させることにした。これらにより，今後，年報の総頁数は当然ながら増加し，したがって，場合によっては定価も値上がりする可能性があるが，高品質の論説を掲載し，文献紹介の頁も充実させることにより，学会誌の水準を高めるとともに有益な情報源となることを目指していきたい。結果として，今年度の学会誌関係予算をオーバーする可能性もあるが，一昨年の学会費の値上げにより学会財政の改善も見込まれることから，理事長をはじめとする学会執行部からもお認めいただいた。

　本号では，論説9本，座長コメント2本，および文献紹介10本を掲載することができた。残念ながら，今年度は投稿原稿が皆無であった。とくに若手会員の奮起をお願いしたい。昨年秋の役員改選後，新編集委員会の立ち上げに時間を要し，原稿執筆の依頼が本年2月に入ってしまった。とくに文献紹介の各執筆者には，いずれも大部な文献をきわめて短期間で読破し批判的な紹介原稿を執筆していただいた。ここに改めて感謝を申し上げたい。

　最後になったが，法律文化社の田靡純子社長と編集部の舟木和久氏には，いつもながら厳しいスケジュールの中でご苦労をおかけした。記して深謝したい。

平　　覚

執筆者紹介 (執筆順)

松下 満雄	東京大学名誉教授
間宮 勇	明治大学法学部教授
荒木 一郎	横浜国立大学大学院国際社会科学研究院教授
股野 元貞	内閣副広報官兼官邸国際広報室長 （前外務省経済局国際貿易課長）
佐古田 彰	西南学院大学法学部教授
田辺 有紀	経済産業省広報室長補佐 （前経済産業省通商機構部国際経済紛争対策室長補佐）
多田 望	西南学院大学法学部教授
西岡 和晃	同志社大学大学院法学研究科博士後期課程
宗田 貴行	獨協大学法学部准教授
紋谷 宗俊	弁護士・弁理士・ニューヨーク州弁護士 金沢工業大学客員教授・立教大学及び成蹊大学法 科大学院講師
長尾 愛女	弁護士・明治大学大学院法学研究科博士後期課程
内記 香子	大阪大学大学院国際公共政策研究科准教授
佐藤 弥恵	一橋大学EUスタディーズインスティテュート研究員
松隈 潤	東京外国語大学大学院総合国際学研究院教授
梅島 修	外国法事務弁護士，ホワイト＆ケース外国法事務弁護士 事務所パートナー
張 博一	同志社大学法学部助教
伊藤 一頼	北海道大学大学院公共政策学連携研究部准教授
猪瀬 貴道	北里大学一般教育部准教授
川名 剛	㈱マネジメント・ソリューションズ　エグゼクティブ・ ディレクター
横溝 大	名古屋大学大学院法学研究科教授
森田 章夫	法政大学法学部教授

日本国際経済法学会年報 第25号　2016年
WTO成立20周年──ルール・メイキングと紛争解決の観点から

2016年10月20日発行

編集兼　日 本 国 際 経 済 法 学 会
発行者
　　　　代表者　清 水 章 雄

〒171-8588　東京都豊島区目白1-5-1
学習院大学法学部（阿部克則研究室）
Email：secretariat@jaiel.or.jp

発売所　株式会社　法 律 文 化 社

〒603-8053　京都市北区上賀茂岩ヶ垣内町71
電話　075(791)7131　FAX　075(721)8400
URL：http://www.hou-bun.com/

©2016 THE JAPAN ASSOCIATION OF INTERNATIONAL ECONOMIC LAW, Printed in Japan
ISBN978-4-589-03794-7

日本国際経済法学会編
日本国際経済法学会年報

第19号（2010年） 条約法条約に基づく解釈手法　権利制限の一般規定
　　　　　　　　　　　　　　　　　　　　　　　Ａ５判・238頁・定価　本体3500円＋税

第20号（2011年） 世界金融危機後の国際経済法の課題　APEC2010とポスト・ボゴールにおけるアジア国際経済秩序の構築　　Ａ５判・314頁・定価　本体4000円＋税

第21号（2012年） 日本国際経済法学会20周年記念大会　国際経済法における市場と政府　国際知財法の新しいフレームワーク　Ａ５判・326頁・定価　本体4100円＋税

第22号（2013年）　　　　　　　　　　　　　Ａ５判・314頁・定価　本体4000円＋税
資源ナショナリズムと国際経済法　　　座長コメント…横堀惠一／「天然の富と資源に対する恒久主権」の現代的意義…西海真樹／パイプライン輸送をめぐる紛争と国際経済法…中谷和弘／資源ナショナリズムに基づく輸出制限行為に対する競争法適用による解決の可能性…土佐和生
北朝鮮著作物事件　　　　座長コメント…長田真里／北朝鮮著作物事件―国際法の観点から…松浦陽子／北朝鮮著作物事件―国際私法の観点から…金　彦叔／北朝鮮著作物事件―知的財産法の観点から…青木大也
自由論題　　TBT協定２条１項における「不利な待遇」の分析…石川義道／RCEP協定における紛争解決制度に関する考察…福永佳史／投資仲裁における課税紛争…ウミリデノブ　アリシェル／WTO紛争処理制度の意義と限界…京極（田部）智子

第23号（2014年）　　　　　　　　　　　　　Ａ５判・270頁・定価　本体4000円＋税
環太平洋パートナーシップ協定（TPP）　　座長コメント…間宮勇／TPPの背景と意義…中川淳司／TPPの背景と意義〈コメント〉…林禎二／TPPと農業再生…山下一仁／経済連携協定とWTO協定を巡る通商ルールと産業競争力…風木淳／公正衡平待遇条項の適用実態…坂田雅夫
国際化時代の不正競争　　　座長コメント…駒田泰土／国際不正競争の準拠法…出口耕自／国際訴訟競合と民事訴訟法３条の９…實川和子／技術に関する営業秘密の保護と知的財産権の帰属規定…内田剛
自由論題　　国際通商法における無差別原則と相互主義…平見健太／国家債務再編と投資協定仲裁…石川知子／国際私法における不法行為地法主義の経済学的分析…森大輔

第24号（2015年）　　　　　　　　　　　　　Ａ５判・220頁・定価　本体3700円＋税
国際経済法の発展におけるOECDの役割　　座長コメント…中谷和弘／国際社会のルール・メーキングとOECD…髙橋誠一郎／国際租税法におけるOECDの役割とその位置づけ…渕圭吾／外国公務員贈賄防止条約のフォローアップにおけるOECDの役割…梅田徹／多角的貿易体制とOECD…濱田太郎
地域経済統合と法の統一　　　座長コメント…髙杉直／ラテンアメリカ地域における経済統合と競争法の調和…諏佐マリ／アフリカにおける地域統合と法統一…小塚荘一郎，曽野裕夫
自由論題　　EPZs in a Multilevel International Economic Law…Alejandra Maria González／米国海外腐敗行為防止法（FCPA）の域外適用と各国の対応…内田芳樹／WTO紛争解決手続におけるDSU25条仲裁の位置づけ…張博一

上記以外にもバックナンバー（第４号〜第18号）ございます。ご注文は最寄りの書店または法律文化社までお願いします。　　　TEL 075-702-5830／FAX 075-721-8400　　URL:http://www.hou-bun.com/